Merl[illegible]

1968

JOSE A.
SILVA

COLECCION STUDIUM

Volumen 61

Edison 62, México 1, D. F.
Impreso y hecho en México
Printed and made in Mexico

COLECCION STUDIUM—61

JOSE ASUNCION SILVA

Estudio estilístico de su poesía

Por

BETTY TYREE OSIEK

Universidad de Missouri, Saint Louis

MEXICO—1968

A
A. G. F.

PREFACIO

Quisiera manifestar aquí mi profundo agradecimiento al profesor Ivan A. Schulman de la Universidad de Washington, en Saint Louis, y al señor Porfirio Martínez Peñaloza, de México, quienes leyeron el manuscrito y me prestaron ayuda inestimable con sus valiosas sugestiones. Además, agradezco a los miembros del Comité de Estudios Latinoamericanos de la misma universidad, el haberme proporcionado los medios que me permitieron reunir la bibliografía que acompaña a esta obra.

BETTY TYREE OSIEK

I. INTRODUCCION

Aunque este estudio de la poesía de José Asunción Silva tiene una orientación estilística y se propone, de una manera específica, definir los rasgos característicos de su arte poética, es esencial un conocimiento previo de su estética y de su relación con el modernismo. En consecuencia, en esta obra intentamos aclarar la posición de Silva como uno de los más destacados poetas del primer período del modernismo. Así caracterizamos, en forma más completa, el movimiento en el cual desempeñó un papel fundamental. Para lograr este propósito estudiamos detenidamente la poesía de Silva, tomando como base una concordancia que nos permitirá llevar a cabo el análisis temático y estilístico de su obra poética. Esa concordancia se incluye en el apéndice de esta obra.

Asimismo hemos tratado de compilar la bibliografía más completa de este gran poeta colombiano.[1] Esta compilación registra, hasta donde es posible, las primeras apariciones de varios poemas de Silva, luego incluidos en las ediciones de sus poesías. En ella se consignan también la mayor parte de los ensayos críticos e informativos acerca de su vida y obra.

A pesar de que todavía existen ideas dudosas o erróneas acerca de la vida del poeta colombiano,[2] la mayoría de los sucesos de su trágica existencia son bien conocidos como consecuencia de los bien documentados estudios biográficos y críticos que se han hecho. Puesto que estos estudios son de fácil consulta, los tomaremos en cuenta sólo cuando tengan relación directa e influyan en la poesía de Silva.

[1] Hasta el momento, la bibliografía más completa que había fue recopilada por Carlos García Prada, editor de *Prosas y versos* (Madrid: Ediciones Iberoame. ricanas, 1960), págs. 222-29. Esta bibliografía es una ampliación de la que reunió para la edición anterior de la misma obra: (México: Cultura, 1942), págs. 199-209. También existe una bibliografía general en el estudio biográfico de Alberto Miramón, *José Asunción Silva* (Bogotá: Imprenta Nacional, 1937), págs. 191-194.

[2] Como ejemplo de dichos conceptos tenemos la hipótesis de una relación incestuosa entre el poeta y su hermana Elvira. Ricardo Gullón, en *Direcciones del Modernismo*, pág. 87, apoya a los críticos que sostienen esta hipótesis, aun cuando Alvaro Holguín y Caro en "La muerte de José Asunción Silva", *Revista del colegio mayor de Nuestra Señora del Rosario*, Vol. XXXI, Nos. 306, 307 (agosto, 1936), pág. 392, afirma que se originó en la mente del crítico venezolano, Rufino Blanco Fombona. Asimismo, aunque de menor importancia, hay el asunto del suicidio del abuelo de Silva, quien en realidad fue asesinado

en su Hacienda Hatogrande. Las verdaderas circunstancias que rodean el asesinato del abuelo de Silva, son expuestas por José María Cordovez Moure, en "El Crimen de Hatogrande", *Reminiscencias, Santafé y Bogotá*, cuarta edición, primera serie (Bogotá: Americana, 1907), pág. 243.

II. TEMAS Y MOTIVOS POETICOS

I

En el análisis del estilo del poeta colombiano José Asunción Silva, consideraremos los temas y motivos principales, señalando la relación estrecha con la selección del vocabulario usado por él. Tomando como punto de partida la concordancia de sustantivos, adjetivos y verbos y una lista que en esencia es un sumario de aquella concordancia (esta última incluida en el Apéndice II), trataremos de señalar las variadas características de la lengua y de los temas de Silva, un contribuidor principal del primer período del arte modernista.

La catalogación del vocabulario de aproximadamente nueve mil sustantivos, adjetivos y verbos, encontrados en los dos mil ochocientos treinta y seis versos escritos por Silva, nos ha demostrado que semejante concordancia sería inútil a menos que se analice cada término en su contexto específico. Por consiguiente, consideramos que es necesario estudiar, no sólo el contexto de los términos, sino también la relación entre las preocupaciones del poeta —reveladas por la elección de sus vocablos más frecuentes— y la corroboración de estas preocupaciones manifiestas en su lengua discursiva. Es decir, trataremos de examinar las principales preferencias temáticas de Silva y sus técnicas estilísticas en el contexto, no sólo de sus poemas, sino también de sus ideas filosóficas —las explícitas y las implícitas— y teniendo en cuenta, además, su punto de vista sobre la vida y el arte.

La lengua es la materia esencial y en el nivel semántico, es el instrumento del discurso. El nivel contextual, que debe expresarse literalmente, revela si los términos se toman en sentido literal o figurado. En otro nivel la poesía es forma simbólica no-discursiva y el poeta utiliza las palabras como materiales para formar sus elementos poéticos. Reconocemos que las palabras, cuando no se utilizan en sentido puramente intelectual, literal o conceptual, tienen el poder de despertar imágenes, unas estáticas y otras dinámicas. Cada autor tiene algunas palabras que utiliza y que suscitan un significado simbólico privado, un simbolismo personal a menudo subconsciente; en consecuencia las emplea frecuentemente y pueden ser reconocidas como "palabras claves" o temas.

Aun cuando la determinación de la frecuencia relativa de las palabras muestra la preocupación del poeta por ciertas ideas y temas, la repetición, por sí misma, no indica que sólo esos términos recurrentes sean los centrales en el arte de Silva, ya que algunas palabras usadas con menor frecuencia tienen un alto grado de intensidad. En consecuencia, algunos términos relativamente raros tienen, a veces, mayor significado que otros usados más a menudo. Además, algunos vocablos usados con menor regularidad están suficientemente relacionados con ideas más frecuentemente usadas, lo que constituye una evidencia adicional de las preocupaciones del poeta por el tema. Por ejemplo, "sombrío" que es un derivado de la voz recurrente "sombra".

En español, como en muchas otras lenguas, un sustantivo, un adjetivo o cualquier otro término no puede calificarse de "término poético" fuera de un contexto particular, y en éste, las palabras se pueden usar literal o prosaicamente o, al contrario, en sentido figurado. Sin embargo, aunque reconocemos que la finalidad del poeta es expresar una emoción y provocar en sus lectores una emoción similar, también debe usar la lengua en una forma expositiva. Este estudio del vocabulario del poeta nos ha demostrado que alrededor de la mitad de las veces que usa cualquier sustantivo frecuente, lo emplea en sentido literal. Aun cuando esos usos no-figurativos manifiestan la preocupación del poeta por ciertos términos, son de trascendencia limitada en el estudio de su temática. Tales vocablos se emplean con connotaciones fijas y generales en la exposición de las aseveraciones principales y sirven como sostén de la lengua.

Sin embargo la elección de los adjetivos que hace el poeta, descubre la impresión imaginativa o afectiva que asocia con los sustantivos. A menudo el valor simbólico de los sustantivos depende más de estos modificantes más subjetivos.

Por consiguiente, en este estudio hemos limitado nuestra selección a los usos de mayor contenido simbólico de entre aquellos términos, adjetivos y nombres, usados dieciocho o más veces en la poesía de Silva. Dentro de este grupo se considerarán a la mayoría de los adjetivos dado que éstos, como hemos señalado, raras veces se usan en sentido puramente literal. Además, en nuestra clasificación de los sustantivos que se repiten con mayor frecuencia, hemos encontrado que ciertos términos que por lo general se consideran tradicionales en la poesía, implican reminiscencias y sugestiones tan primarias y generales, que se encuentran en cualquier poesía, como por ejemplo: "vida", "alma", "ojo", "mano", "beso" y "día". Hemos limitado nuestro análisis de tales términos a los que revelan connotaciones más simbólicas.

La elección de los verbos que hace el poeta no parece ser pertinente respecto del estudio de sus temas, dado que los más repetidos son verbos comunes: "ser", "ir(se)", "decir", "hacer(se)", "estar", "tener", "dar", "ver" y "mirar". Consecuentemente decidimos no analizar su uso en este capítulo.

Hemos observado que, además de la ayuda puramente mecánica que proporciona la localización de los términos que forman los temas e imágenes de Silva, una concordancia da una base más imparcial [1] para formarse un juicio subjetivo acerca de las preferencias del poeta en cuanto al vocabulario, así como de sus preocupaciones temáticas, todo lo cual hace posible una interpretación más precisa de los temas predilectos de Silva.

No obstante, éstas no son las únicas consideraciones importantes. Ahora que se ha concedido al movimiento modernista un período más largo en la literatura, [2] un conteo de las palabras será útil para el estudio de las interrelaciones entre los modernistas que, aunque individualistas, demuestran algunas semejanzas en el vocabulario.

Pierre Giraud, que ha hecho varios análisis estadísticos del vocabulario de diversos poetas franceses, hace notar el valor de un análisis estadístico, pero solamente si se lleva a cabo conjuntamente con una interpretación más subjetiva:

> "L'analyse statistique n'est qu'un instrument de dépistage, les caractères purement numériques qu'elle met en évidence doivent être ensuite interprétés et intégrés dans un ensemble à la lumière d'autres méthodes d'investigation: linguistiques, historiques, psychologiques, esthétiques en vue de synthèses qui ne peuvent se priver ni de l'intuition ni de points de vue subjectifs." [3]

De acuerdo con este punto de vista, en la poesía de Silva analizaremos la mayoría de los términos repetidos más frecuentemente y la manera como se usan en relación con cuatro motivos principales desarrollados por el poeta a todo lo largo de su obra poética: su punto de vista pesimista respecto del hombre y su destino, manifestado igualmente por las connotaciones fundamentalmente negativas relacionadas con "alma", "vida", y algunos usos de "sombra", "blanco", "negro", "pobre", "triste" y "grande"; la perspectiva temporal y la preocupación del poeta por superar el elemento tiempo, reveladas por el uso que hace de "siglo", "hora", "tiempo", "viejo" y el concepto asociado "recuerdo"; la naturaleza presentada mediante algunos patrones literarios tradicionales y no menos por la técnica pictórica individual del poeta, en el trazo de escenas sucesivas con variantes de luz y de sombra, a menudo combinadas con los ruidos y los silencios de la naturaleza, traducidos por sustantivos recurrentes: "noche", "luz", "cielo", "luna" y algunos usos de "sombra"; y, finalmente, el arte del poeta soñador que oye voces misteriosas y trata de expresar lo inefable, de renovar el arte poética y las teorías estéticas comunicadas por el escritor al utilizar "voz", "vago", "grave", "oscuro" y algunos usos del término "pálido". [4]

II

Aunque leyó filosofía, Silva fue un indisciplinado en esta materia y aunque hubiera sido un escritor bien preparado filosóficamente, no podríamos esperar encontrar en su poesía un sistema coherente. Las principales cuestiones de naturaleza filosófica que pudiéramos considerar en la poesía de Silva, se refieren al hombre y a su destino en el mundo. Pero la mayoría de los casos en que toca tales cuestiones, lo hace en un plano más intelectual que emocional. No obstante, las reacciones emotivas del poeta respecto del hombre y de su destino, así como los conceptos filosóficos implícitos en él son esencialmente de desilusión y pesimismo.

En sus declaraciones discursivas, Silva demuestra una actitud fundamentalmente negativa frente al valor de la filosofía. Según el poeta, los cuentos aprendidos en su niñez son más durables y perennes en la filosofía del hombre maduro que el entendimiento posterior de las grandes autoridades y su filosofía: "Cuentos más durables que las convicciones / De graves filósofos y sabias escuelas." [5] En el poema intitulado "Psicoterapéutica" aconseja: "De los filósofos etéreos / huye la enseñanza teatral." [6] En "Filosofías" Silva muestra su convicción de que en la filosofía hay un abismo de conocimientos, y rechaza su estudio, pues luego de haber estudiado todos los sistemas, desde el escolasticismo hasta el positivismo spenceriano, "lograrás este hermoso resultado: / no creer ni en ti mismo." [7]

La filosofía de Federico Nietzsche se discute con bastante extensión en la novela de Silva *De sobremesa*. En la exégesis irónica de las doctrinas de Zaratustra, el poeta modernista parece vaticinar el efecto nihilista de la revelación nietzscheana de las bases inmorales de la moralidad, como por ejemplo, en estos comentarios dirigidos al obrero que trabaja en una fábrica de explosivos:

> ...y regenerado por la enseñanza de Zaratustra, profesa la moral de los amos; vive más allá del bien y del mal... sé el sobrehombre; el "Ubermensch" libre de todo prejuicio, y con las encallecidas manos con que haces todavía, estúpido, la señal de la cruz, recoge un poco de las mezclas explosivas que te envenenan al respirar sus vapores, y haz que salte en pedazos, al estallido del fulminante picrato, la fastuosa vivienda del rico que te explota. [8]

En la estrofa final del poema "Futura" podemos ver un concepto similar del poeta: la creencia de que las tendencias nihilistas aparecerían en la masa humana a causa de la destrucción del código moral cristiano. Al develar la estatua del dios del futuro, Sancho Panza, se vuelve a presentar la iconoclasia de Nietzsche, y la imagen que se había aceptado durante cuatro siglos como la del Dios único y verdadero, es destruida por los nihilistas:

> Cuando de pronto estalla un grito,
> un grito inmenso, atronador,
> de quince mil quinientas bocas
> como de una sola voz,
> que ladra: "¡Abajo los fanáticos!
> ¡Abajo el culto! ¡Abajo Dios!"
> Es un mitin de nihilistas
> y en una súbita explosión
> de picrato de melinita
> vuelan estatuas y orador. [9]

De todos modos Silva reconoció que la filosofía de Nietzsche no era completamente negativa; al menos para los filósofos que

> allá en las más excelsas alturas de lo intelectual, noble grupo de desinteresados filósofcs, indaga, investiga, sondea el inefable misterio de la vida y de las leyes que la rigen, y transforma sus pacientes estudios en libros que carecen de categóricas afirmaciones.

Y continúa postulando un neomisticismo evolucionante que tiene su contraparte en el mundo del arte:

> Coincide la impresión religiosa que esos grandes espíritus experimentan al considerar el problema eterno y expresan en sus obras, con el renacimiento idealista del arte, causado por la inevitable reacción contra el naturalismo estrecho y brutal que primó hace unos años. [10]

No obstante, el poeta parece prevenir a los intelectuales, incluido él mismo, contra los peligros de estas doctrinas para aquellos de menor inteligencia. Solamente aquellos hombres de extraordinaria superioridad mental pueden entender estos nuevos conceptos y crear una nueva ley moral en el mundo postnietzscheano. Aun cuando el intelectual y el filósofo pudieran experimentar un "renacimiento idealista y del neomisticismo", a las masas sólo esto llegaría:

> ...lo que el pueblo comienza a saber es lo que le enseñan los vulgarizadores de la falsa ciencia, la única vulgarizable, los Julio Verne de la psicología y de la doctrina evolucionista, es

que el hombre tuvo por antepasado al mono y que el deber es sólo el límite de la fuerza de que disponemos.[11]

El pueblo, señala Silva, es peligroso ahora que el antiguo orden moral ha sufrido un colapso y no hay un sustituto:

> ¿Crees tú, crítico optimista que cantaleteas el místico renacimiento y cantas hosannas en las alturas, que la ciencia notadora de los Taine y de los Wundt, la impresión religiosa que se desprende de la música de Wagner, de los cuadros de Puvis de Chavannes, de las poesías de Verlaine y la moral que le enseñan en sus prefacios Paul Bourget y Eduardo Rod, sean cadenas suficientes para sujetar a la fiera cuando oiga el Evangelio de Nietzsche?... El puñal de Cesáreo Santo y el reventar de las bombas de nitroglicerina pueden sugerirte la respuesta.[12]

De estos conceptos que marcan la diferencia entre el intelectual y el obrero, nace claramente una semejanza entre la idea nietzscheana del superhombre y el punto de vista aristocrático de Silva. Solamente las personas más inteligentes y superdotadas pueden crear un nuevo código de moralidad. En *Así habló Zaratustra,* se desarrolla esta misma idea en estas preguntas:

> ¿Eres capaz de fijarte por ti mismo tu bien y tu mal y suspender sobre ti la ley de tu propia voluntad? Eres capaz de ser tu propio juez y el guardián de tu propia ley?[13]

En el poema irónico en el que Rufino Blanco-Fombona vislumbró una inclinación democrática en Silva,[14] el poeta-aristócrata, en realidad, satiriza a la naturaleza del hombre insensible, rey u obrero. Ambos "son un mismo animal";[15] ambos, Juan Lanas[16] y el emperador de China, en este poema intitulado "*Egalité*", son diferentes del poeta sensitivo cuya

> delicadeza enfermiza ahuyenta de las realidades de la vida e imposibilita para encontrar en los amores fáciles y en las felicidades sencillas la satisfacción de sus deseos.[17]

El poeta fue pesimista, pero teniendo en cuenta las tragedias de su vida, esto no parece anormal. Durante sus primeros dieciséis años fue protegido en el seno amoroso de su familia, y después tuvo que entrar en el mundo comercial con su avaricia y su competencia. ¿Cómo podría Silva dejar de comparar los dos períodos, y de añorar el retorno de los tiempos felices?

A medida que crecía en edad las condiciones no mejoraban y cada año más sucesos trágicos vinieron sobre el poeta. Podemos entender sus sueños e ideales de adolescente, destruidos uno a uno por la muerte de sus seres queridos, por la incomprensión de su poesía y por el egoísmo y frialdad del mundo del comercio.

En 1894, mientras desempeñó en Caracas una corta misión diplomática, el poeta, de veintinueve años de edad, en una carta a su amigo Baldomero Sanín Cano, relata alguno de los sucesos que le dieron toda la razón para ser pesimista:

> Pero cuando recuerdo los dos últimos años, las decepciones, las luchas, mis cincuenta y dos ejecuciones, el papel moneda, los chismes bogotanos... lo acepto todo con la esperanza de arrancar a mis viejas encantadoras [su madre y su hermana] de esa culta capital. [18]

Precisamente este pesimismo ha dado universalidad a la poesía de Silva: tradujo a sentimiento conmovedor el dolor de su experiencia humana. Diferente de Rubén Darío, nunca pudo olvidar su propia personalidad y entrar en un mundo mitológico; algunas veces Silva fue satírico, pero nunca pudo escapar de sus propias circunstancias humanas.

Los únicos medios posibles para que el poeta eludiera la realidad causante de su pesimismo, eran la evasión o la muerte por propia mano, y esta última fue la que finalmente escogió. Mientras escribía sus poemas de dolor y sufrimiento, Silva podía olvidar por un instante las preocupaciones y ansiedades del momento. Aunque durante la vida del poeta sólo se publicaron unos veinticinco poemas, la cuidadosa preparación del manuscrito y del índice del volumen que proyectaba publicar, ambos escritos de su puño y letra, inducen a creer que el poeta reconoció el valor perdurable de sus poemas en el arte.

El hecho de que la poesía de Silva exista, nos demuestra que el poeta usó este medio expresivo para escapar del rutinario mundo comercial y para olvidar las ansiedades y tragedias de su existencia. En "Carta abierta", es patente su desdén para con las preocupaciones del mundo mercantil, así como su gran fe en el valor del mundo del arte. Dice respecto de éste:

> tenemos la llave de oro con que se abre la puerta de un mundo que muchos no sospechan y que desprecian otros; de un mundo donde no hay desilusiones ni existe el tiempo. [19]

Y sin embargo, a veces le atrae el mundo:

> ...yo he tenido días de esos en que desesperado de lograr la armonía de un período o la música de una estrofa y olvidado de mis poetas, he pecado gravemente, y he perdido mi fervor, sin fuerzas para resistir las tentaciones vertiginosas del oro. [20]

Y con todo y tener como vía de escape el mundo del arte, todavía persiste su desilusión por la vida:

> aun siendo poeta y haciendo el poema maravilloso, no podría hablar de otro suspiro... [21]

El poeta continúa explicando que nunca ha experimentado el suspiro que nace de la felicidad intensa o de la realización de sus sueños. Tales placeres nunca fueron comparables a las prefiguraciones del poeta.

VIDA

No es sorprendente, por tanto, notar que el término "vida", por lo regular se encuentra en contextos que muestran una actitud pesimista frente a la vida adulta, como por ejemplo: "vida inútil y triste". [22] En "El recluta", el poeta califica de "una obscura vida" a la de la madre y también de "vida vaga", [23] dando al sustantivo una calidad más sugestiva por el doble significado de "vaga", "desconocida", y también "mediocre". El punto de vista del poeta sobre la futilidad de la vida, está claramente revelado.

Sabemos que a Silva le preocupaba el significado de la vida, tanto de la humana como la de la naturaleza, según se nota en estas líneas de "La respuesta de la tierra":

> Las sombras vagorosas y tenues de unas cañas
> que se reflejan lívidas en los estanques yertos,
> ¿no son como conciencias fantásticas y extrañas
> que les copian sus vidas en espejos inciertos? [24]

El poeta sugiere que la esencia de la vida humana es obscura e incognoscible, como el reflejo de las "cañas" en el agua. Da una caracterización original e impresionista del espíritu humano, en estas líneas, en las que compara el alma con la naturaleza, invirtiendo el orden de comparación prevaleciente:

> Como Naturaleza,
> Cuna y sepulcro eterno de las cosas,
> El alma humana tiene ocultas fuerzas,
> Silencios, luces, músicas y sombras, [25]

En "Voz de marcha" se compara la vida de un adulto con un desierto en el que no existe la esperanza o "luz de aurora":

> "No alumbra en el futuro luz de aurora,
> en lo más hondo el entusiasmo ha muerto,
> solo eres, esperanza soñadora,
> miraje del desierto.

"¡Ay!, y el amor y la amistad mentiras;
como brumas vacilan las ideas,
solo tristeza y desaliento inspiras,
vida, ¡maldita seas!" [26]

En este poema la esperanza, que se compara a un "miraje", y las ideas que vacilan como "brumas", reciben una sugestividad adicional por su aparición momentánea y por la falta de realidad concreta de estas manifestaciones de la naturaleza.

Sólo respecto de la niñez se observa en el poeta una idea más optimista de la vida: "vida sonriente." Sin embargo, el tema de la niñez en la poesía de Silva, por lo regular, se encuentra contrastado con la desilusión que sigue a esos primeros años.

Es necesario tener presente que aunque de niño —y sin duda— Silva fue un introvertido, también es verdad que, por lo menos durante algún tiempo, gozó de las alegrías de la niñez, hecho que ha sido negado por varios críticos, siguiendo al amigo de Silva, Baldomero Sanín Cano. [28]

Aunque Sanín Cano no conoció a Silva sino hasta después de que el poeta regresó de París en 1886, [29] afirma que cuando niño Silva no experimentó "los goces, las amarguras y las vivas emociones de esa edad rosada". [30] No obstante, reconoce que "su niñez fue apacible, seguramente, pero nunca fue niño por los juegos, los ensueños, las escapatorias de los primeros años". [31] El crítico colombiano añade que la niñez del poeta careció de las actividades normales de los niños, [32] y que los juegos que describe en "Infancia" fueron una "impresión literaria de los años posteriores." Continúa con la descripción de la atmósfera literaria de la casa de Silva:

> Creció en un medio donde las preocupaciones literarias eran anteriores y superiores a todos los aspectos del conflicto vital... El libro fue para Silva desde los primeros años el símbolo de la vida y el compendio de todas las humanas significaciones. [33]

Puede ser que Silva haya tenido una niñez más corta que la que tienen personas mucho menos dotadas, como resultado de sus ávidas lecturas, combinadas con una preclara inteligencia, pero su poesía revela la nostalgia de ese período de paz y de inocencia.

Dirijamos ahora nuestra atención hacia el poema "Los maderos de San Juan", no con la idea de que representa necesariamente un suceso real en la vida del poeta, aunque el poema infantil que le precede y sirve como refrán para el mismo, lo saben de memoria la mayoría de los niños de los países de habla española, en una u otra forma. En este poema Silva encarna la desilusión frente a la vida en la persona de la abuela, desilusión que creía era el acompañamiento de los años. Contrasta la inocencia de la niñez con la apariencia triste de la anciana. Sus presentimientos respecto de la vida del niño demuestran, por parte del poeta, una delicada comprensión psicológica del sentimiento protector maternal hacia los niños, que sería aun más intenso en una persona que hubiese sufrido mucho en la vida. A primera vista parecería que el poeta no entiende que un niño raramente es capaz de percibir el sufrimiento de otros, al menos cuando es lo bastante pequeño para jugar en las rodillas de una persona mayor. Pero es la atmósfera dada por los temores y la apariencia del mundo y prolongado dolor de la abuela la que se refleja en el niño, aunque todo lo que él siente es la conmoción y la agitación infantiles del juego. Con todo, en la estrofa en que el sonido de la "voz grave" de la abuela evoca "todo el poema triste de la remota infancia", [34] aun cuando parece que el poeta quiso dar a entender que su infancia fue triste a la vista de sus sentimientos acerca de esos primeros años, los caracteriza más bien como melancólicos por el solo hecho de que son pasados. Los ojos de la abuela son "turbios espejos" que delatan la implicación del poeta en el sentido de que las experiencias de la vida son predominantemente infelices, y que los ojos de las personas mayores reflejan el sufrimiento. La comparación de la edad adulta representada por la abuela, con el niño, hacen patente que el poeta percibe claramente la incapacidad de un niño para entender el lado doloroso de la vida humana.

Blanco

En varias ocasiones el poeta establece la relación blanco-inocencia, como por ejemplo en la descripción del bebé en la cuna: "niño / tan blanco como la nieve". [35] En el poema "Crisálidas", el poeta sugiere la pureza de la niña por medio de la descripción de su lecho: "camita blanca", [36] intensificando la emoción por medio del diminutivo. El poeta declara su fe en la inocencia, profundizada por la total contradicción de la experiencia humana. En su "inocencia pura" el niño sugiere al poeta lo que es fundamental en la naturaleza humana, pero esta es una inocencia virtualmente imposible de conservar bajo el "sol que abrasa el resto de la vida". [37]

En "Infancia" las actividades del niño se describen con el fin de presentar su inocencia y su pureza espiritual. En este mismo poema se descubre la unión, en la mente del poeta, de lo blanco y de la pureza de la niñez que se revela mediante la yuxtaposición cromática de detalles naturalistas sobre una visión impresionista del alma del niño:

> ¡Alma blanca, mejillas sonrosadas,
> Cutis de níveo armiño,
> Cabellera de oro. [38]

También el símil con el que empieza este poema, revela las mismas connotaciones en la comparación de "blancas mariposas" con los recuerdos puros de la niñez.

Tomar al niño, como lo hace Silva, como la imagen de una edad añorada, implica una honda desilusión de la vida adulta, y un deseo de desconocer y hasta de negar lo ineludible del sufrimiento y de la predisposición hacia el mal como factor de la naturaleza humana.

Alma

Algunas veces el poeta compara el alma con ciertas manifestaciones que se hallan en la naturaleza, como vemos en estos ejemplos:

> se llena el alma de ensueños
> como los bosques de nidos.
>
> Idea consoladora,
> Que irradia en el alma humana
> Como con lumbre de aurora. [39]

Silva baja lo infinito de los cielos hasta el alma humana sugiriendo que las visiones, como las nubes, "cruzan en horas felices / los cielos del alma." [40]

De nuevo observamos las preocupaciones del poeta sobre la vida y la muerte del hombre, pero las cuestiones metafísicas: "¿Qué somos? ¿Adónde vamos? ¿Por qué hasta aquí vivimos?", [41] no tienen respuesta alguna. La naturaleza no es favorable ni desfavorable para el hombre. Hay una indiferencia absoluta; el mundo no está ni con él ni contra él.

Leyendo uno de los primeros poemas de Silva, "Crisálidas", (1886) [42] tomamos conocimiento de su concepción popular del alma como una substancia comparable al cuerpo, una substancia que sobrevive a éste; así cuando el poeta pregunta "Al dejar la prisión que las encierra / ¿Qué encontrarán las almas?" [43] Aun en algunos de los poemas de un período posterior, como por ejemplo "Triste", Silva reconoce que a veces hay "alguna lejana idea consoladora" que da la esperanza de inmortalidad al alma humana, y

> Entabla con nuestros duelos
> El gran diálogo confuso
> De las tumbas y los cielos. [44]

Quizá podamos aplicar al poeta su propia declaración respecto de Rafael Núñez: "Dudar implica la necesidad inevitable de inquirir, de encontrar o de forjar siquiera una creencia final". [45]

En "Estrellas fijas", también uno de sus primeros poemas, Silva expresa las dudas que le habrán de acompañar en los albores de sus veinte años, cuando considera la muerte como aquel estado en que "el alma tenga, con el cuerpo rota": [46] muerte de cuerpo y muerte de alma. El poeta sugiere que la única substancia que permanece viva por un lapso, después de la muerte —esa noche larga— es el reflejo, en los ojos que empiezan a corromperse, de la luz viviente de cariño que proviene de algún ser querido. Parece explorar la posibilidad de si después de la muerte la conciencia humana, con sus recuerdos del pasado, podría durar de alguna manera en la materia misma en descomposición. Esa conciencia aunque difusa, turbia quizá, no quedaría completamente destruida.

En el poema "La calavera", notamos la inclinación del poeta hacia una idea panteísta de unión del alma con el mundo de la naturaleza, implícita en la descripción de las "golondrinas":

> ...buscando en el prado
> ya por la tarde, sombrío
> el espíritu elevado
> que habitó el cráneo vacío. [47]

En "Resurrecciones" Silva revela una actitud agnóstica hacia una fe trascendental; sin embargo, también niega una idea de la vida simplemente mecanicista o fenomenista. Se podría calificarle de vitalista por razón de su concepción de una fuerza vital diferente, por igual, del alma humana pensante con sus "ocultas fuerzas", y de la materia, porque:

> Nacen follajes húmedos
> De cuerpos descompuestos en las fosas,
> Adoraciones nuevas
> De los altares en las Aras rotas. [48]

El poeta parece admitir un principio vital, demostrado por el nacimiento del follaje nuevo, principio con una realidad físicamente diferente de la materia de los cuerpos en descomposición; una creencia en que los fenómenos de la vida no son enteramente explicables por los solos factores mecánicos, físicos y químicos. Esto podría indicar la idea de Silva de una fuerza vital en la naturaleza, con la única resurrección concebible: la continua, la estricta sucesión encadenada del nacimiento y la muerte del hombre y de sus creencias, causada por esa fuerza desconocida.

En el primer poema de "Sonetos negros", las dudas y las ansiedades son las compañeras constantes del hombre, aun en su ferviente deseo de venerar a un Dios que, allá en los cielos, ya no ríe; una imagen digna de Nietzsche, y ahora el poeta sólo espera poder encontrar

> ...en el futuro incierto

> las soledades hondas del olvido
> tras las fatigas del penoso viaje.[49]

Este tormento de la duda fue uno de los problemas que perturbaron a Silva. Considerando una vida de celo religioso, el poeta pregunta: "y al morir pensarás: ¿Y si allá arriba / no me cubren la letra?[50] Después, en la segunda estrofa del soneto inconcluso de "Sonetos negros", el poeta aconseja que la búsqueda del cielo debería hacerse en la tierra:

> Deja las peligrosas fantasías
> y busca en perfumadas primaveras
> todo el supremo bienestar, que esperas
> del Cielo que prometes o que ansías.[51]

La muerte llega para todas las cosas vivientes —sólo las obras de arte, como la estatua de Bolívar, pueden ser "vencedora del tiempo y de la muerte."[52] Pero mientras llega la destrucción de la muerte, la vida sólo rinde sufrimiento. Cuatro meses después de su resurrección, Lázaro, en el poema del mismo nombre, ha sufrido tanto que ahora "envidia" a los muertos. La muerte, finalmente, llegó a significar para Silva el único estado en que se puede encontrar la paz, justamente como el hermano mundano en "Don Juan de Covadonga" quien al encontrar que las dudas y las dificultades atormentan aun a aquellos que llevan una vida santa, abandona el convento de su hermano sacerdote "ansiando la quietud de los que fueron" y que ahora duermen en el "negro camposanto."[53] Aquellos que están muertos "duermen ahora / lejos de la vida."[54]

Negro

Como en la frase arriba citada, habitualmente el poeta usa el adjetivo "negro" como palabra de intensificación, de una manera tradicional, asociándola con la muerte y el luto. Por ejemplo, en el poema intitulado "Poeta, di paso", el modificador "negro" tiene un fuerte valor impresionista, coloreando toda la escena de la primera estrofa: "La selva negra y mística fue la alcoba sombría."[55] Luego, en la estrofa final, se ha vuelto realidad la impresión del presentimiento; ahora la joven reposa "mustia, yerta y pálida entre la negra seda."[56]

En el poema dirigido a los imitadores inferiores de Rubén Darío, el poeta colombiano presenta irónicamente la yuxtaposición de "abismos húmedos del negro tul" con "cielo azul",[57] revelando su comprensión del significado ideal que los "rubendariacos" dan con frecuencia a la palabra azul, pero descubriendo a la vez su pesimismo por medio de su elección del término "negro".

En el poema "Día de difuntos", [58] el poeta utiliza una técnica de intensificación por medio de adjetivos dobles y uniendo obscuridad con melancolía, en estos versos que podrían considerarse como la personificación del sentimiento subjetivo del poeta acerca de la vida:

> Por el aire tenebroso ignorada mano arroja
> Un oscuro velo de letal melancolía. [59]

Cuando consideramos el uso de "negro" juntamente con los términos que son sus sinónimos —o que sugieren obscuridad y sombras— podemos estar seguros de que el concepto fue central en la estética y en la vida emotiva de Silva. Por la selección de adjetivos tales como "sombrío", que se utilizan principalmente para modificar las cosas naturales, como en "bosque sombrío" [60] o "crepúsculo sombrío", [61] el poeta revela su melancolía y su perspectiva esencialmente pesimista de la vida. Podemos estar de acuerdo con Luis Alberto Sánchez, quien opina que el blanco y el negro son los colores favoritos de Silva, y que "desde el punto de vista pictórico, Silva estaba condenado a las posiciones antipódicas: o blanco o negro,..." [62] Sin embargo, puesto que el poeta se preocupó con gran frecuencia por lo obscuro, podemos deducir que su preferencia por "lo negro" fue un correlato estético de su punto de vista pesimista.

Triste

Esta melancolía y tristeza, resultantes de la aceptación del sufrimiento como una parte de la vida, en la poesía de Silva se revela por la frecuente repetición del adjetivo "triste". La palabra demuestra la tendencia del poeta a descubrir el estado melancólico de su ser, una actitud reflejada en las "arenas tristes", [63] de "Nocturno". También observamos "tarde triste" [64] y "tristes soledades", [65] todas fundidas con los sentimientos subjetivos del poeta sobre las cosas que contempla.

En el verso que el poeta se dirige a sí mismo en "Al pie de la estatua", observamos su propia conciencia de la tristeza; allí dice que "en la tristeza complacerte sueles." [66] Y más concretamente, en el mismo poema, exhorta al poeta a que hable de la tristeza y la melancolía experimentadas por Bolívar durante su vida:

> Dí las melancolías
> De sus últimos días
> Cuando a la orilla de la mar, a solas
> Sus tristezas profundas acompaña
> El tumulto verdoso de las olas; [67]

la misma preocupación es evidente en el título del poema "Triste".

Sin embargo, el adjetivo "triste" y la tristeza fueron también comunes en la poesía de Bécquer así como en la de muchos otros poetas. Observemos estos versos en las "Rimas" LXXI y LXVIII:

Y oí como una voz delgada y triste [68]

Triste, muy triste debió ser el sueño, [69]

En ambos poetas podemos advertir la existencia de un núcleo de verdadero sufrimiento personal que causó, en parte, la repetición de este concepto, aunque la forma de usarlo careció, a menudo, de novedad, como por ejemplo: "triste sepulcro", [70] "tristes desengaños" [71] y "triste / vida conventual". [72] En estos casos el poeta modernista acentúa la calidad de la tristeza misma mediante el recurso de anteponer el adjetivo al sustantivo que modifica.

En la poesía de Silva percibimos una tendencia a presentar la emoción de una manera nueva y más completa mediante el uso de la sinestesia o por la mezcla de dos o más sensaciones dentro de una sola impresión. En el caso de la tristeza, el poeta describe el "color opaco y triste" [73] del follaje, asociando la realidad sensorial de la noche con el sentimiento subjetivo de tristeza. La misma técnica se puede descubrir en los versos "de mortuorios cirios / el triste olor;..." [74] en los que el hipérbaton hace caer el énfasis en la inesperada imagen sensorial y separa ésta de la frase de preposición que normalmente la seguiría. Incluír estos ejemplos bajo el rubro de sinestesia, es ampliar la definición usual del procedimiento: el uso de analogías estrictamente inter-sensoriales en imágenes visuales, auditivas y olfativas.

En la traducción de "*Realité*", de Víctor Hugo, el poeta modernista decide insertar la palabra "triste" en los siguientes versos: "En Poestum se convierte en hipo triste / la risa de Sileno." [75] En el poema original los versos son: "*Un hoquet à Silène échappe / Parmi les roses de Poestum.*" [76] Un "hipo triste" es digno de Hugo, pero también tiene resonancias baudelaireanas. Nos damos cuenta de que Silva aporta una tristeza subjetiva aun en la traducción, en la que se hace presente la nota sombría, característica de su punto de vista sobre el mundo.

Sombra

En "Nocturno", poema que dio renombre al poeta modernista, muestra su convicción respecto de la inevitable separación de la mayoría de los seres humanos y del aislamiento del poeta que está más solo aún. Basando nuestra interpretación en los hechos de su vida, reconocemos que sólo la hermana de Silva podía mitigar fugazmente su soledad de poeta, que vivió como un recluso dentro de un mundo propio y privado. En estos versos Silva parece volver, a causa de la pérdida, sobre aquella relación con la angustia: "Llena de las infinitas amarguras y agonías de tu muerte, / Separado de ti misma, por las sombra, por el tiempo y la distancia." [77] El poeta expresa la soledad inevitable y el aislamiento del ser humano. El hombre siempre está solo e incomunicado. Y la unión intelectual por la que suspiraba el poeta no fue posible. Sólo sus sombras pudieron escapar de la ineludible soledad de las entidades separadas. Ella estaba a su lado y su sombra se fundía con la de él y, con todo, eran dos seres humanos aislados Ella era "toda / muda y pálida", incapaz de comunicarse: "Como si un presentimiento de amarguras infinitas, / Hasta el fondo más secreto de tus fibras te agitara." [78] Y aunque no podía comunicar, como el poeta, "el fondo más secreto", fue una de las pocas personas que trató de salvar la barrera de la separación inevitable de todo ser humano. La muerte terminó su comunión espiritual. Su soledad angustiosa se expresa en estos versos: "Esta noche / Solo,... Separado de ti misma, por la sombra, por el tiempo y la distancia". [79]

En el poema "*Rien du tout*", el poeta considera las lágrimas de una joven que asiste a la representación de *La dama de las camelias.* Al verla llorar comenta: "mejor fuera que tú lloraras / no por Margarita... por ti." [80] Estas palabras sólo pudieron brotar de una persona que estaba profundamente desilusionada de la vida, una vida

en que

> Van, con rapidez que asombra,
> Amigos al cementerio,
> Ilusiones a la sombra. [81]

Y ni siquiera la vida del "prior" en el poema "Don Juan de Covadonga" está libre de angustia y sufrimiento, pues sus "horas / tienen angustias indecibles" y su vida es "una lucha prolongada." [82] Sin embargo, en el poema "A un pesimista", que muy bien podría estar dirigido a sí mismo, el poeta, en un momento de esperanza, trata de convencerse de que podría haber alguna causa para ser optimista frente a la vida:

> Hay demasiada sombra en tus visiones,
> algo tiene de plácido la vida;
> no todo en la existencia es una herida
> donde brote la sangre a borbotones. [83]

Empero las "soledades hondas del olvido" serán bienvenidas después del "cruel peregrinaje" de la vida, como se nota en el primer soneto de la serie intitulada "Sonetos negros". Olvidando las "fatigas del penoso viaje" [84] se hace atrayente esa soledad de la muerte.

Pobre

Para el poeta, el don de la vida es una dudosa bendición, como se pone de manifiesto por la repetición del adjetivo "pobre", en particular cuando se usa como modificador de seres humanos. El adjetivo siempre precede al sustantivo y tal colocación [85] denota que Silva utilizaba el término con pleno conocimiento de su uso excesivo en la lengua hablada y trataba de evitar caer en el clisé, aunque al mismo tiempo subráyase el sentido afectivo de la palabra.

El consejo del poeta en "Psicoterapéutica" es claramente desilusionador. Pone en guardia contra el amar en exceso, y la imagen radical se añade al significado satírico: "...aplícate buenos cauterios / en el chancro sentimental." Y el recurso que da para tener una vida larga y saludable, aunque no necesariamente feliz, es: "ten desde niño desengaños, / practica el bien, espera el mal." [86]

Grande

El adjetivo "grande" se usa también de un modo que revela la desilusión del poeta respecto de la vida. En "Los maderos de San Juan" el "gran dolor" [87] que deja su huella en el rostro de la abuela sugiere la posibilidad de varias cosas que pudieran haber causado la tristeza, con un cambio correspondiente en el valor afectivo del adjetivo. El término aparece dos veces en "Al pie de la estatua", dando énfasis al desengaño de Bolívar: "su sueño más grande hecho pedazos", y "perdidos los ensueños grandes." [88]

Cuando no está usado en contextos negativos, "grande" se utiliza de una manera satírica, como por ejemplo en "Futura", en las palabras con que el "alcalde Karl Hamstaengel" saluda a Sancho Panza, el

> ...fundador
> de la más grande de las obras,
> de nuestra santa Religión. [89]

El mismo empleo satírico es evidente en "Zoospermos", en los versos que se refieren al espermatozoide que "hubiera sido un héroe / de nuestras grandes guerras", [90] así como en "*Egalité*", en donde el Emperador de la China es un "gran magnate", pero comparado con Juan Lanas "los dos son un mismo animal." [91]

También en el poema "La respuesta de la tierra" Silva parece usar el adjetivo en sentido irónico: "Era un poeta lírico grandioso y siblino", y también "El gran poeta lírico no le contestó nada." [92] El gran poeta lírico es incapaz de encontrar las respuestas para sus preguntas sobre la existencia o sobre la naturaleza de las cosas. Y finalmente, en "Sinfonía color de fresa con leche" el sentido irónico del uso del término es aún más evidente: "huyen los bizantinos de nuestras letras... con grande afán." [93]

Hemos observado que el punto de vista del poeta acerca del ser humano y su destino, es fundamentalmente pesimista y que éste se revela no solamente mediante la exposición directa, sino también en el uso de los términos "alma", "vida", "sombra", "blanco", "negro", "pobre", "triste" y "grande", que encontramos en contextos que delatan y aumentan las asociaciones adversas y las connotaciones emotivas que tienen para el poeta.

III

Aunque no tan conscientemente preocupado por vencer al tiempo cronológico, como ocurre con los autores de las generaciones siguientes, vemos que Silva, si bien de una manera vaga y débilmente estructurada, reconoce que el tiempo, además de ser una convención social basada en conceptos espaciales, también es subjetivo y tiene significados diversos para cada persona y para cada experiencia humana.

La frecuencia con que se usan los términos "siglo", "hora", "tiempo", "viejo" y el sustantivo relativo "recuerdo", delatan la preocupación del poeta sobre la perspectiva temporal.

Tiempo

En "Al oído del lector", "tiempos idos" son una de las fuentes de inspiración para la "ternura vaga" [94] que produce la poesía. En consecuencia, Silva piensa que el poeta puede abolir al tiempo objetivo —que destruye la niñez y la inocencia del niño— mediante la evocación de esas sensaciones agradables de su pasado subjetivo. Y, como era de esperarse, en vista de la trágica vida del poeta colombiano, cuyas adversidades empezaron poco después de su pubertad, evoca la infancia con delicados sentimientos elegíacos. No obstante, el poeta despliega una ambivalencia frente al correr del tiempo; ocasionalmente considera que "La huída del tiempo que lo borra todo" [95] y otras veces elogia la belleza que el paso del tiempo imparte a los recuerdos, como por ejemplo: "Recuerdos deliciosos de tiempos que no vuelven..." [96]

Ya hemos notado la desilusión del poeta frente al tiempo presente, lo que le lleva a evocar la infancia, símbolo de serenidad y pureza. Usualmente el tiempo y la distancia embellecen a la niñez, por una comparación patente o implícita con el presente. En "Infancia" el poeta llama a la niñez la "edad feliz", cuya memoria se hace más bella por "el tiempo y la distancia". Desea evocar sus "breves dichas transitorias". Esos "plácidos recuerdos de la infancia" llegan a ser más bellos al compararlos con las ruinas que ha dejado el paso de los años, por el correr del tiempo medido espacialmente, reemplazada la inocencia por la amargura, la desilusión que yace bajo los rayos del sol que, después de la niñez, "abrasa el resto de la vida". [97] El sol, que es cíclico por naturaleza, subraya la medida objetiva, natural del tiempo que bajo sus rayos, cambia a las personas y empuja a todos los humanos hacia la desilusión y, finalmente, hacia la muerte.

El poema intitulado "Los maderos de San Juan" es un tratamiento del tema del tiempo que implica la superposición de diferentes niveles temporales.[98] El poeta emplea una presentación espacial de diferentes niveles objetivos o naturales del tiempo y los entrelaza destruyendo así el tiempo espacial u objetivo, creando un tiempo psíquico para el poeta y para el lector.

Primero el poeta, como adulto joven, escribe sobre el protagonista, esto es, un niño que juega sobre las rodillas de su abuela. El niño está en un nivel del tiempo: el presente. La cancionista infantil aporta la herencia del pasado de la gente de habla española. La abuela está en el mismo nivel temporal que el niño, pero ve hacia el mañana y teme por su futuro. Luego, en la segunda estrofa, el pasado inmediato se revela por la edad de la abuela que personifica el correr del tiempo:

> Y son sus ojos turbios espejos[99] que empañaron
> Los años, y que, ha tiempo, las formas reflejaron
> De cosas y de seres que nunca volverán.[100]

La tercera estrofa brinca al futuro del niño y éste, ahora hecho un hombre, retrocede hacia el juego con la abuela:

> Mañana, cuando duerma la anciana, yerta y muda,
> Lejos del mundo vivo, bajo la oscura tierra,
> Donde otros, en la sombra, desde hace tiempo están
> Del nieto a la memoria, con grave son que encierra
> Todo el poema triste de la remota infancia
> Cruzando por las sombras del tiempo y la distancia
> De aquella voz querida las notas vibrarán.[101]

Luego, en la cuarta estrofa, regresa otra vez a la escena inicial de la primera estrofa, repetida casi palabra por palabra, sólo que ahora las rodillas de la abuela ya están "cansadas" y en vez de estar "agitados", los dos están "conmovidos". Otra vez se repiten los presentimientos de la abuela sobre "lo que en lo futuro, de angustia y desengaño / Los días ignorados del nieto guardarán."[102]

En este poema la actitud maternal y protectora no es original, sino más bien convencional y casi retórica. El poema, por la superposición de varios niveles del tiempo, dirige nuestra atención hacia el vuelo del tiempo natural, que es inevitable y lleva a la muerte, una muerte que está actualizada por el salto hacia el futuro, cuando el protagonista haya llegado a ser hombre y la abuela haya muerto. Por lo tanto, el tema principal es *tempus fugit,* pero hay un tiempo subjetivo para todos los seres humanos que sólo la muerte puede destruir por medio de la terminación individual del poder de la memoria.

Quizá debido al énfasis puesto en los presagios de la abuela, en este poema la infancia no conlleva las connotaciones idílicas de inocencia y de paz, sino las de un "poema triste de la remota infancia".[103] Empero se encuentra allí la idealización de la niñez expresada en la angustia de la abuela sobre el futuro, contrastada con la ignorancia del niño sobre lo que vendrá. Hay una superposición de sentimientos paralela a la del tiempo, que origina que la voluptuosidad del recuerdo se halle atenuada.

Nos hemos vuelto conscientes de que la fluencia y la mezcla constantes del pasado y del futuro en este poema, que, en cierto sentido, suspende y vence el tiempo natural u objetivo. El poema encierra un acervo de experiencias que comprende un cierto número de años. Esta fusión dinámica de pasado, presente y futuro, es semejante a la idea moderna del tiempo como duración dentro de la variación.

En "Crepúsculo", un poema que trata de las agradables ocasiones para contar cuentos durante la infancia, "el tiempo os sepulta [los cuentos] por siempre en el alma" y el hombre los evoca desde su pasado "con hondo cariño".[104] Estas evocaciones del mundo subjetivo de fantasía, símbolo también de la inocencia y la pureza, no son de un pasado real y están unidos a la amargura de la experiencia humana. Pero por medio de la evocación de estos momentos de felicidad subjetiva, el poeta y el hombre mismo pueden entrar de nuevo y por un instante en ese pasado sin tiempo. Sólo gracias a la existencia de esos momentos ocultos en el corazón humano, y evocados con profundo sentimiento, puede el hombre anular los efectos del tiempo natural. De allí que el poema, que vuelve evidentes esos momentos pasados, puede ser una obra de arte perdurable.

Sin embargo, la obra del escultor puede soportar el paso de los siglos, el "bronce mudo" de la estatua de Bolívar hecha por Tenerani "el embate del tiempo desafía."[105] La estatua de bronce es la "vencedora del tiempo y de la muerte".[106] Gracias al arte del escultor, la memoria del gran "Padre de la Patria" podrá preservarse y llegar a "las playas del futuro."[107] Contrasta lo perecedero de los niños que juegan en derredor de la estatua, quienes "Mañana, tras la vida borrascosa, / Dormirán en la tumba hechos ceniza",[108] con la permanencia de la escultura y la perduración de la memoria de Bolívar.

SIGLO

Ni siquiera "el viento de los siglos", que

...al soplar al través de las edades,

Va tornando en pavesas
Tronos, imperios, pueblos y ciudades, [109]

puede destruir la estatua de Bolívar. "Ha siglos olvidada", [110] está la "momia" del "indio" y "Ha siglos vino hispano aventurero" [111] (un uso efectivo de la sinécdoque para aumentar la emoción); pero la muerte todo lo destruye:

¡Como sombras pasaron!
¿Quién sus nombres conserva en la memoria?
¡Cómo escapa, perdido,
De las hondas tinieblas del olvido
Un pueblo al veredicto de la historia! [112]

Notamos el tema del *ubi sunt,* al mismo tiempo que la preocupación, de parte de Silva, por la falta de huellas de sus existencias individuales que dejan tras de sí los seres humanos.

Como muchos de sus contemporáneos, el poeta colombiano exalta las edades pasadas a costa del presente:

¡Oh siglo que declinas:
Te falta el sentimiento de lo grande! [113]

Habla de las "épocas distantes y mejores", [114] de "los potentes Aryas primitivos" comparándolos con "las enclenques razas del futuro". [115] Estas razas del futuro llevarían en sí un sentido de la moralidad igualmente débil, tal como se describe en la estrofa final de "Futura", en la que los gritos de "¡Abajo Dios!" acompañan al estallido de la estatua del dios más reciente, Sancho Panza, en que "vuelan estatua y orador". [116] Pero el pasado está exaltado cuando los hombres tuvieron "cuerpos de titán y almas enteras", [117] y la presente "enclenque / Generación menguada" [118] que solamente puede sentir humillación: "Somos como enfermizo descendiente / de alguna fuerte raza". [119] Continúa explicando que si el hombre actual "el arnés pesado revistiera", su débil cuerpo no lo soportaría y "Bajo su grave peso cedería / La escasa resistencia de sus hombros..." [120]
bros..." [120]

Dispares del gran héroe Bolívar, los humanos de la presente generación, sólo podrán experimentar al morir "una angustia matadora de no haber hecho nada..." [121] Estos sentimientos de angustia y desesperación "tienen ocultos nidos / En las ruinas de los años". [122] El tiempo pasa y lleva la ruina y la muerte al hombre; "Amigos al cementerio, / Ilusiones a la sombra." [123]

Silva expresa su angustiada percepción del fluir del tiempo en "La ventana", un poema en que se personifica a una ventana y el poeta-protagonista relata, dentro del poema, la historia que "No guarda su memoria / de la ventana la vetusta historia." [124] Después de contar lo que la ventana pudo haber presenciado durante los tiempos coloniales, el protagonista contrasta la mortalidad de los niños del presente que juegan bajo la ventana, con la relativa permanencia de la ventana:

...Tal vez mañana
cuando de aquellos niños queden solo
las ignotas y viejas sepulturas,
aun tenga el mismo sitio la ventana. [125]

El poeta lamenta la tiranía del tiempo que pasa destruyendo al hombre, sus sueños y sus esperanzas:

¡Ay! todo pasará: niñez risueña,
juventud sonriente,
edad viril que en el futuro sueña,
vejez llena de afán... [126]

Los versos arriba citados recuerdan a los de Darío en el poema intitulado "Canción de otoño en primavera":

Juventud divino tesoro
¡Ya te vas para no volver!...
Cuando quiero llorar, no lloro,
Y a veces lloro sin querer... [127]

Recuerdo [128]

La muerte y la destrucción producidas por el inexorable tiempo objetivo, son tristes "Como el recuerdo borroso / De lo que fue y ya no existe." [129] Y en el poema "Muertos", el uso de esos dos versos en calidad de refrán en cada estrofa, intensifica la melancolía del tema del *ubi sunt.* En la primera estrofa, el poeta considera a la muerte de la naturaleza en otoño, cuando el follaje

Tiene un adiós para el verano muerto
Y un color opaco y triste
Como el recuerdo borroso
De lo que fue y ya no existe. [130]

En la segunda estrofa, aunque las viejas cartas de amor guardadas en viejos baúles "obligan a evocar mejores tiempos", [131] los "ramilletes negros y marchitos, / Que son como cadáveres de flores", [132] tienen

...un olor triste
Como el recuerdo borroso
De lo que fue y ya no existe. [133]

Luego, en la estrofa final, el poeta medita sobre la acción destructora del tiempo natural, aun sobre los recuerdos intemporales de "afectos y ternuras", destrucción que resulta en un "hondo cansancio que en la lucha / Acaba de matar a los heridos." [134]

Pero en "Triste", el poeta delata su creencia de que aunque el tiempo que trae ausencia y muerte y parezca destruir esos sentimientos de pérdida

> La intensa voz de ternura
> Que vibra en el alma amante
> Como entre la noche oscura
> Una campana distante,
>
> Saca recuerdos perdidos
> De angustias y desengaños
> Que tienen ocultos nidos
> En las ruinas de los años, [135]

Sin embargo, Silva, en algunos poemas, parece ser aún más pesimista en lo relativo al paso del tiempo. El tiempo puede traer muerte y destrucción —al menos de las emociones—, causando el olvido, producto de la separación de las personas que un día fueron amadas. En "Día de difuntos", el principal tema poético es esta "huida del tiempo que lo borra todo." [136]

HORA

La campana que en "Día de difuntos" anuncia el paso del tiempo, está singularizada entre todas las demás campanas luctuosas

> Mas la campana que da la hora,
> Ríe, no llora.
> Tiene en su timbre seco sutiles ironías
> Su voz parece que habla de goces, de alegrías,
> De placeres, de citas, de fiestas, y de bailes,
> De las preocupaciones que llenan nuestros días,
> Es una voz del siglo entre un coro de frailes. [137]

Esta "voz del siglo" representa el rápido vuelo del tiempo entre la muerte y el olvido de un ser querido.

> Y con sus notas se ríe,
> Escéptica y burladora,
> De la campana que ruega,
> De la campana que implora
> Y de cuanto aquel coro conmemora,
> Y es porque con su retintín

Ella midió el dolor humano,
Y marcó del dolor el fin; [138]

Aquí observamos la vida, similar a la humana, que el poeta da a las campanas, la capacidad de reír o de llorar y la de contar las horas. Esta campana ha medido "la hora precisa" del olvido y "por eso interrumpe los tristes conciertos / Con que el bronce santo llora por los muertos." [139] El poeta dice cómo la campana ha marcado la hora "en que a cada casa, lúgubre y vacía / Tras el luto breve volvió la alegría". [140] No sólo viene la muerte, sino también el olvido:

Y eso es lo angustioso y lo incierto,
Que flota en el sonido,
Esa es la nota irónica que vibra en el concierto
Que alzan los bronces al tocar a muerto.
Por todos los que han sido. [141]

También en "Luz de luna" el poeta pregunta, irónicamente, la razón de por qué apenas después de sólo un año, las "cariñosas memorias" [142] ya no regresan al corazón de la joven viuda. Silva parece contemplar la ironía de la vida con sus efímeras emociones.

Esta contemplación va acompañada de la angustia en el "Nocturno", en donde el poeta expresa la inestabilidad de la vida y también las "infinitas amarguras y agonías" que experimentaba por la muerte de su hermana. [143] Separado de ella "...por la sombra, por el tiempo y la distancia", [144] sólo puede imaginar que sus sombras nuevamente caminan juntas. Ese "infinito negro" que sus voces no pueden cruzar, fue para el poeta muerte del cuerpo y del alma. Sintió frío y "era el frío de la muerte / Era el frío de la nada." [145] Sólo en su imaginación la sombra de su hermana podía reunirse con la suya en el sendero; y aquí, tal vez, la sombra simbolizaba al alma, de cuya inmortalidad dudaba el poeta.

Silva ha descubierto en su poesía la percepción angustiosa del paso inexorable del tiempo natural al mismo tiempo que su deseo de vencer a tal tiempo objetivo mediante su sustitución por el tiempo subjetivo. No obstante, revela su afecto para "Las sugestiones místicas y raras / Y los perfumes de las cosas viejas." [146]

Viejo

Solamente en su ternura por "las cosas viejas" podemos observar un sentimiento menos angustiado por el paso del tiempo. Estas "cosas viejas" estaban asociadas con momentos subjetivos del pasado, por lo cual "obligan a evocar mejores tiempos." [147] Aun la desintegración que sufrieron bajo el paso del tiempo aumenta su autenticidad, porque

Las cosas viejas, tristes, desteñidas,
Sin voz y sin color, saben secretos
De las épocas muertas, de las vidas
Que ya nadie conserva en la memoria, [148]

Esa descomposición sirve como recordatorio de las edades pasadas, más bien que de lo inevitable de la muerte y de la destrucción. Porque las cosas viejas pueden evocar "épocas distantes y mejores", el poeta soñador se inclina a

Las formas, los estilos, los colores,
Las sugestiones místicas y raras
Y los perfumes de las cosas viejas. [149]

El poeta revela su propia preocupación por el paso del tiempo y, a la vez, caracteriza la intemporalidad y la edad de la "vieja ventana" [150] que ve, oye y huele muchas cosas y las comunica al poeta con su recóndita voz. Silva creía que las voces secretas de las cosas viejas no eran perceptibles para el oído de los no-poetas. Las "cosas viejas", al igual que los espejos, tienen la capacidad de guardar y reflejar el pasado para el poeta, como lo dice en estos versos de "Vejeces":

De otros siglos fantásticos espejos
Que en el azogue de las lunas frías
Guardáis de lo pasado los reflejos [151]

No sólo las cosas viejas en sí, sino también sus olores, pueden evocar el pasado, como vemos en "*Midnight Dreams*": "La fragancia indecisa de un olor olvidado, / Llegó como un fantasma y me habló del pasado." [152]

En conclusión, hemos observado la preocupación del poeta por el tema del tiempo, revelado por el frecuente uso de las palabras "siglo", "hora", "tiempo", "recuerdo" y "viejo". Además, a través de su uso, hemos reconocido que Silva muestra el deseo de dominar el tiempo natural. Aun las cosas viejas, a las que mira con afecto, son amadas por las emociones que las han rodeado y que el poeta puede evocar, llevando así al primer plano el tiempo subjetivo asociado con tales objetos. Hay, además, en la actitud de Silva frente al tiempo, una sugestión de un punto de vista cíclico, lo que permite al poeta aceptar el fluir del tiempo hacia la muerte; el ciclo eterno, aunque cambiante, de nacimientos y muertes es una realidad de la vida que es permanente y, por ende, intemporal en cierto sentido.

IV

En la poesía de Silva las imágenes y descripciones de la naturaleza se repiten con bastante frecuencia. Sin embargo, el poeta usó regularmente a la naturaleza como vehículo para expresar ideas y emociones, más bien que para reproducir lo que pudo haber visto o no en su país natal o durante sus viajes. La naturaleza siempre ha desempeñado un papel en la literatura y, por consiguiente, debemos considerar que muchos paisajes literarios no son el resultado necesario de la observación, sino que se basan en patrones y actitudes tradicionales. Silva usó principalmente de las imágenes de la naturaleza, no para reproducir esas escenas en su poesía, sino combinándolas con una idea o una emoción para expresar un concepto ajeno a la naturaleza. Por esa razón no es de sorprender que muchas de las metáforas empleadas por él provengan de la naturaleza: flores, pájaros y animales; nieve, viento y nubes.[153]

El poeta colombiano no es realista en cuanto al uso de esas metáforas, pero se sirve del mundo concreto como punto de partida, recuerda las cosas familiares y utiliza los detalles para presentar inesperadas relaciones emotivas entre ellas. Sin embargo las imágenes de la naturaleza que el poeta emplea, tienden a ser precisas y sin distorsiones. Usualmente la analogía está firmemente unida con el mundo natural, pero las descripciones son generalizadas. Podemos observar que el poeta no se esfuerza por hacer más pintorescas las imágenes que provienen del mundo natural, pues utiliza "pájaros" y "flor" más frecuentemente que "golondrina" y "azalea".

Esta aparente falta de interés por lo que acontece en la naturaleza, delata la creencia del poeta de que lo concreto tiene pocas correspondencias con la verdad profunda. Su uso de tales metáforas no tiene el propósito de despertar o definir la emoción, sino más bien el de permitir que fluya sin cambios el sentimiento ya producido. Podemos conjeturar que el poeta no fue completamente impasible frente a los encantos de la naturaleza, puesto que dio a sus espectáculos ordinarios un poder evocador por medio de la metáfora. Al expresar una idea en términos de naturaleza, el poeta, a menudo, pudo intensificar y añadir vigor al concepto.

Pero aun cuando el poeta no se esforzaba conscientemente en reproducir escenas de la naturaleza en su poesía, la ciudad de Bogotá y su área circundante están visibles en varios poemas. La psicología moderna admite que el medio ambiente puede causar una impresión muy grande en el ser humano. Si consideramos que sólo el ambiente puramente físico pudiera tener un efecto preponderante sobre la disposición poética, entonces ninguno de los poetas cuya ciudad natal fue la Bogotá del siglo XIX pudo haber escrito poesía de índole menos melancólica. Esta atmósfera sombría está cabalmente descrita por Ebel Botero, quien sostiene que Silva evoca ese paisaje en la mayor parte de su poesía: Hay la

> ...sabana que bordea la ciudad,... la cadena de cerros medio desérticos, desolados, de colores apagados y melancólicos que limitan la ciudad hacia el oriente y la invaden por el centro; el cielo ordinariamente nublado y opaco; la llovizna constante; el frío continuo de entre 25 y 60 grados F.; el viento helado del páramo de Sumapaz; las calles estrechas de la ciudad antigua, o sea la que habitó Silva, llenas de templos coloniales y caserones viejos; los tristes patios interiores, el ambiente melancólico,... [154]

Sólo podemos decir con certeza que, entre otras cosas en la vida del poeta modernista, el ambiente natural en que se crió funcionó igualmente como agente formativo de su personalidad. Como hemos observado, el poeta no fue un escritor descriptivo, sino que representa a la naturaleza en términos más bien genéricos; como resultado las escenas ocasionales de la naturaleza no son exóticas.

Esa condición de naturalidad, también observada en la poesía de José Martí, manifiesta en la poesía de Silva, le distingue de modernistas tales como Julián del Casal, quien mostró predilección por la naturaleza exótica y artificial. Comparando el primer cuarteto de un soneto de Silva —citado en primer término— con uno de Del Casal, se puede demostrar esa diferencia. Ambos sonetos tienen el mismo tema; el soneto de Silva se intitula "Paisaje tropical" y el de Del Casal, "Paisaje del trópico", incluido en *Nieve* (1892):

Magia adormecedora vierte el río
En la calma monótona del viaje
Cuando borra los lejos del paisaje
La sombra que se extiende en el vacío. [155]

* * *

Polvo y moscas. Atmósfera plomiza
donde retumba el tabletear del trueno
y, como cisnes entre inmundo cieno
nubes blancas en cielo de cenizas. [156]

No obstante, en varios de los poemas publicados en periódicos, como por ejemplo "Paseo" y "Vida aldeana" (se encuentran en el Apéndice I), el poeta muestra una tendencia bucólica y explora los encantos de la naturaleza. El tema bucólico, tradicional en la poesía tiene un significado especial en la colombiana. [157] Con frecuencia las loas a la vida sencilla del campo llevan implícita una crítica de la vida de la ciudad. Esa actitud horaciana es obvia, por ejemplo, en "Vida aldeana", en donde el poeta elogia las virtudes de la vida campestre, la hermosura de las escenas de la naturaleza, y exalta la vida y la muerte sencillas y rústicas:

> Sencilla y grata la vida de la aldea:
> levantarse al nacer de la mañana
> cuando su luz en la extensión clarea
>
> . . . .
>
> tomar fuerza en la calma majestuosa
> donde la vida universal germina
> en ignotos lugares
> que no ha hollado la vana muchedumbre,
>
> . . . .
>
> sin fatigas, sin penas, sin engaños,
> dejar correr los años,
> y en la hora postrimera
> descansar, no en lujoso monumento,
> sino bajo el ramaje
> de verde sauce, a su tranquila sombra,
> cabe la cruz piadosa... [158]

Noche

Aunque ya se ha puntualizado que Silva prefirió la noche como escenario de sus poemas, tal vez por razón del misterio que les presta, [159] sabemos que aparte de esa preferencia personal, la palabra "noche" y los términos asociados se encuentran tradicionalmente en la poesía, "noche oscura" así como "noche tranquila".

Al menos la mitad de las veces que Silva utiliza la palabra "noche", lo hace en sentido estrictamente literal; por ejemplo en las siguientes frases tal uso es rigurosamente funcional: "largas noches sin sueño", [160] y "noches jamás olvidadas". [161] Varias veces el poeta sigue el patrón poético tradicional, sin añadir algo esencialmente nuevo al concepto, como en "noche callada" [162] o en estos versos:

> ¡Qué noche tan clara!
>
> * * *
>
> ¿Por qué las noches negras, las diáfanas auroras.
>
> * * *
>
> Y subir de los valles la noche umbría [163]

Después el poeta añade matices románticos en los versos en que se personifica a la "noche silenciosa" junto con la luz de la luna "de tan dulces horas / guardarán el secreto".[164]

En una original metáfora el poeta compara la brillantez de Júpiter "en las noches plácidas y bellas" con la gloria de Bolívar:

> ...Padre de la Patria, cuyas huellas,
> Irradian del pasado
> En el fondo sombrío,
> Como en las noches plácidas y bellas
> Júpiter coronado de centellas,
> Hace palidecer en el vacío
> La lumbre sideral de las estrellas.[165]

En el poema intitulado "Poeta, di paso", las "noches dulces", y en la estrofa final, la "noche trágica", no son en sí imágenes muy originales, pero Silva rodea estos conceptos algo prosaicos con escenas sugerentes, llenas de sonidos, olores y de sensaciones táctiles.

En "El alma de la rosa" combina una fraseología becqueriana con el concepto tradicional de "oscura noche":

> y mientras todo calla,
> entre el silencio de la oscura noche
> se oye una voz que canta:[166]

Pero en el poema "Triste" utiliza "oscura noche" como marco del símil en la realidad:

> La intensa voz de ternura
> Que vibra en el alma amante
> Como entre la noche oscura
> una campana distante,[167]

En "Estrellas fijas" reconocemos que el poeta utiliza metafóricamente la palabra "noche" para dirigir nuestros pensamientos hacia la semejanza de la noche con la muerte: "esa noche más larga que las otras."[168] También en "Poesía viva" el término "noche" puede considerarse en dos niveles: la noche misma y esa noche larga de la muerte que sugiere:

> Mas la noche no me aterra,
> Si rompen su oscuro velo
> Sus pupilas en la tierra
> Y los astros en el cielo.[169]

Después, en estos versos: "Islas claras en los océanos / Sin fin, ni fondo de la noche",[170] el hipérbaton pone un énfasis más fuerte sobre "océanos" que luego reaparece cuando el lector asocia la frase preposicional "de la noche" con la palabra que modifica. En esta locución podemos notar la manera en que el concepto romántico del poeta está expresado con novedad y delicadeza, pero no por las palabras mismas, sino por su posición en la frase. La metáfora en que las "islas claras" se igualan a las estrellas, añade misterio al que rodea a estos planetas, y "océanos de la noche" sugiere que, como el océano, lo infinito del espacio parece ser insondable.

El poeta colombiano muestra su deseo de aumentar lo sugestivo de la "noche" en este verso de la composición "Al oído del lector": "Los tiempos idos y las noches pálidas."[171] Primero advertimos la insólita combinación de conceptos y luego nuestra atención es atraída por el adjetivo "pálida", que acentúa la vaguedad y el misterio mediante la modificación de "noche", en vez de "luna" o bien de "luz". "Pálida noche" es una contradicción de términos o antífrasis, ya que la palabra "noche" sugiere inmediatamente oscuridad, y "pálida" con "luna" o "luz" sobrentendidas, da a la claridad una calidad más misteriosa.

Sin embargo, en el poema en que Silva satiriza a costa de los "poetas rubendariacos", en la frase "noche diáfana de plenilunio",[172] utiliza la misma cualidad de la luz, yuxtapuesta a noche, para crear el efecto humorístico. En realidad "plenilunio" es la palabra cuyo uso deplora por ser semejante a los términos empleados en exceso por los imitadores de Rubén Darío, por más que Silva mismo usa "diáfano" en varias ocasiones en sus poemas serios.

En "Serenata" notamos el primer verso, "La calle está desierta; la noche, fría",[173] que sirve de estribillo para introducir las tres estrofas. La idea de que la "noche está fría" no es de gran originalidad, pero sitúa la escena en la naturaleza y sugiere que el corazón de la muchacha está tan frío como la noche. (También la escena nocturna aumenta la cualidad alusiva, trayendo a la mente una serenata dada por la Muerte que toca la guitarra para anunciar su visita.) En cada estrofa hay un desarrollo climático dentro del cual la frialdad de la noche parece aumentar gradualmente hasta el máximo. Esta frialdad se refleja en la indiferencia de la muchacha —posiblemente simulada— que no reacciona abiertamente a la serenata. Pero hasta su indiferencia, simulada o no, sirve para asociar la noche fría con la tristeza y angustia reprimidas del guitarrista.

Llegamos finalmente al "Nocturno" en que el poeta establece la escena nocturnal reiterando la palabra "noche" en sentido literal —y también en el figurado—, dándole vitalidad por medio de la descripción de sus sonidos y sus olores, por ejemplo: "Una noche toda llena de perfumes, de murmullos y de músicas de alas."[174] En el verso que dice "como en esa noche tibia de la muerta primavera",[175] la selección del adjetivo "tibia" da a la noche una sensualidad especial por la naturaleza de sensación táctil, que connota. En esto notamos el esfuerzo —consciente o inconsciente— de enriquecer la gama del arte. En la frase modificadora "de la muerta primavera", hay un poderoso contraste que dirige nuestra atención hacia la desolación del poeta que recuerda una "tibia noche", pero en una primavera que está muerta, porque es el pasado, pero, a la vez, no muerta del todo, puesto que se acuerda de aquella otra noche, aunque ahora con angustia.

Ocasionalmente Silva emplea la palabra "sombra" como equivalente de "noche"; por ejemplo en "Un poema" donde en un ensueño poético "los ritmos indóciles vinieron acercándose, / Juntándose en las sombras, huyéndose y buscándose".[176] Aunque en el "Nocturno" se usa "sombra" principalmente para denotar la sombra de una persona, su propia alma u otro yo, en ocasiones sugiere también la noche física o la oscuridad.

En este mismo poema, Silva usa felizmente un cultismo derivado del latín al calificar a "sombra" de una nueva manera: "la sombra nupcial y húmeda."[177] La impresión que da el modificador "nupcial" causa un estímulo sensorial más intenso y produce, aun en el lector más irreflexivo, el deseo de interpretar con exactitud la intención del poeta. Silva parece aludir al significado original de la palabra latina "nubes", que posteriormente llegó a significar el velo de la novia —o cualquier otra clase de cobertura. Tal oscuridad, o sombra, semivelada o húmeda, resultaría ser efecto de la luz lívida de una noche de plenilunio: clara, pero velada por las sombras. Parece improbable que aquí el poeta quiera decir sombras que son como una novia o como una boda, pero esta implicación presta matices de intimidad, quizá una de las razones por las que este poema, dedicado a su hermana Elvira, se haya considerado como prueba de su pasión incestuosa hacia ella.[178]

Luz

En el tratamiento que Silva da al mundo de la naturaleza, ya hemos señalado su preocupación por la luz. En "Al pie de la estatua", vemos otra vez su peculiar descripción del ambiente que rodea a la estatua de Bolívar en la que la luz se añade al contraste de las ideas:

> Amplio jardín florido lo circunda
> Y se extiende a sus pies, donde la brisa
> Que entre las flores pasa
> Con los cálices frescos se perfuma,
> Y la luz matinal brilla y se irisa
> De claros surtidores en la espuma.[179]

Esta descripción y la de los niños que allí juegan, se repite al final, cuando el poeta, de nuevo, "tiende la mirada" sobre el ambiente natural y sobre los niños, que serán polvo, mientras la estatua de bronce sigue proclamando la gloria de Bolívar.

No obstante, en "Psicopatía", Silva describe el mundo vivo de la naturaleza y lo usa como fondo para dar mayor énfasis al mundo físico de luz, colores y olores, al cual el "filósofo joven" es insensible:

> Olvida luz y olor primaverales,
> E impertérrito sigue en su tarea
> De pensar en la muerte, en la conciencia
> Y en las causas finales. [180]

En el principio del poema se establece una escena concreta y viviente en la naturaleza:

> ...La niebla
> Donde saltan aéreos surtidores,
> De arco iris se puebla
> Y en luminosos velos se levanta.
> Su olor esparcen entreabiertas flores,
> Suena en las ramas verdes el pío pío,
> De los alados huéspedes cantores,
> Brilla en el césped húmedo el rocío...
> ¡Azul el cielo! ¡Azul!... [181]

El poeta ha aumentado la vivacidad de la escena, atribuyendo al mundo de la naturaleza cualidades humanas: "el parque se despierta, ríe y canta":

> ...Y la suave
> Brisa que pasa, dice:
> ¡Reíd! ¡Cantad! ¡Amad! ¡La vida es fiesta!
> ¡Es calor, es pasión, es movimiento!
> Y forjando en las ramas una orquesta,
> Con voz grave lo mismo dice el viento [182]

Luego, entre toda esa luz y color del mundo de la naturaleza, entra el joven filósofo que tiene el "mal de pensar":

> Y por entre el sutil encantamiento,
> De la mañana sonrosada y fresca,
> De la luz, de las yerbas y las flores,
> Pálido, descuidado, soñoliento,
> Sin tener en la boca una sonrisa
> Y de negro vestido
> Un filósofo joven se pasea [183]

A la entrada del joven, la naturaleza se olvida; el efecto de la técnica es claro: el mundo exterior vive en la conciencia de acuerdo con la vida interior del hombre que pasa a través de este mundo.

Ocasionalmente el término "luz" está usado metafóricamente, como en "luz de aurora" y "un rayo de luz puro", [184] que representan a la esperanza. Una vez el poeta emplea la palabra en una alusión bíblica: "...columna de luz, que en el desierto / guíe su paso a punto conocido." [185]

En el poema en que se interroga a las estrellas, y que se intitula "...?...", estos cuerpos celestes representan un problema o cuestión metafísicos, más bien que el verdadero universo sideral con toda su enormidad. Esta interrogación a las estrellas, objetos que están colocados en la doble infinitud del tiempo y del espacio, nos entera del deseo del poeta de provocar en el lector, la emoción de la impotencia de la imaginación humana para abarcar la naturaleza de las estrellas, o del espacio sin límites en que están situadas. Paradójicamente, en este poema, acerca de las estrellas, en que se podían esperar sólo los símiles y las imágenes habituales, el poeta usa una variedad inusitada de metáforas, símiles e imágenes visuales. Por ejemplo, en diversas metáforas, las estrellas están relacionadas con su forma de lucir en el cielo: "islas claras", "flores de fantástico broche", y también se comparan con "jirones pálidos de incienso". [186] Después vemos dos de los usos, bastante frecuentes, de la técnica de aposición, en la que la originalidad de los adjetivos da a la luz de las estrellas una cualidad muy sugestiva: "Estrellas, luces pensativas. / Estrellas, pupilas inciertas." [187] El poeta contempla la luz estelar, que está tan lejos en la inmensidad del espacio, que "...sólo alcanzan los reflejos / De vuestra luz hasta la tierra." [188] En "Sinfonía color de fresa con leche", el poeta considera a las estrellas que "miran como pupilas que centellean." [189] Las metáforas concernientes a la luz, usadas más a menudo por el poeta, tratan de las estrellas y también de la luz de la luna que "limpia brilla", [190] y "forja en láctea niebla / ideales perspectivas." [191]

Silva reviste a la luz con una cualidad de misterio y vaguedad, mediante su selección de adjetivos, como en estos versos:

> Dejé en una luz vaga las hondas lejanías
> Llena de nieblas húmedas y de melancolías.
>
> * * *
>
> La luz vaga... opaco el día. [192]

También califica a la luz con el adjetivo "tibia", aumentando el estímulo sensorial de la frase: "...luz tibia y brillante." [193] Esta locución nos recuerda un verso de Bécquer en la Rima V: "La luz tibia y serena."[194] Y aun más sugestivamente, Silva aumenta el estímulo táctil colocando la luz en los ojos de una mujer: "la tibia luz de tus miradas hondas".[195] Caracteriza a la luz de la luna como una fuerza creativa que "...los espacios puebla / de visiones fugitivas",[196] igualando, quizá, el poder creativo mostrado por la luz de la luna, con la facultad del poeta para crear poesía viviente.

El poeta modernista también modifica la palabra "luz" con adjetivos de color como en "vaga luz rosa",[197] en donde lo rosáceo ayuda a crear una atmósfera de paz doméstica; en este verso en que el hipérbaton subraya la tristeza de la tarde, permitiendo al poeta trasmutar el significado simbólico regularmente asignado al color azul: "Y se filtra opaca, por entre cortinas / De la tarde triste, la luz azulosa."[198] Aquí también la aliteración de los sonidos silbantes "s" y "z" hacen necesaria una lectura lenta que tienda a aumentar el tono melancólico del poema intitulado "Crepúsculo".

Cielo

Cuando examinamos este término a menudo relacionado con la luz, encontramos que "cielo" está empleado varias veces de una manera impresionista, como en la metáfora en que el poeta describe las mariposas disecadas que ha coleccionado una joven, que son como "...pedazos de cielo, / Cielos de tarde."[199]

Primariamente "cielo" revela un significado tradicional, literal, con modificadores como éstos: "cielo transparente", o "cielos azulosos."[200] De todos modos, en "Paisaje tropical", Silva es tan pródigo como un pintor en la profusión de los adjetivos de color para describir la reflexión en el agua de "otro cielo rosado y verdeoscuro."[201] Este reflejo de la gloria iluminada del cielo a la hora del crepúsculo, aparece en el terceto final del soneto "Paisaje tropical".

En este soneto, forma raramente usada por Silva, notamos que los dos primeros cuartetos presentan una escena pintada al carbón. El paisaje, aparentemente visto desde un barco, es indefinido y silencioso, y en el segundo cuarteto todo está callado:

> Oculta en sus negruras el bohío
> La maraña tupida y el follaje
> Semeja los calados de un encaje
> Al caer del crepúsculo sombrío.[202]

El hipérbaton con el verbo al principio del primer verso y después del sujeto en el comienzo del siguiente verso, suscita en el lector una pausa, permitiendo así que todo el efecto de lo escondido en la cabaña entre las "negruras" penetre antes de que el lector perciba el agente, "la mañana tupida."

Luego la metáfora en que el "follaje / Semeja los calados de un encaje", hace que el énfasis se ponga en la apariencia de encaje que tiene la selva e imparte un sentido de exuberancia a la escena tenebrosa.

En el primero de los tercetos, Venus, la brillante estrella, aparece e ilumina la escena en que la "piragua" quiebra la escena soñolienta con su rápido paso. El cuadro final es un estudio reflejo pintado al pastel, en que el cielo matizado del amanecer, se reproduce "En los espejos húmedos del agua".[203]

En el poema "Nupcial", el "cielo pálido" acentúa la impresión indefinida por la vaguedad del término "pálido", reforzando así el sentimiento melancólico, aun en el día de las bodas, cuando la

> Melancolía
> Del muerto día
> . . . .
> Vibra en la música
> De los violines.[204]

La metáfora popular en que se compara a una persona que empieza a llorar con un cielo nublado, revela una técnica impresionista empleada por Silva, mediante la cual se comparan los estados de ánimo con los fenómenos de la naturaleza; como por ejemplo en "Suspiro": "Mueve tu pecho, nubla tu cielo".[205]

La palabra "cielo" también se usa de una .manera impresionista, en la frase en que el poeta transporta un proceso interior al mundo de la naturaleza, comparando el universo con "cielos del alma"[206] cruzados por visiones vagas.

Luego, en el poema satírico "Sinfonía color de fresa con leche", Silva caricaturiza el detallado cromatismo de los imitadores de Darío, describiendo los cielos con las estrellas que cintilan sobre los "abismos húmedos del negro tul / del cielo azul."[207] El poeta dirige nuestra atención hacia el amanecer, cuando la luz brota en la "cúpula lejana".[208] Por lo regular, Silva no describe lo infinito del cielo, sino que lo baja al nivel humano, por ejemplo, cuando describe las mariposas como "azules / hijas del aire."[209]

LUNA

A menudo la palabra "luna" se considera en un nivel más abstracto, principalmente en relación con la naturaleza de su luz. En una frase expresionista, Silva medita sobre los "fantásticos espejos" que "...en el azogue de las lunas frías / Guardáis de lo pasado los reflejos".[210] Aquí descubre la relación que él percibe entre la fresca, la plateada luz refleja de la luna, y un metal, el mercurio.

En el "Nocturno", que empieza "Una noche..." se usa la luna en la presentación de dos paisajes, ambos nocturnos; el primero en luz, y el segundo en sombra. El primer cuadro presenta una noche con luciérnagas en la oscuridad, cuando "la luna llena / Por los cielos azulosos, infinitos y profundos esparcía su luz blanca".[211] Y las dos sombras se ven proyectadas juntas "sobre las arenas tristes"[212] por los rayos de la luna. Ahora la escena está casi completamente en silencio con "murmullos" y misteriosas "músicas de alas"[213] como únicos ruidos.

Inmediatamente se ve que la segunda escena es diferente, por la frase inicial "Esta noche".[214] Aquí la escena es más sombría; la luz de la luna es menos clara. El protagonista está solo y su soledad casi se hace tangible por los sencillos sonidos que no notaría cualquiera que estuviese acompañado:

> Y se oían los ladridos de los perros a la luna,
> A la luna pálida
> Y el chillido
> De las ranas.[215]

Ahora la luna, más pálida, en una noche más tenebrosa, proyecta de nuevo una sola sombra —que es también la de su hermana—, una sombra que sólo puede existir en la imaginación del poeta, después de la recordada nada y la frialdad de su cuerpo en sus "mortüorias sábanas"[216] a la hora de la muerte. Y el viento frío de la "estepa solitaria"[217] le hace recordar esa sensación.

SOMBRA-SOMBRÍO

En uno de los poemas que el poeta incluyó en dos versiones en la edición de sus obras, escrita de su puño y letra, con los títulos de "Poeta, di paso" y "Ronda", observamos el uso del mismo tratamiento pictórico de escenas alternantes, primero en luz y luego en sombra. En la primera estrofa, apenas hay luz:

> ¡La sombra! ¡Los recuerdos! La luna no vertía
> Allí ni un solo rayo...[218]

Un verso de este poema demuestra la técnica de emplear la naturaleza para encerrar una escena en un marco: "La selva negra y mística fue la alcoba sombría."[219] El beso de los amantes fue iluminado por "una errante luciérnaga",[220] y el musgo tenía un "olor de reseda", un olor que es un *leit-motif* que representa sugestivamente a la protagonista femenina en los tres episodios o escenas: primero en la recámara tropical, luego en la "señorial alcoba" y, finalmente, alrededor del "ataúd heráldico."[221]

El primer cuadro es "furtivo" y está en silencio; la noche está nublada, la luna aparece periódicamente entre las nubes y no llega al interior de la "alcoba sombría", excepto algunos rayos dispersos.

El segundo cuadro es ahora interior, "íntimo." Es una de las "noches dulces" [222] vista a través de la memoria y aquí uno recibe una mayor insinuación de la tragedia que vendrá. Todavía persiste el profundo silencio porque la "tapicería / amortiguaba el ruido con sus hilos espesos". [223] Todavía hay el "olor de reseda" y la luz es un poco más clara:

> Apenas alumbraba la lámpara sombría
> Los desteñidos hilos de la tapicería. [224]

Después la última escena es sencilla en su tragedia. El "ataúd heráldico en el salón yacía" [225] en primer plano, y "un crucifijo pálido los brazos extendía / Y estaba helada y cárdena tu boca que fue mía." [226] La escena está un poco más brillantemente iluminada, pero "La llama de los cirios temblaba y se movía." [227] El silencio había terminado porque ahora había "monótonos rezos", y todavía "Perfumaba la atmósfera un olor de reseda." [228]

Esta misma estilización de los elementos de escenas interiores, se puede observar en dos ensayos de Silva escritos en prosa. Se intitulan "Al carbón" y "Pastel", ambos ensayos acompañan a la "Carta abierta" [229] que escribió a una pintora a quien había visitado.

Juntamente con esta técnica más personal de escenas contrastadas de luz y de sombra, podríamos considerar la preocupación del poeta por la humedad. Pudiera pensarse que tal preocupación se refiere a la humedad como una condición atmosférica triste o depresiva, pero aparentemente no fue éste el caso, porque Silva usa "húmedo" para modificar a "flores", "boca", "labios", "musgo", una "mañana de primavera" y un "oasis", de preferencia, con connotaciones favorables, aunque una vez se refiere a la "llovizna" con connotaciones negativas, en "Día de difuntos":

> En las nieblas grises de la melancolía,
> En que la llovizna cae, gota a gota. [230]

Evidentemente "húmedo" y los términos relacionados con él, no representaban connotaciones negativas para el poeta.

El agua no se emplea frecuentemente con sentido metafórico; no obstante, en algunas ocasiones notamos ese uso, como por ejemplo, "cristales del río" [231] y la "llovizna... con sus hilos penetrantes." [232] El poeta compara el rugido del mar con sonidos, como en "Futura", en donde el ruido de las voces de la multitud "forma un murmullo que semeja / el del mar en agitación." [233] El "raudo movimiento" de las "marinas olas"[234] se compara con el paso de las generaciones en el poema intitulado "La ventana."

Hemos, pues, notado, que mientras el modernista colombiano presenta a la naturaleza conforme a patrones tradicionales, por su manera de usar frecuentemente los términos "noche", "luz", "cielo" y "luna", también combina una variedad de palabras usadas con poca frecuencia, en varios poemas, para presentar escenas pictóricas sucesivas, una técnica enteramente personal. Sin embargo, utiliza su conciencia de la hermosura, así como la de las cualidades menos favorables, de un modo predominantemente tradicional.

V

Como muchos otros poetas, Silva expresa en sus versos las ideas respecto a la función y el arte del poeta; en ambos casos lo hace en exposición directa y también por el frecuente uso de varios términos, pos ejemplo "voz", "vago", "grave", "oscuro" y ciertos usos de "pálido".

Las teorías artísticas de Silva, aunque originales por la forma de expresarlas, muchas veces son semejantes a las teorías implícitas —o explícitas— en las poesías de Gustavo Adolfo Bécquer y José Martí.[235] Como este último autor, Silva demuestra la influencia de Bécquer en algunas de sus imágenes, así como en sus ideas concernientes a la teoría poética. Sin embargo, en este estudio nos limitaremos al análisis de las teorías de Silva, reconociendo que revelan no sólo su estética personal sino, a la vez, los influjos del período literario que le tocó vivir.

En uno de sus poemas publicados en vida, "Estrofas" o "*Ars*"[236] como es llamado en la mayoría de las ediciones, incluyendo la facsimilar sin numeración[237] escrita de puño y letra del poeta,[238] se expone la creencia de que la poesía es un vaso sagrado:

El verso es vaso santo. Poned en él tan sólo
Un pensamiento puro,
En cuyo fondo bullan brillantes las imágenes[239]
Como burbujas de oro de viejo vino oscuro.[240]

Para Silva, pues, la poesía es sagrada y cree que su creación debe ser inspirada por los más nobles y delicados sentimientos.

Varias de sus metáforas se refieren a una idea similar acerca del arte del poeta. En "Al pie de la estatua", el poeta se exhorta a sí mismo a escribir un poema que purifique los labios al decirlo, tal como "carbón ardiente de Isaías"; o que sea como "un grano de incienso."[241]

En una metáfora compara el arte del poeta con el de un orfebre, que

> Tomó el oro más puro de la mina
> Y lo fundió con cariñoso esmero,
> Y en estrofas pulidas cual medallas
> Grabó el perfil del ínclito guerrero... [242]

Silva considera el arte del poeta como semejante a un bordado con "frases de oro." [243] "Un poema" está lleno de metáforas que se refieren a la poesía, por ejemplo: "tercetos, como corceles ágiles", "estrofa aguda" que suena como una campana con el "retintín claro de su campanilleo." Hay "rimas ricas, de plata y de cristal", versos "color de amatista", y "soneto rey", uno de los pocos ejemplos de metáfora pura, yuxtaposición de dos sustantivos. Hay "sílabas dulces como el sabor de un beso" y "palabras que ocultan como un velo." [244] En el poema titulado "Las arpas", se compara el "alma del poeta", en una metáfora continuada, con una "delicada arpa." [245] Todas estas metáforas delatan la preocupación del poeta por la definición de la poesía y del arte del poeta.

Aunque "La protesta de la musa" [246] se escribió como reacción contra la vitriólica y maligna sátira de los *Retratos instantáneos* de Francisco de Paula Carasquilla, [247] podríamos suponer que refleja las propias creencias de Silva tocantes a la función del poeta. Dota a su arte de cualidades morales y balsámicas, en las palabras que el poeta oye de la Musa:

> ...la misión del poeta es besar las
> heridas y besar a los infelices en la frente,
> y dulcificar la vida con sus cantos,
> y abrirles a los que yerran, abrirles amplias,
> las puertas de la Virtud y del Amor. [248]

La musa dice al poeta que la ironía —que, curiosamente, Silva usa tan bien como en "Gotas amargas"— no es una cualidad poética digna, pues "la vida es grave, el verso es noble, el arte es sagrado." [249] Con todo, las propias palabras del poeta relativas a Heine, en su prólogo a un poema de Federico Rivas Frade, parecen explicar lo irónico de la poesía de Silva, especialmente en las "Gotas amargas":

> Y si en Heine la suprema ironía y risa de burla desfiguran la verdadera fisonomía literaria, no es difícil viéndolo de cerca, caer en la cuenta de que esa ironía es una careta roja de Mefistófeles, un disfraz carnavalesco, puesto sobre la cara, enflaquecida y pálida por el sufrimiento, y que sólo sirve para ocultar al vulgo de los lectores las lágrimas de dolor real que,

una por una, amargas como las olas del mar del norte, cantadas por él, se le caían de los ojos al poeta paralítico. [250]

Y en el mismo artículo el poeta esboza más ampliamente el temperamento de los poetas que escriben versos sentimentales y románticos, aunque, de hecho, caracteriza su propia naturaleza poética:

> Encuentran a la mujer... inferior a sus sueños mismos que se han desvanecido al ponerse en contacto de la realidad. Cuando el éxtasis pasa, dicen tristemente: "todo lo que se acaba es corto". Entonces esas almas se enamoran de la Naturaleza, se pierden en ella, como por un panteísmo extraño; sienten la agonía de los bosques ennegrecidos por el otoño; vuelan con la hojarasca en los crepúsculos rojizos, flotan en la niebla de las hondonadas, se detienen a meditar junto a las tumbas viejas, donde no hay una piedra que diga el nombre del muerto; junto a las ruinas llenas de yedra y de recuerdos, que los tranquilizan hablándoles de la fugacidad de lo humano; se dejan fascinar por el brillo fantástico de las constelaciones en las noches transparentes; sienten una angustia inexplicable frente a lo infinito del mar, prestan oído a todas las voces de la tierra, como deseosos de sorprender los secretos eternos; y como aquello no les dice la última palabra, como la tierra no les habla como madre, sino que se calla como la Esfinge antigua, se refugian en el arte, y encierran en poesías cortas, llenas de sugestiones profundas, un infinito de pensamientos dolorosos. [251]

En "Suspiros", Silva revela su preocupación sobre el problema de la expresión de las imágenes e ideas del poeta:

> Si fuera poeta y pudiese fijar el revoloteo de las ideas en rimas brillantes y ágiles como una bandada de mariposas blancas de primavera con clavos sutiles de oro; si pudiera cristalizar los sueños; si pudiera encerrar las ideas, como perfumes, en estrofas cinceladas, haría un maravilloso poema... [252]

Estos conceptos teóricos acerca del papel del poeta, pueden considerarse como una estética personal, pero también son indicativos de un deseo común de aquellos tiempos. Esta aspiración de expresar lo inefable de modos nuevos y sorprendentes, con el fin de renovar el arte poético, es uno de los principios fundamentales del modernismo. El deseo de Silva de innovar es patente en los primeros versos de "Un poema": "Soñaba en ese entonces en forjar un poema, / de arte nervioso y nuevo, obra audaz y suprema." [253]

Pero en el poema irónico "Filosofías", el poeta muestra el reverso de la medalla y expresa una contradicción típicamente modernista al considerar el trabajo del pintor, del escultor o del poeta como una "terrible empresa vana" y una "labor que te asesina." Y aquí vemos en dónde los mundos externo e interno se encuentran e influyen en el arte de Silva, pues señala que la inconstancia del público es la causa de la futilidad artística: "pues que tu obra no estará a la moda / de pasado mañana." [254]

Este poema juntamente con otros que se incluyen a menudo en el grupo llamado "Gotas amargas", y que se dejó fuera del proyectado *Libro de versos*, [255] es prueba de que el poeta sostuvo la creencia en dos tipos de inspiración poética: la digna y la indigna. Silva no estimó suficientemente esos poemas como para incluirlos en el volumen que proyectó. Para el poeta el arte fue un culto que, idealmente, se debe practicar con seriedad.

En "Al oído del lector" el poeta describe lo que podríamos llamar su ideal de inspiración digna, y a la vez revela la teoría según la cual la poesía no se escribe durante los momentos de viva pasión:

> El espíritu solo
> Al conmoverse canta:
> Cuando el amor lo agita poderoso
> Tiembla, medita, se recoge y calla. [256]

La poesía nace del sentimiento de una vaga ternura, tal como "La que inspiran los niños enfermizos, / los tiempos idos y las noches pálidas." [257] Pero cuando el poeta experimenta momentos más felices, momentos de pasión, sus emociones se resuelven en lágrimas de alegría, no en poemas. Repite estas ideas en "Al pie de la estatua", en que aconseja al poeta que se inspire en forma pasiva mediante el recurso de recordar:

> Deja que, al conmoverse cada fibra
> De tu ser, con las glorias que recuerdas,
> En ella vibre un canto, como vibra
> Una nota melódica en las cuerdas
> Del teclado sonoro. [258]

Las ideas maduras de Silva en torno del arte, se expresan en "Al pie de la estatua", [259] poema escrito durante los dos últimos años de su vida. Arturo Caparroso sugiere que en este poema está en germen un nuevo tono de la poesía de Silva, cuyo suicidio no le permitió madurar. Concluye que este poema (incluido en el índice, pero no en el texto del manuscrito), introduce en el *Libro de versos* una nota dispar, previamente sugerida en "Gotas amargas." [260] Si verdaderamente esto es un nuevo punto de partida, no hay, en cambio, una metamorfosis similar en sus ideas poéticas. Todavía sostiene que la poesía es sagrada y, otra vez, exhorta al poeta a que cante y permita que la "estrofa santa" [261] flote en la luz del sol.

Voz

Silva cree que el poeta, hacedor del verso sagrado, es capaz de mantener un diálogo secreto con el alma de las cosas. Estos versos, que pertenecen también a "Al pie de la estatua", comunican la teoría del poeta, de que los objetos materiales, especialmente los envejecidos, tienen voces secretas, perceptibles sólo por el poeta:

Fija
En ella sus miradas el poeta,
Con quien conversa el alma de las cosas,
En son que lo fascina,
Para quien tienen una voz secreta,
Las leves lamas grises y verdosas
Que, al brotar en la estatua alabastrina
Del beso de los siglos son señales,
Y a quien narran leyendas misteriosas
La sombra de las viejas catedrales. [262]

En un poema anterior al citado, que se intitula "La ventana", Silva comenta el diálogo secreto del poeta, usando palabras y frases similares, al considerar la historia que sugiere la ventana:

y solo en ella fija
la atención el poeta,
para quien tienen una voz secreta
los líquenes grisosos
que, al nacer en la estatua alabastrina,
del beso de los siglos son señales,
y a quien narran poemas misteriosos
las sombras de las viejas catedrales. [263]

La ventana, de igual modo que "las sombras de las viejas catedrales", habla al poeta "a quien narra [n] poemas misteriosos."

El poeta tiene dentro de sí una voz misteriosa que "en el fondo del alma le habla paso." [264] En el poema "Taller moderno", los objetos

...parecen clamar por un poeta
Que improvise del cuarto la pintura
Las manchas de color de la paleta. [265]

El poeta escucha voces, pero no las trasmite literalmente al lector. Solamente da vagas sugestiones e indicios de los misterios que solamente él puede oír, mientras que se esfuerza —al modo becqueriano y modernista— por dar forma concreta a la inspiración para "dominar las frases indóciles para hacer que surgieran los aspectos precisos de la Realidad y las formas vagas del Sueño." [266]

El poema "La voz de las cosas" resume el esfuerzo del poeta por encerrar en sus poemas la esencia de las cosas, poemas que serían, a la vez, raros e inusitados. Podríamos postular una preferencia por lo decadente, lo raro y lo refinado:

> Sueños confusos, seres que os vais,
> Osculo triste, suave y perverso
> Que entre las sombras al alma dais. [267]

Deducimos que los "seres que os vais" fueron los que dieron el beso, haciendo así unos versos menos misteriosos, aunque, de todos modos, el beso es perverso.

En esta composición Silva usa la palabra "voz" como un vehículo expresivo de la "esencia" que quisiera poder revelar:

> Si os encerrara yo en mis estrofas
> Frágiles cosas que sonreís
> Pálido lirio que te deshojas
> Rayo de luna sobre el tapiz
> De húmedas flores, y verdes hojas
> Que al tibio soplo de Mayo abrís. [268]

Pero no todo descubre su secreto al poeta. En "La respuesta de la tierra", [269] el "poeta lírico, grandioso y sibilino" pregunta a la tierra sobre los secretos de la vida y de la muerte, pero el poeta-sacerdote no obtiene respuesta: "La Tierra como siempre, displicente y callada / al gran poeta lírico no le contestó nada." [270]

Así volvemos a la creencia de Silva en el poeta como sacerdote que hace versos santos mediante la percepción y transmisión a la poesía de la voz secreta de las cosas. No sólo oye los secretos, sino que los ve, como por ejemplo en el caso ya citado, cuando las sombras ocultas de la catedral trasmiten su significado misterioso al poeta genial.

El vate también es un soñador, pero no contrario, en sí mismo, a la función de sacerdote. El poeta-soñador puede entender las cosas que ve, oye y huele:

> Por eso a los poetas soñadores,
> Les son dulces, gratísimas y caras,
> Las crónicas, historias y consejas,
> Las formas, los estilos, los colores,
> Las sugestiones místicas y raras
> Y los perfumes de las cosas viejas. [271]

El autor del "Nocturno" contrapone el poeta-soñador con la gente común que elude esas cosas que hablan al poeta:

> El vulgo os huye, el soñador os ama
> Y en vuestra muda sociedad reclama
> Las confidencias de las cosas viejas. [272]

El "poeta-mago" tiene sueños suscitados por las historias que escuchó en la niñez:

> Cuentos que repiten sencillas nodrizas
> Muy paso, a los niños, cuando no se duermen,
> Y que en sí atesoran del sueño poético
> El íntimo encanto, la esencia y el germen. [273]

El diálogo que entabla el poeta no sólo es externo, sino también interno, según lo observamos en "Al pie de la estatua", cuando describe para sí mismo el poema de Miguel Antonio Caro a la estatua de Bolívar: [274]

> ¡Oh! no, cuanto pudiera
> (Así en interno diálogo responde,
> Del poeta la voz), el bronce augusto
> Sugerir de emoción grave y sincera,
> Escrito está en la forma
> Que en clásico decir buscó su norma,
> Por quien bebió en la vena
> De la robusta inspiración latina,
> Y apartando la arena
> Tomó el oro más puro de la mina
> Y lo fundió con cariñoso esmero,
> Y en estrofas pulidas cual medallas
> Grabó el perfil del ínclito guerrero... [275]

Guillermo Valencia cree que "Al pie de la estatua" fue un homenaje a Caro, que encarna el espíritu de la oda de Caro. [276] Pero tal espíritu no era incongruente con la naturaleza de Silva en este período de su desilusión por la vida.

Toda la composición está llena de admoniciones para el poeta, que provienen del autor mismo, sobre su arte y el tipo de las canciones que debe cantar y de los cuentos que debe contar acerca de la vida de Bolívar, como por ejemplo, esta recomendación:

> Y haz el poema sabio
> Lleno de misteriosas armonías,
> Tal que al decirlo, purifique el labio
> Como el carbón ardiente de Isaías;

Hazlo un grano de incienso
Que arda, en desagravio
A su grandeza, que a la tierra asombra,
Y al levantarse al cielo un humo denso
Trueque en sonrisa blanda
El ceño grave de su augusta sombra. [277]

Gracias a esta técnica de usar el apóstrofe, que frecuentemente utiliza en el poema, el escritor es un ente doble: un "yo" y un "tú" a quien habla y al que objetiva universalizando sus sentimientos. De esta manera puede hablar a sí mismo sin recurrir expresamente al "yo".

En "Un poema" encontramos la idea modernista de un arte de "vagas sugestiones", aunque notamos al mismo tiempo su falta de fe en la capacidad de los críticos para entender. Se muestra decepcionado por la falta de comunicación y encuentra que el poeta es un ser que está aislado de los demás y que no puede ser entendido: "Le mostré mi poema a un crítico estupendo... / Y lo leyó seis veces y me dijo... No entiendo." [278]

No sólo son los críticos los que no entienden, sino aun las gentes más cercanas del poeta y, por esta razón, está aun más solitario que otros hombres. En "La respuesta de la tierra" el poeta expone sus sentimientos relativos a la soledad del individuo o del bardo que pregunta qué es lo que viene después de "estos desiertos" y que espera una respuesta "en estas soledades." [279]

En el poema "Poesía viva" advertimos la soledad del poeta, debida a la falta de comunicación, aun en medio de lo que parece ser un idilio de amor joven. Silva sugiere que el artista es incapaz de comunicarse ni siquiera con aquellos que le aman, y que la poesía viviente es imposible si no hay alguien con quien compartir su significado:

Pero de pronto el poeta
hace en su lectura pausa,
quiere buscar con inquieta
vista la emoción que causa,

y nota que la mujer
de ojos negros y pie breve
se ha dormido sin querer
junto a la cuna de nieve. [280]

En el poema "A Diego Fallón", como en otros, el autor colombiano también despliega su falta de fe en el juicio del público que lee la poesía, así como en el de los eruditos y críticos. Comenta irónicamente que cuando los versos de Diego Fallón [281] "estén olvidados para siempre... y un erudito en sus estudios lentos / descubra a Núñez de Arce", [282] la naturaleza "en que rima una misma estrofa inmensa / los leves nidos y los hondos valles", [283] todavía rodearán al hombre y, al igual que el poeta, harán hermosos poemas.

Nos hemos enterado de su convicción sobre la necesidad de la comprensión de su arte, concepto expresado más claramente en su novela *De sobremesa,* en donde su poeta-protagonista, José Fernández, comenta:

> Es que yo no quiero decir sino sugerir y para que la sugestión se produzca es preciso que el lector sea un artista. En imaginaciones desprovistas de facultades de ese orden ¿qué efecto producirá la obra de arte? Ninguno. La mitad de ella está en el verso, en la estatua, en el cuadro, la otra en el cerebro del que oye, ve o sueña". [284]

Expresando su propia estética poética a través de las palabras del protagonista, continúa:

> Los versos me tientan y quisiera escribir, ¿para qué ocultártelo? En estos últimos días del año sueño en escribir un poema pero no encuentro la forma... Esta mañana volviendo a caballo de Villa Helena me pareció oír dentro de mí mismo estrofas que estaban hechas y que aleteaban buscando salida. Los versos se hacen dentro de uno, uno no los hace, los escribe apenas. [285]

En otro pasaje de *De sobremesa,* el protagonista proclama la insatisfacción artística de Silva con su propia obra, comparada con las obras de los grandes poetas como Shakespeare. Esto sugeriría que el poeta modernista estaba inseguro de la grandeza de su arte poética, pero, no obstante, en estas líneas demuestra un firme conocimiento de la artesanía del bardo que busca la perfección formal postulada por los poetas parnasianos: "Soñaba antes y sueño todavía en adueñarme de la forma, en forjar estrofas que sugieran mil cosas oscuras que siento bullir dentro de mí". [286] El poeta revela constantemente una preocupación consciente acerca de la teoría poética.

El deseo de Silva de "forjar un poema, / De arte nervioso y nuevo..." se refleja claramente en sus esfuerzos por dar sabor a sus versos: "Junté sílabas dulces como el sabor de un beso", olor y color: "Les di olor de heliotropos y color de amatista..." [287]

PÁLIDO

En "La voz de las cosas" el poeta quiere encerrar en sus versos a "el pálido lirio" y a las "pálidas cosas que sonreís", [288] con lo cual muestra la tendencia hacia la revelación de la belleza con una cualidad de claridad o de palidez trémula. No obstante, "pálido" se puede clasificar más bien como un término que acentúa lo indeterminado, según vemos por su uso en el símil en que el poeta nota la semejanza de las estrellas con "jirones pálidos de incienso." [289]

Uno podría juzgar que la gran frecuencia del término "pálido" es prueba de una cierta calidad lunar en la poesía de Silva; pero más bien demuestra con claridad una tendencia romántica en su manera de expresión. Tal inclinación es sólo una faceta de la preocupación del autor por lo vago e indeterminado. De todos modos "pálido" es más sereno en el tono y, por ende, menos subjetivo. El poeta recurre al término, lo más a menudo, para modificar algún objeto de hermosura, tal como una mujer o su rostro, como en las frases: "dulce niña pálida", [290] y "frente/ pensativa y pálida." [291]

Oscuro

El adjetivo "oscuro" es otro término frecuentemente utilizado en la poesía de Silva, y podemos inferir que revela su predilección por el romántico sentimiento de lo vago. Por ejemplo, en "Poesía viva":

> Vemos tras de la neblina,
> como al través de un encaje;
> el contorno se adivina
> del verde oscuro follaje. [292]

Es posible distinguir, además de la vaguedad romántica, el esfuerzo artístico por dar un sentido de irrealidad; "verde" sería bastante claro y concreto aun a través de "encaje" o "neblina", pero el poeta añade "oscuro" aumentando así la cualidad de indeterminado.

Aunque el poeta usa "oscuro" de una manera tradicionalmente convencional en varias frases, como "noche oscura," [293] "oscuros ojos" [294] y "oscura fosa", [295] también usa el término para modificar un sustantivo que, a su vez, ya tiene un modificador. Esto podría indicar su esfuerzo por velar la realidad mediante el recurso de doblar la cualidad de vago, como en

> ...lienzos
> de oscura, vaga tinta,
>
> * * *
>
> ...un viejo vino oscuro
>
> * * *
>
> ...oscuro bosque retirado. [296]

Vago

El término "vago", relacionado con el anterior, traduce el mundo subjetivo del poeta y su voluntad estética de revestir con la vaguedad las cosas concretas, tal como se expresa en estos versos de "Infancia": "Con el recuerdo vago de las cosas / Que embellecen el tiempo y la distancia", [297] y también en la frase "paisaje tenebroso y vago". [298] Además de esta idealización de las cosas que están distantes, el poeta tiene preferencia por lo misterioso, tal como se ve en frases como "vagos murmullos misteriosos" [299] o "las vagas formas del deseo". [300] En "Un poema" describe un esfuerzo artístico consciente hacia esa vaguedad: "Cruzar hice en el fondo las vagas sugestiones." [301]

El concepto de Silva acerca del creador de formas, no contradice del todo su creencia, previamente discutida, en que los poemas se forman adentro y salen completamente hechos. Dentro o fuera, el poeta es un bordador: "bordé las frases de oro"; [302] y, más a menudo, un forjador de poemas, tal como se muestra en estas palabras de la Musa al poeta: "Forjaremos estrofas cuando la tarde / Llene el valle de vagas melancolías", [303] manifestando así la creencia en la necesidad de que haya una vaga melancolía para que el creador de poesía reciba la cooperación de la Musa.

Grave

La destreza del poeta para escoger palabras sugestivas y musicales a la vez, se advierte en el frecuente uso del adjetivo "grave". Recurre a su empleo para caracterizar sugestivamente los sonidos solemnes de las grandes campanas en "Día de difuntos": "grave esquilón", "voz grave", "graves hermanas" y "esquilón grave." [304] Luego, en "Un poema". observamos los mismos "ritmos graves" que se comparan con los sonidos de una batalla o el trino de los pájaros: "Ritmos sonoros, ritmos potentes, ritmos graves, / Unos cual choque de armas, otros cual canto de aves." [305]

A veces el poeta parece usar "grave" en el sentido de "serio", como en "grave y sutil melancolía" [306] y en "Al pie de la estatua" parece hacer un esfuerzo por dar un toque épico al poema por medio de la repetición de esta palabra con su sonido vocal largo, que da un efecto lento y solemne, como demuestran estas frases: "grave expresión", "grave juramento", "grave desaliento", "graves decepciones", "emoción grave y sincera" y "grave peso." [307]

En la selección que hace el poeta de estos términos recurrentes, observamos una conexión con su teoría artística sustentada expresamente: su estética está complementada con la elección del vocabulario. "Voz" traduce la preocupación del poeta por el medio sensorial de estimular en la poesía, y los demás términos que hemos estudiado, se relacionan con su deseo de expresar conceptos vagos, indeterminados y misteriosos. Paradójicamente, Silva expresa también el deseo de que se entienda el arte del poeta.[308]

En conclusión, llegamos a creer que un estudio de los principales temas y motivos del poeta, basado en la concordancia, no proporciona, como lo habíamos esperado, una base completamente objetiva para el análisis. Por el estudio de la repetición, pudimos determinar las palabras a las que el poeta dota de valor temático. No obstante, encontramos que cada uso concreto, tiene que ser analizado en el contexto y que requiere una interpretación subjetiva, puesto que el contexto modifica y determina, en alto grado, la significación del término. De todos modos, la concordancia suministra un método de acercamiento sistemático, especialmente útil en el análisis del arte del poeta modernista, aparentemente simple pero complicado en realidad.

Nos hemos convencido de que en cualquiera acumulación de palabras que haga un autor, aun en la poesía de escaso valor, se usan repetidamente ciertos términos. Sin embargo, en nuestro análisis de las "palabras-clave" usadas por Silva, no hemos tratado de probar la excelencia del poeta, excelencia ya establecida, sino más bien de aumentar la comprensión de su arte poética y de averiguar sus conceptos básicos.

Como resultado de nuestro análisis de los términos que se repiten con mucha frecuencia, reconocemos que tales palabras son materiales con los que el poeta teje un diseño. Su sonido y su significado, su uso familiar o inusitado y su orden, refuerzan y corroboran los conceptos básicos del poeta, expresados éstos también en su lengua discursiva. Primero, en un nivel más filosófico, el empleo por parte del poeta, de ciertos términos recurrentes, ha demostrado su convicción de la futilidad de la vida y el destino sin esperanza del hombre, así como su creencia en lo inexorable del tiempo y la imposibilidad de dominarlo. La naturaleza, considerada por el poeta en un plano más estético, no es objeto de una concentración o admiración (en el sentido más profundo de la palabra) más hondas; más bien viene a ser un vehículo para la expresión de las ideas y emociones humanas, o un fondo de paisajes, desde el cual pueden ser presentadas pictóricamente escenas sucesivas. Y, por último, el uso frecuente de varios términos, ha descubierto más ampliamente la preocupación de Silva por la teoría artística y su fe en el "poeta mago", que en la práctica de su noble vocación, puede penetrar el secreto de muchas cosas.

[1] Véase, por ejemplo, el estudio de Luis Alberto Sánchez, "La idea de la muerte en José Asunción Silva", *Cuadernos Americanos*, I, Nº 79 (enero-febrero 1955), 276-277, en el cual dice el autor: "Si uno examina el vocabulario y el temario de la obra de Silva, hallará que la palabra más frecuente en sus versos y prosas es 'tristeza' en sus variantes de 'tristor', 'melancolía', etc.; la sigue 'muerte' (con sus variantes 'muertos' etc., pero sin incluir 'tumba' o 'sepulcro',

pues en tal caso ocuparía el primer lugar). Después vienen 'infancia' ('niñez', 'niño', etc.), 'noche', 'luna', 'pálido', 'sombra'. No cabe duda de que nos hallamos ante un poeta penumbroso." Aunque presumiblemente está considerando la poesía de Silva tan bien como su prosa, Sánchez no encuentra el mismo orden de frecuencia que nos ha revelado la concordancia que compilamos como base de este estudio.

[2] Siguiendo los pasos de Federico de Onís, en su *Antología de la poesía española e hispanoamericana (1882-1932)* (Madrid: Hernando, 1934), págs. vii-x, Bernardo Gicovate en *Conceptos fundamentales de literatura comparada, Iniciación de la poesía modernista* (San Juan, Puerto Rico: Asomante, 1962), pág. 55, acepta las divisiones trazadas en la *Antología*, pero con estas reservas: "Los años, aproximadamente de 1880 a 1920 son todos parte de este período [modernismo] homogéneo, en el cual sutiles distinciones pueden establecer la iniciación de los precursores, un modernismo central, un postmodernismo inmediato y aun un ultramodernismo posterior."

[3] *Les caractères statistiques du vocabulaire, essai de méthodologie* (París: Presses Universitaires de France, 1954), pág. 74.

[4] La frecuencia del uso de cualquiera de los términos discutidos se encuentra en el Apédice II, págs. 137-146.

[5] José Asunción Silva, *Poesías completas seguidas de prosas selectas*, tercera edición (Madrid: Aguilar, 1963), pág. 46. De aquí en adelante citaremos esta edición por el nombre de la editorial, Aguilar.

[6] Aguilar, pág. 126.

[7] Aguilar, pág. 135.

[8] José Asunción Silva, *De sobremesa, 1887-1896*, segunda edición (Bogotá: Cromos, 1928), págs. 180-181.

[9] Esta estrofa, que también hemos incluido en el Apéndice I, se ha dejado fuera de la mayoría de las ediciones de la obra del poeta. Apareció en un artículo anónimo intitulado "Silva bolchevique", en *Gil Blas*, Nº 2541 (mayo, 1920), 1-2. Aunque el autor anónimo sugiere que Silva fue un revolucionario, al menos en sentimiento, el poeta más bien parece estar revelando su opinión de los resultados de la destrucción del código tradicional de la moral. Desarrolla su propia visión del "brave new world" del siglo veinticuatro en el que el hombre, después de aceptar la idea de Dios como una superstición necia, ha substituido al hombre (representado por Sancho Panza), por Su imagen y bajo la ilusión de humanismo, después de cada acto nihilista e iconoclasta, venerará al figurón escogido por los que han alcanzado el dominio.

[10] *De sobremesa*, págs. 181-182.

[11] *Ibid.*, pág. 183.

[12] *Ibid.*, pág. 184.

[13] Friedrich Nietzsche, *Así habló Zaratustra*, segunda edición, traducido por Pablo Simón (Buenos Aires: Malina Pocket, 1964), págs. 52-53.

[14] *El modernismo y los poetas modernistas* (Madrid: Mundo Latino, 1929), pág. 105.

[15] Aguilar, pág. 138.

[16] Guillermo Valencia, que a veces utilizó el seudónimo Juan Lanas, creyó que Silva le estaba satirizando, y dijo acerca del poema: "desarrolla el mismo principio en diabólicos eneasílabos que acaso fueron escritos en mi honor y comienzan: 'Juan Lanas el mozo de esquina'," en "José Asunción Silva", *Cervantes*, Madrid, Nº 4 (1916), 84, versión ampliada del mismo artículo, publicado en la *Revista Moderna de México*, primera serie, XVIII (septiembre, 1909), 3-11.

[17] *Prosas* (Bogotá: Ediciones Colombia, 1926), pág. 97.

[18] *Ibid.*, pág. 37.

[19] "Carta abierta", en *Poesías* (Barcelona: Imprenta de Pedro Ortega, 1908), pág. 141.
[20] *Ibid.*, pág. 142.
[21] *Ibid.*, pág. 138.
[22] Aguilar, pág. 119.
[23] Aguilar, pág. 151.
[24] Aguilar, pág. 119.
[25] Aguilar, pág. 78.
[26] Aguilar, pág. 146.
[27] Aguilar, pág. 49.
[28] Véase, por ejemplo, Alberto Miramón, *José Asunción Silva* (Bogotá: Imprenta Nacional, 1937), pág. 26.
[29] Baldomero Sanín Cano, "José Asunción Silva", en *De mi vida y otras vidas* (Bogotá: A. B. C., 1949), pág. 41.
[30] Baldomero Sanín Cano, "José Asunción Silva" en *Poesías* (Santiago: Cóndor, 1923), pág. 7.
[31] *Ibid.*, pág. 9.
[32] En el mismo prólogo, página 9, Sanín Cano relata esta anécdota como prueba de que en su opinión Silva no tuvo una niñez normal: "Don Demetrio Paredes, hombre austero, esclavo de su fortuna y de sus obras, honrado como una clave telegráfica y extraño a las diversiones y a los vicios, llegó un día de visita a la casa de Silva, y antes de dar con los dueños, trabó conversación con el chicuelo. 'Usted no parece niño, le dijo. Usted se ha hecho un hombre antes de tiempo. Las cosas que usted hace no son propias de su edad. Suba usted a los tejados, trepe a los árboles, busque nidos de pájaros, tire piedras a las palomas, muévales querellas a los perros y a los gatos. De esta manera será usted un niño. Lo que hoy parece, es una persona grande'. La seriedad del niño tomó el consejo en toda la magnitud de su significado. Pocas horas después le halló su madre en la parte alta de la casa empeñado en alzar una piedra de seis u ocho kilógramos para descargarla sobre unos gorriones que triscaban inocentemente en el patio de la casa, connaturalizados con la inocuidad del menor de sus habitantes. ¡Era lo que sabía Silva de los juegos de la niñez!"
[33] En los trozos citados, Sanín Cano parece haber dotado a la niñez del poeta de algunas de las características propias de sus primeros años, que describe en "Una consagración", *Universidad*, Nº 106 (noviembre, 1928), pág. 534. La alegría de vivir que dice encontrar en Silva no es la actitud de una persona que no ha experimentado los deleites de la niñez: "Parecía yo mucho más maduro, porque mi juventud y mi adolescencia habían sido obscuras y melancólicas. Un concepto puritánico y profundamente triste de la existencia me hizo conocer el frío de la vejez antes de llegar a la plenitud de la edad madura. Pero la noción plácida de la vida en Silva, su alegría de vivir, el concepto fáustico de las relaciones humanas y del fin de la inteligencia, trastornaron absolutamente mi tabla de valores".
[34] Aguilar, pág. 43.
[35] Aguilar, pág. 165.
[36] Aguilar, pág. 40.
[37] Aguilar, pág. 39.
[38] Aguilar, pág. 39.
[39] Aguilar, págs. 166, 100.
[40] Aguilar, pág. 94.
[41] Aguilar, pág. 119. En la mayoría de las ediciones, como en la usada en este estudio, de Aguilar, este verbo aparece en el tiempo pretérito "vinimos". No obstante, en la primera edición de *Prosas y versos*, ed. Carlos García Prada (Mé-

xico: Cultura, 1942), pág. 106; aparece en la forma de tiempo presente "venimos". De todos modos, el mismo editor en una edición posterior, *Prosas y versos* (Madrid: Ediciones Iberoamericanas, 1960), pág. 145, cambió a "vinimos". Otra variante aparece, "vivimos" en varias ediciones, entre otras, *Poesías*, nueva edición corregida (Barcelona: Maucci [1918?]) pág. 10.

[42] *Parnaso colombiano* (Bogotá: Camacho Roldán y Tamayo, 1886), I, pág. 158.

[43] Aguilar, pág. 41.

[44] Aguilar, pág. 100.

[45] José Asunción Silva, *Prosas* (Bogotá: Ediciones Colombianas de Germán Arciniegas, 1926), pág. 62.

[46] Aguilar, pág. 149.

[47] Aguilar, pág. 154.

[48] Aguilar, pág. 78.

[49] Aguilar, pág. 173.

[50] Aguilar, pág. 134.

[51] Aguilar, pág. 174.

[52] Aguilar, pág. 50.

[53] Aguilar, pág. 108.

[54] Aguilar, pág. 110.

[55] Aguilar, pág. 66.

[56] Aguilar, pág. 67.

[57] "Silva y Darío", por Roberto Liévano, *Cromos*, Bogotá (mayo 24, 1924), pág. 363. (Véase el poema en el Apéndice I para las otras fichas.)

[58] Aunque casi todos los críticos que escribieron acerca del poeta colombiano han señalado la influencia de Bécquer que exhibe la poesía de Silva, ninguno ha examinado la similitud temática de este poema con un ensayo poético de Bécquer intitulado "La noche de difuntos", en *Obras completas*, quinta edición (México: Editorial Diana, 1961), págs. 456-462. Por medio de un estudio comparativo de estas dos composiciones que tratan de la voz o sonidos de las campanas individuales y del concierto de sus sonidos, la influencia romántica de Bécquer puede sondearse en los poemas de Silva, así como su original tratamiento modernista del tema, un tratamiento que omite lo excesivamente personal y desarrolla las ideas con una perspectiva estética más libre y universal. Arturo Torres Ríoseco en las páginas 102-103 de su capítulo sobre el poeta colombiano en *Precursores del modernismo* (Madrid: Calpe, 1925), compara la prosa de "Rayo de luna" de Bécquer con el famoso "Nocturno". Sin embargo, en "Día de difuntos" escrito por Silva, postula "claras reminiscencias de 'The Bells'," por Edgar Allan Poe. Probablemente, en este caso, como en el "Nocturno", la influencia es más bien de Bécquer.

[59] Aguilar, pág. 109.

[60] Aguilar, pág. 166.

[61] Aguilar, pág. 89.

[62] "La idea de la muerte en José Asunción Silva", *loc. cit.*, pág. 277.

[63] Aguilar, pág. 68.

[64] Aguilar, pág. 45.

[65] Aguilar, pág. 151.

[66] Aguilar, pág. 55.

[67] Aguilar, págs. 54-55.

[68] Bécquer, *Obras completas*, pág 90.

[69] *Ibid.*, pág. 87.

[70] Aguilar, pág 157.

[71] Aguilar, pág. 159.

[72] Aguilar, pág. 107.

[73] Aguilar, pág. 97.
[74] Aguilar, pág. 160.
[75] Aguilar, pág. 145.
[76] Víctor Hugo, *Chançons des rues et des bois*, en *Oeuvres complètes*, Vol. VII (París: Imprimiere National, 1933), pág. 40.
[77] Aguilar, pág. 69.
[78] Aguilar, pág. 68.
[79] Aguilar, pág. 69.
[80] En *El cojo ilustrado*, Caracas, XVIII, Nº 427 (octubre 1, 1909), pág. 534.
[81] Aguilar, pág. 99.
[82] Aguilar, págs. 67, 107.
[83] Aguilar, pág. 169.
[84] Aguilar, pág. 173.
[85] Gonzalo Sobejano señala que tal colocación tiene más que un significado afectivo, en *El epíteto en la lírica española* (Madrid: Gredos, 1956), pág. 148; sosteniendo su creencia que "siempre se ha destacado en demasía el carácter afectivo de la anteposición adjetival y que en cambio, se ha concedido escasa atención, menos de la requerida, al carácter retórico, literario, en último extremo estético, de dicha anteposición".
[86] Aguilar, pág. 126.
[87] Aguilar, pág. 43.
[88] Aguilar, pág. 54.
[89] Aguilar, pág. 127.
[90] Aguilar, pág. 130.
[91] Aguilar, pág. 137.
[92] Aguilar, págs. 119, 120.
[93] En "Silva y Darío", *Cromos*, Bogotá (mayo 24, 1924), pág. 363.
[94] Aguilar, pág. 33.
[95] Aguilar, pág. 112.
[96] Aguilar, pág. 75.
[97] Aguilar, págs. 37, 39.
[98] Véase también el análisis de este tema por Homero Castillo, "Función del tiempo en 'Los maderos de San Juan' ", *Hispania*, XLVIII, Nº 4 (diciembre, 1964), págs. 703-704.
[99] Obsérvese la comparación de los ojos de la abuela con los objetos del mundo artificial creados por el hombre.
[100] Aguilar, pág. 43.
[101] Aguilar, pág. 43.
[102] Aguilar, pág. 43.
[103] Aguilar, pág. 43.
[104] Aguilar, pág. 47.
[105] Aguilar, pág. 48.
[106] Aguilar, pág. 50.
[107] Aguilar, pág. 57.
[108] Aguilar, pág. 57.
[109] Aguilar, pág. 50.
[110] Aguilar, pág. 50.
[111] Aguilar, pág. 50.
[112] Aguilar, pág. 51.
[113] Aguilar, pág. 56.
[114] Aguilar, pág. 77.
[115] Aguilar, pág. 47.
[116] Se encuentra esta última estrofa de "Futura" en "Silva bolchevique"

Gil Blas, Bogotá, Nº 2541 (mayo 24, 1920), págs. 1-2. Véase el poema en el Apéndice I para las otras fichas.

[117] Aguilar, pág. 52.

[118] Aguilar, pág. 56.

[119] Aguilar, pág. 57.

[120] Aguilar, pág. 57.

[121] Aguilar, pág. 135.

[122] Aguilar, pág. 99.

[123] Aguilar, pág. 99.

[124] Aguilar, pág. 159.

[125] Aguilar, pág. 160.

[126] Aguilar, pág. 160.

[127] *Poesías completas* (Madrid: Aguilar, 1961), pág. 743.

[128] Ya hemos considerado los recuerdos de su infancia que fueron de una índole más feliz, en conexión con el tiempo.

[129] Aguilar, págs. 97, 98.

[130] Aguilar, pág. 97.

[131] Aguilar, pág. 97.

[132] Aguilar, pág. 97.

[133] Aguilar, pág. 97.

[134] Aguilar, pág. 98.

[135] Aguilar, pág. 99.

[136] Aguilar, pág. 112.

[137] Aguilar, pág. 110.

[138] Aguilar, pág. 110.

[139] Aguilar, pág. 110.

[140] Aguilar, pág. 112.

[141] Aguilar, pág. 112.

[142] Aguilar, pág. 95.

[143] Baldomero Sanín Cano, en "José Asunción Silva", *Poesías* (Santiago: Cóndor, 1923), pág. 16, analiza la fuente de inspiración del "Nocturno": Con frecuencia Silva caminaba con su hermana por un sendero del rancho de la familia donde la luna, cuando aparecía, "proyectaba como espectros sobre la llanura solitaria las sombras de los que pasaban por el camino... Silva había recorrido esa vereda con su hermana y se había entretenido con ésta en contemplar sus sombras deformadas y evanescentes sobre el silencio inexpresivo de la sabana. Recorriendo ese camino, después de muerta su hermana,... perseguían a Silva los recuerdos de Elvira. Ese dolor irrefrenable es el que han venido a fijar en líneas inmortales las exquisitas cadencias del 'Nocturno'. La desnuda emoción del abandono de los hombres une sus acordes a la amargura del recuerdo. Tal es la historia de esa poesía. Sobre ella ha edificado la gente indiferente una novela de d'Annunzio".

[144] Aguilar, pág. 69.

[145] Aguilar, pág. 69.

[146] Aguilar, pág. 77.

[147] Aguilar, pág. 97.

[148] Aguilar, pág. 76.

[149] Aguilar, pág. 77.

[150] Aguilar, pág. 158.

[151] Aguilar, págs. 76, 77.

[152] Aguilar, pág. 88.

[153] En este estudio consideraremos el símil, usado con frecuencia por Silva, como la forma más sencilla de la metáfora.

[154] Ebel Botero, *5* [i. e., *Cinco*] *poetas colombianos, estudios sobre Silva,*

Rivera, Valencia, Luis Carlos López, Rivera y Maya (Manizales: Imprenta Departamental, 1964), págs. 33-34.

[155] Aguilar, pág. 89.

[156] *Antología de la poesía española e hispanoamericana*, ed. Federico de Onís (Nueva York: Las Américas, 1961), pág. 71.

[157] Carlos Arturo Caparroso en *Dos ciclos de lirismo colombiano* (Bogotá: Instituto Caro y Cuervo, 1961), págs. 39-40, clasifica a Gregorio Gutiérrez González de Colombia entre "los primeros románticos", y cita una estrofa de "Aures", un poema de inspiración bucólica, que muestra cierta semejanza con "Vida aldeana" de Silva:

> Allí a la sombra de esos verdes bosques
> correr los años de mi infancia vi;
> los poblé de ilusiones cuando joven
> y cerca de ellos aspiré a morir.

[158] *Revista Chilena*, Santiago, Chile, II, N° 7 (octubre 1917), págs. 191-192.

[159] Véase por ejemplo, Rafael A. Esténger, "José Asunción Silva, el hombre y su influencia literaria", *Cuba Contemporánea*, XXIII, N° 4 (mayo, 1920), pág. 41.

[160] Aguilar, pág. 151.

[161] Aguilar, pág. 171.

[162] En "Notas perdidas (inédito)", *Universidad*, Bogotá, N° 106 (noviembre 8, 1928), pág. 540.

[163] Aguilar, págs. 96, 119, 65.

[164] En "Notas perdidas (inédito)", *Universidad*, Bogotá, N° 106 (noviembre 8, 1928), pág. 540.

[165] Aguilar, pág. 52.

[166] Aguilar, pág. 163.

[167] Aguilar, pág. 99.

[168] Aguilar, pág. 149.

[169] Aguilar, pág. 166.

[170] Aguilar, pág. 82.

[171] Aguilar, pág. 33.

[172] En "Silva y Darío", *Cromos*, Bogotá (mayo 24, 1924), pág. 363.

[173] Aguilar, pág. 83.

[174] Aguilar, pág. 68.

[175] Aguilar, pág. 69.

[176] Aguilar, pág. 86.

[177] Aguilar, pág. 68.

[178] Baldomero Sanín Cano, en su estudio "José Asunción Silva", *Poesías* (Santiago: Cóndor, 1923), pág. 14, apunta que la razón principal por la que este mito empezó, fue una ilustración desafortunada que apareció en la cubierta del libro y en la página que precedía al "Nocturno" en la primera edición de las *Poesías* de Silva fechada 1908.

[179] Aguilar, pág. 49.

[180] Aguilar, pág. 102.

[181] Aguilar, pág. 101.

[182] Aguilar, pág. 101.

[183] Aguilar, pág. 101.

[184] Aguilar, págs. 146, 148.

[185] Aguilar, pág. 173.

[186] Aguilar, pág. 82.

[187] Aguilar, pág. 82.

[188] Aguilar, pág. 82.
[189] En "Silva y Darío", *Cromos*, Bogotá (mayo 24, 1924), pág. 363.
[190] Aguilar, pág. 159.
[191] Aguilar, pág. 166.
[192] Aguilar, págs. 87, 109.
[193] Aguilar, pág. 165.
[194] Bécquer, *Obras completas*, pág. 52.
[195] Aguilar, pág. 149.
[196] Aguilar, pág. 166.
[197] Aguilar, pág. 165.
[198] Aguilar, pág. 45.
[199] Aguilar, pág. 79.
[200] Aguilar, págs. 49, 68.
[201] Aguilar, pág. 89.
[202] Aguilar pág. 89.
[203] Aguilar, pág. 89.
[204] Aguilar, pág. 81.
[205] En "Los poemas inéditos de José Asunción Silva", *Universidad*, Bogotá, Nº 106 (noviembre 8, 1928), pág. 538.
[206] Aguilar, pág. 94.
[207] En "Silva y Darío", *Cromos*, Bogotá (mayo 24, 1924), pág. 363.
[208] En *Revista Chilena*, Santiago, Chile, Vol. II, Nº 7 (octubre, 1917), págs. 191-192.
[209] Aguilar, pág. 79.
[210] Aguilar, págs. 76, 77.
[211] Aguilar, pág. 68.
[212] Aguilar, pág. 68.
[213] Aguilar, pág. 68.
[214] Aguilar, pág. 69.
[215] Aguilar, pág 69.
[216] Aguilar, pág. 69.
[217] Aguilar, pág. 69.
[218] Aguilar, pág. 66.
[219] Aguilar, pág. 66.
[220] Aguilar, pág. 66.
[221] Aguilar, págs. 66, 67.
[222] Aguilar, pág. 66.
[223] Aguilar, pág. 66.
[224] Aguilar, pág. 67.
[225] Aguilar, pág. 67.
[226] Aguilar, pág. 67.
[227] Aguilar, pág. 67.
[228] Aguilar, pág. 67.
[229] José Asunción Silva, *Prosas* (San José, Costa Rica: Falcó y Borrasé, 1921), págs. 37-47.
[230] Aguilar, pág. 111.
[231] Aguilar, pág. 166.
[232] Aguilar, pág. 109.
[233] Aguilar, pág. 127.
[234] Aguilar, pág. 160.
[235] Véase el estudio reciente de Ivan Albert Schulman, "Bécquer y Martí: coincidencias en su teoría literaria", *Duquesne Hispanic Review*, Vol. III, Nº 2 (otoño, 1964), págs. 57-87.
[236] Aunque Carlos García Prada asigna el año 1890 al poema "Ars" en

Prosas y versos, 1960, el mismo poema, intitulado "Estrofas", fue publicado en *La lira nueva*, editada por José Rivas Groot (Bogotá: Imprenta de Medardo Rivas, 1886), págs. 373-374.

[237] José Asunción Silva, *El libro de versos* (Bogotá: Horizonte, 1945).

[238] Baldomero Sanín Cano testifica este hecho cuando dice: "Dejó [Silva] copiadas de su mano, las [poesías] que él supuso dignas de publicarse", en el artículo "El caso de Silva", *Colombia*, San Salvador, Vol. II, Nº 10 (agosto, 1941), pág. 18.

[239] En el manuscrito facsímil "hirvientes" reemplazó la palabra "brillantes".

[240] *La lira nueva*, pág. 379.

[241] Aguilar, pág. 55.

[242] Aguilar, pág. 56.

[243] Aguilar, pág. 87.

[244] Aguilar, págs. 86, 87.

[245] En "Los poemas inéditos de José Asunción Silva", *Universidad*, Bogotá, Nº 106 (noviembre 8, 1928), pág. 538.

[246] José Asunción Silva, "La protesta de la musa", *Revista Literaria*, Bogotá, Vol. II (diciembre 14, 1890), págs. 133-135.

[247] Véase Daniel Arias Argáez, "Cincuentenario de la muerte de José Asunción Silva", *Registro Municipal*, Bogotá (junio 30, 1946), págs. 255-256.

[248] "La protesta de la musa", *loc. cit.*, pag. 134.

[249] *Ibid.*

[250] José Asunción Silva, "Prólogo al poema 'Bienaventurados los que lloran', de Federico Rivas Frade", en *Prosas* (Bogotá: Ediciones Colombianas de Germán Arciniegas, 1926), pág. 99.

[251] *Ibid.*, págs. 97-98.

[252] José Asunción Silva, *Prosas y versos*, editado por Carlos García Prada (México: Cultura, 1942), pág. 18.

[253] Aguilar, pág. 86.

[254] Aguilar, pág. 134.

[255] No obstante, ha existido un desacuerdo en cuanto a los poemas incluidos en este grupo. Mientras "Psicopatía" y "Lázaro" son incorporados por el poeta en la edición facsímil en una sección llamada "Cenizas", varias ediciones continúan clasificando estos dos poemas en "Gotas amargas", como por ejemplo, la edición de Carlos García Prada, *Prosas y versos* (Madrid: Ediciones Iberoamericanas, 1960).

[256] Aguilar, pág. 33.

[257] Aguilar, pág. 33.

[258] Aguilar, pág. 55.

[259] Aguilar, págs. 45-58.

[260] Arturo Caparroso, *Silva*, segunda edición (Buenos Aires: Gráficas Ellacuria, 1954), pág. 55.

[261] Aguilar, pág. 56.

[262] Aguilar, págs. 49, 50.

[263] Aguilar, pág. 159.

[264] Aguilar, pág. 50.

[265] Aguilar, pág. 8[illegible]

[266] José Asunción Silva, *Prosas* (San José, Costa Rica: Falcó y Borrasé, 1921), pág. 41.

[267] Aguilar, pág. 73.

[268] Aguilar, pág. 73.

[269] Este poema parece manifestar una angustia metafísica, pero la seriedad del mismo ha servido como tema de polémica entre varios críticos. Primero,

Miguel de Unamuno, en su "Prólogo" para la primera edición de la poesía de Silva, *Poesías*, ed. Hernando Martínez (Barcelona: Maucci, 1908), pág. ix (reproducido en varias ediciones posteriores), cita las líneas finales del poema, las cuales aparecen en el texto nuestro, dándoles una seria interpretación autobiográfica. Pero Guillermo Valencia en "José Asunción Silva", *Revista Moderna de México*, segunda serie, Vol. XVIII (septiembre, 1909), pág. 10, señala que el poema no es autobiográfico, que no puede entender cómo Unamuno pudo considerar que Silva fuese el poeta arrodillado cuando: "bien por el giro final que, por lo inesperado y risible, la determina [la poesía] en el grupo cómico". Luego, Horacio Botero Isaza en *José Asunción Silva* (Medellín: Arango, 1919), pág. 22, discrepa de Valencia, apoyando a Unamuno. Y finalmente, Carlos E. Restrepo, en "Reminiscencias sobre José Asunción Silva", *Colombia*, Medellín, Vol. IV, Nº 157 (julio 2, 1919), pág. 62, refuta las palabras de Botero Isaza, usando como prueba una conversación personal que tuvo con Silva, quien recitó el poema discutido, y dijo que fue escrito para satirizar a un poeta en vida, quien, según Silva: "le ha dado la chifladura panteísta y vive hablando con todos los elementos y con todos los astros".

[270] Aguilar, pág. 120.

[271] Aguilar, pág. 77.

[272] Aguilar, pág. 77.

[273] Aguilar, pág. 47.

[274] Véase "A la estatua del Libertador", en *Obras Completas* Vol. VIII (Bogotá: Imprenta Nacional, 1918-1933), págs. 77-83.

[275] Aguilar, pág. 56.

[276] "José Asunción Silva", *Cervantes*, Madrid, Nº 4 (1916), pág. 99.

[277] Aguilar, pág. 55.

[278] Aguilar, pág. 87. En la tesis doctoral inédita de Robert Jay Glickman, intitulada "Guillermo Valencia and the Poetic World of Ritos: Interpretations Based on the Use of a Concordance", Los Angeles, Universidad de California, 1962, pág. 88, el autor discute "Un poema" de Silva y revela su creencia de que el poeta fue culpable más bien que el crítico por la falta de comunicación, porque estaba intentando algo poco común y que había escogido un público no instruido ni sensible. Si esto fuese la verdad la creación de una original obra de arte es una falla y no debe ser intentada por ser poco familiar.

[279] Aguilar, págs. 119, 120.

[280] Aguilar, págs. 166, 167.

[281] Enrique Anderson Imbert en *Historia de la literatura hispanoamericana*, Vol. I, cuarta edición (México: Fondo de Cultura Económica, 1962), pág. 278, señala que Fallón fue uno de los románticos colombianos de la segunda generación que tuvo un "idealista sentimiento de la naturaleza".

[282] Francisco Carlos Sainz de Robles, en su "Estudio preliminar", *Historia y antología de la poesía española (en lengua castellana)* (Madrid: Aguilar, 1964), págs. 179-180, dice que Gaspar Núñez de Arce era "el poeta español más leído dentro y fuera de España entre 1860 y 1890."

[283] Aguilar, pág. 155.

[284] José Asunción Silva, *De sobremesa, 1887-1896*, segunda edición (Bogotá: Cromos, 1928), pág. 21.

[285] *Ibid.*, pág. 20.

[286] *Ibid.*, pág. 14.

[287] Aguilar, págs. 86, 87.

[288] Aguilar, pág. 73.

[289] Aguilar, pág. 82.

[290] Aguilar, pág. 162.

[291] Aguilar, pág. 94

[292] Aguilar, pág. 166.
[293] Aguilar, pág. 99.
[294] Aguilar, pág. 158.
[295] Aguilar, pág. 149.
[296] Aguilar, págs. 141, 75; En "Los poemas inéditos de José Asunción Silva", *Universidad,* Bogotá, Nº 106 (noviembre 8, 1928), pág. 538.
[297] Aguilar, pág. 37.
[298] Aguilar, pág. 50.
[299] Aguilar, pág. 155.
[300] Aguilar, pág. 160.
[301] Aguilar, pág. 87.
[302] Aguilar, pág. 87.
[303] En "Cincuentenario de la muerte de José Asunción Silva", *Registro Municipal,* Bogotá (junio 30, 1946), pág. 245.
[304] Aguilar, págs. 110, 111, 112.
[305] Aguilar, pág. 86.
[306] Aguilar, pág. 102.
[307] Aguilar, págs. 48, 52, 53, 54, 56, 57.
[308] Estamos convencidos que esta falta de entendimiento de su poesía seria, fue una de las razones por las que Silva escribió sus poemas satíricos, a veces amargos, a menudo ridiculizando a las mismas personas que los aprendieron de memoria. Así su protesta poética contra las costumbres de la sociedad de la Bogotá de su tiempo fue bastante popular; los poemas "iban de mano en mano", según dice Baldomero Sanín Cano en la página 11 de su introducción intitulada "José Asunción Silva", en *Poesías* (Santiago: Cóndor, 1923), mientras sus otros poemas fueron a menudo caricaturizados y ridiculizados.

III. TECNICAS ESTILISTICAS Y ESTRUCTURAS SINTACTICAS

I

En nuestro análisis de las técnicas estilísticas y de las estructuras sintácticas usadas por el poeta colombiano, tendremos en cuenta la relación entre los sentimientos que el poeta aspira a expresar y el lenguaje que escoge para presentar, no el sufrimiento mismo, sino su configuración dinámica.

VERBO

Por consiguiente, es apropiado reconocer que Silva emplea el tiempo presente más a menudo, como es común en la poesía lírica. El predominio de este tiempo verbal es una característica de la lírica, dado que el poeta se esfuerza por crear una emoción viviente. El poder del presente de indicativo para producir la impresión de la acción en progreso y, a la vez, suspender el sentido normal del tiempo, se observa en "Crepúsculo", donde el poeta evoca, en el presente, el tiempo pasado para contar cuentos, un pasado no fechado definitivamente:

> Los niños, cansados, suspenden los juegos,
> De la calle vienen extraños ruidos,
> En estos momentos, en todos los cuartos,
> Se van despertando los duendes dormidos. [1]

En los dos últimos versos de la estrofa que acabamos de citar, advertimos una construcción utilizada por Silva con bastante regularidad: el tiempo presente acompaña al gerundio en una frase verbal; en este caso, con el verbo "ir", lo que añade intensidad a la imagen del despertar, uno por uno, de los "duendes". Mediante esta técnica Silva agrega variedad al uso del presente de indicativo, como por ejemplo, en los versos siguientes:

> Va tornando en pavesas
> Tronos, imperios, pueblos y ciudades
>
> * * *
>
> Que, por el campo en que soñó, abundante
> Cosecha ver, de sazonadas mieses,
> Van extendiendo míseras raíces

* * *

Más bien que orgullo, humillación sentimos
Si vamos comparando
Nuestras vidas triviales con las vuestras. [2]

Por medio de este uso del gerundio, [3] Silva da un sentido de progresión o duración, así como un sentimiento de vecindad y de penetración en la duración de la acción prolongada mientras está siendo ejecutada.

En tal uso del gerundio en frases verbales, encontramos que, usualmente, describe una acción sostenida o un estado activo de emoción. Pero al mismo tiempo denota una acción prolongada, pues no sabemos cuándo empezó o cuándo termina, como por ejemplo:

Y, ágil caballero cruzando la selva

* * *

Dándole al aire el aromado aliento

* * *

Y mirando los rayos de la luna

* * *

Y forjando en las ramas una orquesta. [4]

En la mayoría de estos usos del gerundio, empleado en la forma evocativa sin tiempo que hemos discutido, podía haberse sustituido por el tiempo presente; no obstante, notamos el especial efecto de retrasar o prolongar que dan el gerundio y su significado.

En otros contextos, el gerundio reemplaza a veces al imperfecto de indicativo, conservando, de todos modos, el sentido de acción prolongada, pero ahora en el pasado:

Anoche, estando solo y ya medio dormido. . .

* * *

Ansiando la quietud de los que fueron. [5]

Ya hemos observado la preocupación de Silva por los "tiempos idos" y, en consecuencia, no es sorprendente descubrir que con frecuencia utiliza el pretérito de indicativo, que denota una acción concluida, una acción en un pasado que ya se ha ido. En Silva hay una ruptura entre el presente y el pasado, entre la niñez y la desilusión final. La atmósfera de hecho consumado se utiliza a menudo, como en "Un poema", en el que tal condición se resume en el dístico final:

Le mostré mi poema a un crítico estupendo...
Y lo leyó seis veces y me dijo... No entiendo. [6]

De todos modos, en su evocación del pasado, el poeta recurre más a menudo al presente de indicativo, dándole una cualidad sin tiempo y uniendo así el presente con el pasado. Sólo de vez en cuando observamos el uso del imperfecto de indicativo que denota una acción que, aunque pasada, puede llegar hasta el presente y forma así un vínculo entre pasado y presente.

Por lo regular esa continuidad que podría ser sugerida por el imperfecto de indicativo, es negada por el contexto, como en el famoso "Nocturno" intitulado "Una noche", en donde advertimos el verso repetido "Iba sola". [7] Sabemos que el pasado nunca puede volver para el poeta, excepto en su imaginación; sabemos que su hermana estaba muerta y sentimos aún más su desolación, a causa de esa sombra que se mueve completamente sola por tiempo indefinido. Pero aunque la mayoría de los verbos en este poema, están en imperfecto de indicativo, hay un intervalo entre pasado y presente, debido al uso del pretérito que figura una vez en la segunda estrofa:

Sentí frío, era el frío que tenían en la alcoba
Tus mejillas y tus sienes y tus manos adoradas. [8]

También observamos los versos finales, en los cuales el pretérito revela que todo es pasado, terminando en el presente sin tiempo, en el que el poeta hace una invocación dramática, llevando así las pasiones a un plano más universal:

Se acercó y marchó con ella,
Se acercó y marchó con ella,
Se acercó y marchó con ella... ¡Oh las sombras enlazadas!
¡Oh las sombras que se buscan y se juntan
en las noches de negruras y de lágrimas!... [9]

Al considerar el uso de los tiempos verbales en este poema, podemos penetrar algo en el secreto de la perfección que se encuentra en la obra del poeta. El sentido de largo sufrimiento dado por el significado, así como por los sonidos líquidos del imperfecto de indicativo, unen forma y significación en un grado similar al de un gemido y el dolor que lo causa. En los siguientes versos vemos ese uso del imperfecto, intensificado por la repetición:

Una noche
En que ardían en la sombra nupcial y húmeda, las luciérnagas
[fantásticas

* * *

Por la senda que atraviesa la llanura florecida
Caminabas

* * *

Por los cielos azulosos, infinitos y profundos esparcía su luz blanca

* * *

Y tu sombra
Fina y lánguida,
Y mi sombra
Por los rayos de la luna proyectada
Sobre las arenas tristes
De la senda se juntaban
Y eran una
Y eran una
¡Y eran una sola sombra larga!
¡Y eran una sola sombra larga!
¡Y eran una sola sombra larga! [10]

Y luego, en la segunda estrofa, se intensifica mediante la combinación de pretérito con imperfecto:

Solo y mudo
Por la senda caminaba,
Y se oían los ladridos de los perros a la luna

* * *

Sentí frío, era el frío que tenían en la alcoba
Tus mejillas...

* * *

Era el frío del sepulcro, era el frío de la muerte
Era el frío de la nada... [11]

Puesto que el poeta usa el presente y el pretérito de indicativo con mayor frecuencia que el imperfecto, [12] podemos deducir que emplea conscientemente el imperfecto de indicativo con su ritmo lento, de una manera especial, para comunicar el sentido de la duración del suceso o de la emoción en el pasado, añadiendo así una cualidad conmovedora.

También hemos notado en nuestro examen de las formas verbales de Silva, que varias veces emplea el artículo contracto "al" con el infinitivo, [13] una fórmula que trasmite el tiempo y el espacio. En estos versos observamos la connotación temporal, con significado principal de "al tiempo de":

Que no dejaron al pasar más huellas

* * *

Al pensar, baja la mirada al suelo

* * *

al apagarse el entusiasmo ardiente. [14]

Rara vez, como en "reñido batallar", [15] el infinitivo es completamente sustantivado por Silva. En los versos "...tras múltiples esfuerzos / el convertirse en hombre", [16] el infinitivo, aunque nominal en función, da más énfasis a la acción de convertir, y el pronombre enclítico hace que la acción reflexiva del verbo sea más evidente. En ocasiones Silva utiliza el infinitivo usado en forma nominal y modificado por un adjetivo, como por ejemplo:

...un incesante
renegar...

* * *

Y el bronco resonar de los cañones

* * *

y, tras lento sufrir

* * *

Sufre este mal:... pensar... [17]

Una vez notamos el uso nominal del infinitivo sin modificador, aunque añade un significado más profundo que tendría el sustantivo "vida" sin adjetivo calificativo: "Excita del vivir los desengaños" [18] y percibimos la destreza de Silva en el uso del hipérbaton para dar mayor énfasis al concepto de la vida con su constante vaivén.

En muchos casos los verbos que utiliza Silva no son inusitados, pero gracias a las técnicas que hemos discutido les agrega un sentido de novedad. No obstante, el poeta usa un verbo onomatopéyico: "cucurruquear", [19] en el poema "Sinfonía color de fresa con leche", verbo que imita el canto de un pájaro. Al emplear este verbo claramente onomatopéyico, el autor aumenta el tono cómico del poema, concebido como un "pastiche" de las innovaciones léxicas que se muestran en la poesía de los imitadores de Rubén Darío.

ADJETIVO

Aunque el análisis del vocabulario hecho para la concordancia, revela que en la obra de José Asunción Silva la división de las palabras en sustantivos, adjetivos y verbos, fue de cincuenta, veinticinco y veintitrés por ciento, respectivamente, en más de cien casos diferentes se observa que dos adjetivos, colocados uno antes y otro después, modifican a un sustantivo, como en estos ejemplos:

Las sencillas historias peregrinas

* * *

De la robusta inspiración latina

* * *

en los lejanos siglos venideros

* * *

¡Pobre estómago literario

* * *

...estéril lucha vana

* * *

...enclenque
Generación menguada

* * *

...desierta soledad nocturna

* * *

...misterioso panorama oscuro

* * *

...potentes Aryas primitivos. [20]

Por razón de esta aparente abundancia originada por estas citas, es fácil entender el juicio de Joaquín Pérez Villa, en el sentido de que la preponderancia de los adjetivos podría identificar el estilo de Silva. [21] La predilección del autor por este tipo de construcción, que por lo general va sin comas, revela su preocupación por el sonido, pues las tres palabras deben leerse como unidad aislada, sin pausa respiratoria. Quizá el poeta no usaba conscientemente esta forma de adjetivar, pero de todos modos es característica de la poesía de Silva, y debido a su relativa rareza en los poemas de Gutiérrez Nájera, Darío y Martí, debemos considerarla como una preferencia poética individual.

Como hemos visto en los ejemplos dados, los adjetivos antepuestos y pospuestos no son sinónimos en la mayoría de los casos, sino modificadores intensivos, lo cual fue uno de los medios por los que Silva reforzó la cualidad sensorial y visual de su poesía sin recurrir en alto grado a las técnicas retóricas tradicionales, tales como la metáfora y la comparación. Si, pues, como notamos arriba, el lector se siente obligado a reunir las tres palabras en una sola emisión sin pausa, se crea en la mente del que lee una imagen casi tan intensa como lo sería la metáfora.

Además de esta fórmula adjetival, notamos el empleo frecuente de dos adjetivos que modifican un sustantivo con una conjunción, lo cual permite que el lector haga una pausa. Estos adjetivos dobles añaden un sentido de solemnidad y gravedad; dan al verso una cualidad no-progresiva, como dice Dámaso Alonso. [22] Aun en estos casos, raramente emplea Silva adjetivos sinónimos, sino que añade un significado complementario, como por ejemplo:

...selva negra y mística...

* * *

...sugestiones místicas y raras

* * *

...ramilletes negros y marchitos

* * *

...fragua negra y encendida

* * *

...noble y melancólica postura

* * *

...grave y sutil melancolía...

* * *

...ignotas y viejas sepulturas

* * *

...el cráneo rígido y seco. [23]

Esta construcción aparece alrededor de setenta y cinco veces en la poesía de Silva y parece ser una técnica de intensificación. Estas frases son imágenes condensadas que eliminan la necesidad de una narración larga, aun en el caso raro en que uno de sus poemas necesitara de la descripción. Muchas veces el segundo adjetivo determina al primero y de este modo la frase toma el lugar —y frecuentemente el significado— de una comparación.

Otra fórmula adjetival que se encuentra con menos abundancia, es el uso de tres adjetivos en serie que modifican a un solo sustantivo. Esta construcción es eficaz para reforzar un concepto del poeta, tal como vemos en este ejemplo: "Los acentos dejativos / Y tristísimos 'e inciertos", [24] en que la tristeza está subrayada aún más por el superlativo de "triste", "tristísimo". Otros ejemplos muestran la misma técnica de razonamiento:

honda tristeza, pertinaz y amarga

* * *

Osculo triste, suave y perverso

* * *

Tú, mustia, yerta y pálida...

* * *

...reñido
batallar, largo y supremo

* * *

...poeta lírico, grandioso y sibilino

* * *

...leve,
Argentada y pura, una vocecilla

* * *

...locos, ardientes y profundos abrazos

* * *

Las leves lamas grises y verdosas

* * *

Era la historia triste, desprestigiada y cierta
De una mujer hermosa, idolatrada y muerta. [25]

En el último ejemplo se ve claramente que estas estructuras son especialmente apropiadas en los largos versos alejandrinos de "Un poema". La construcción paralela usada aquí atrae más la atención hacia los adjetivos múltiples.

Hay pocos ejemplos de más de tres adjetivos en serie, como en estos versos de "Zoospermos":

> ....
> temblándole las manos,
> ansioso, fijo, inmóvil
> reconcentrado y torvo. [26]

también en estos versos de "El alma de la rosa", en los que la rosa marchita describe su hermosura antes de haber sido usada para el baile:

> "Temblorosa, cubierta de rocío,
> y perfumada y fresca,
> tu mano me tomó para llevarme
> a la brillante fiesta. [27]

En el uso del adjetivo Silva acude ocasionalmente al desplazamiento, como por ejemplo: "y la luz de la luna limpia brilla"[28] en donde la luna misma es dotada de la cualidad que realmente es atributo de la luz, "limpia luz" o luz clara de la luna. También en la frase "...la gran reja / de barrotes de hierro colosales",[29] el desplazamiento da al hierro la cualidad de colosal que —más tarde advertimos— modifica más bien a "barrotes". Igualmente observamos el desplazamiento de "vibrantes" que modifica a las "notas y cantos" en el ejemplo siguiente: "Como notas y cantos y músicas de campanas vibrantes de plata."[30] También vemos el desplazamiento de "peregrino" en el verso "De un olor de vejeces peregrino."[31]

Mediante esta técnica de desplazamiento de los adjetivos, el poeta añade una vaga ambigüedad, por ejemplo:

> ¡Colores de anticuada miniatura,
> Hoy, de algún mueble en el cajón dormida. [32]

Estamos convencidos de que "dormida" se refiere a la persona cuyo retrato aparece en la "miniatura" y de que los dos versos, sin hipérbaton, quedarían así: "Colores de anticuada miniatura / en el cajón de algún mueble, hoy, dormida". Así advertimos la destreza del poeta para producir, por medio del desplazamiento, un efecto nuevo y sorprendente, aun cuando continúe usando el vocabulario poético común y corriente. Además, en el ejemplo, vemos el extraordinario resultado que se logra con la economía de usar solamente un adverbio y un adjetivo: "Hoy, dormida", para inducir en la mente un concepto complicado. La misma técnica de desplazamiento notamos —aquí un sencillo hipérbaton sintáctico— al usar, en una forma inusitada, "mano" en vez de "mejilla":

> apoyada en la mejilla
> la mano medita y sueña. [33]

En "Obra humana" el poeta atribuye a la "audaz locomotora" [34] una cualidad que, en realidad, es atributo del hombre que la conduce o de los hombres que construyeron el ferrocarril. La audacia es cualidad que pertenece al hombre, no a una máquina. De este modo hay una discrepancia entre el adjetivo "audaz", cualidad que solamente se puede atribuir a una persona o a una actitud humana, y el sustantivo "locomotora". Figurativamente, no obstante, entendemos la tosquedad y el ruido de la locomotora.

Mediante la asignación a un objeto, de un adjetivo ambiguo, que ordinariamente modifica a un ser humano, Silva puede añadir una cualidad alusiva. Tal uso del adjetivo sustituye a la metáfora, puesto que los términos suscitan diferentes ideas en conjunción y recíprocamente. De esta discrepancia nace lo sugestivo. Uno podría preguntar "¿Por qué 'audaz'?" Pero la interpretación sería individual, puesto que "audaz" no significa lo mismo para todos. Es decir, el poeta solamente sugiere, no interpreta.

Los adjetivos que aparentemente no concuerdan con la palabra a la que modifican, se encuentran varias veces en la poesía de Silva. De vez en cuando observamos la utilización de cualidades personales atribuidas a algo que no es personal, humanizando, y vivificando la expresión. Por ejemplo, el modificador "indecisa" en el verso "La fragancia indecisa de un olor olvidado", [35] y también en "Estrellas, luces pensativas. / Estrellas, pupilas inciertas", [36] "bronce austero", [37] "arenas tristes", [38] así como "cariñosa / lámpara." [39]

A veces, no una cualidad personal, sino que pertenece solamente a seres concretos, una cualidad perceptible por los sentidos, se usa para modificar a un sustantivo, como en las frases "muerta primavera", [40] "verano muerto", [41] "frases peregrinas" [42] y el término "chancro", más concreto, modificado por el mismo tipo de adjetivo en la frase "chancro sentimental". [43] En estos ejemplos la conexión misma entre el sustantivo y el adjetivo que lo modifica, resulta de una novedad sorprendente, como vemos en "un acento de místico desprecio." [44]

Luego notamos el uso de sustantivos más concretos en conjunción con adjetivos abstractos, como en el verso en el que "mística" modifica a "selva", añadiendo mayor sugestividad al modificador "negra": "La selva negra y mística fue la alcoba sombría..." [45]

A veces, en lugar de la complementación, el poeta colombiano usa adjetivos sintéticos, como por ejemplo: "divisa latina", "arpa eolia", o "lumbre sideral". [46] Tal uso de adjetivos determinativos demuestra una preocupación consciente por el lenguaje, un deseo de encontrar nuevas configuraciones de fraseología más rítmicas, al eliminar una serie más corta de palabras poniendo en su lugar una sola palabra larga.

La mayoría de los usos del adjetivo, que ya hemos discutido, podrían también ser considerados como impresionistas, por ejemplo, en la frase "arenas tristes", [47] en donde el sentimiento de tristeza se proyecta sobre las arenas del sendero, descripción del estado del alma, propio del poeta, más bien que de las arenas.

Otra frase impresionista usada por el poeta, es "alma blanca" [48] en que el autor mira al niño y su pureza; con esta frase, Silva revela el sentimiento que le causa idealizar a la niñez. El alma no tiene color, pero la transferencia de la cualidad muestra los sentimientos emotivos del poeta acerca del niño.

Lo mismo ocurre con la yuxtaposición metafórica en la frase "Infancia, valle ameno", [49] en la que advertimos la proyección de las emociones del poeta sobre la frase "valle ameno" que representa a la niñez.

Ya hemos hablado del uso del color blanco para simbolizar a la inocencia y la pureza. En otro caso, los "sueños de color de armiño",[50] en vez de inspirar una clara —y algo banal— idea de sueños blancos y puros, el modo de hablar evoca una sensación más vaga y sugestiva. La calificación de los sueños como de "color de armiño", revela una de las técnicas frecuentemente usadas por el poeta para añadir algo nuevo: la sinestesia.

Sin embargo, al discutir las imágenes sinestésicas de Silva, consideraremos no sólo los casos de combinación de cualidades de color, sonido y olor, sino también aquéllos en que se aplica a algo una cualidad que en sentido lógico estricto no le corresponde, como en el ejemplo arriba citado: "sueños color de armiño."

La mayoría de los casos en que el poeta usa la sinestesia, caben en la última categoría, como vemos por estos ejemplos:

...un color opaco y triste

* * *

...rimas ricas, de plata y de cristal

* * *

de mortuorios cirios
el triste olor...

* * *

...la sombra de un beso...

* * *

Sintió el cansancio de la vida, el lodo
De cuantos goces le ofreció la suerte. [51]

Vemos que se escogen tales términos para despertar sugestiones sensoriales. En sí misma la cualidad no ha cambiado, pero la manera de observarla es nueva; y nos damos cuenta del deseo del poeta de subrayar lo nuevo mediante combinaciones inusitadas.

II

Polisíndeton

Entre las diversas técnicas que dan unidad y continuidad a la poesía de Silva, figura el frecuente uso del polisíndeton, como en "Al pie de la estatua" en donde vemos el esfuerzo del poeta por repetir la conjunción "y" al principio de cada cláusula, para presentar las imágenes como si estuvieran aisladas y estimular así la imaginación con más fuerza:

Y perdida la causa sacrosanta,
Y una lágrima viene a sus pupilas,
Y la voz se le anuda en la garganta,
Y recobrando brío,
Y dominando el cuerpo que estremece. [52]

En este ejemplo el hipérbaton parece ser el resultado del esfuerzo del autor para crear ritmo y unidad por medio de grupos en serie. Las cláusulas arriba citadas no son sintácticamente similares, pero el "y" rítmico con que empiezan es como una ola que se desborda, sólo para regresar al principio. La diferente sintaxis de cada verso se unifica por la conjunción que produce el ritmo. La misma técnica se usa en el poema en que se presenta una visión parecida a una experiencia entre sueños:

Miramos en las sombras morir el día
Y subir de los valles la noche umbría
Y soy tu paje rubio, mi castellana,
Y cuando en los espacios la noche cierra,
El fuego de tu estancia los muebles dora,
Y los dos nos miramos y sonreímos. [53]

También en "*Midnight dreams*" se emplea la misma conjunción introductoria:

Y sin pisar hilos sedosos de la alfombra
Y fueron deshaciéndose y hundiéndose en la sombra. [54]

En ocasiones se usa la conjunción "y" al principio de una estrofa:

> Y en tanto en las rodillas cansadas de la abuela
> Con movimiento rítmico se balancea el niño
> Y ambos conmovidos y trémulos están. [55]

La primera "y", así como la frase adverbial "en tanto", encadenan esta estrofa con los versos anteriores; y la segunda "y" permite al poeta eliminar la puntuación al final del verso anterior, aumentando así la continuidad de la experiencia que se describe.

ANÁFORA

Otra técnica de repetición que Silva utiliza frecuentemente, es la anáfora, como en los siguientes ejemplos:

> oíd del siglo el grito poderoso,
> oíd la voz de marcha.

* * *

> ¿Conque os cansó lo rudo del camino?,
> ¿conque está el corazón agonizante?...

* * *

> tus mejillas, y tus sienes y tus manos adoradas

* * *

> ¡Oh burbujas del rubio champaña!
> ¡Oh perfume de flores abiertas!
> ¡Oh girar de desnudas espaldas!
> ¡Oh cadencias del valse que mueve
> Torbellino de tules y gasas!

* * *

> ¡Cómo es de santa tu inocencia pura,
> Cómo tus breves dichas transitorias,
> Cómo es de dulce en horas de amargura
> Dirigir al pasado la mirada

* * *

> Pensó en Dios, pensó en Dios, pensó en la muerte,
> Pensó en la eternidad...

* * *

Lejos de la vida, libres del deseo,
Lejos de las rudas batallas humanas! [56]

Repetición

El poeta colombiano usa la repetición de sonidos, palabras y versos, y hasta de estrofas, en la mayoría de los poemas. La repetición ha sido una parte integral de la poesía desde los tiempos antiguos hasta los modernos, lo mismo en la poesía popular que en la culta. La rima, en sí misma, es una forma de la repetición. Y Silva, como muchos otros poetas líricos, la usa para reforzar las emociones o las impresiones sensoriales que quiere expresar. Pero en la poesía del colombiano es una técnica consciente que se emplea continuamente.

En "Los maderos de San Juan" [57] el poeta maneja la repetición de dos maneras distintas. Está la poesía infantil, con su juego de sonidos repetidos, al principio del poema, y luego, al final, los versos de aquélla están colocados entre cada una de las tres estrofas. El ritmo alegre y el juego de sonidos ha hecho que este poema infantil sea muy popular y fácilmente recordado. El tono peculiar de las palabras "pan" y "tran" se repite en cada estrofa, en que la forma verbal "están" termina el tercer verso de cada estrofa. Luego el verso final reitera el mismo sonido en tiempo futuro, reproduciendo el repique del "án" final en "guardarán", "volverán" y "vibrarán".

Luego viene la repetición de la estrofa final como estribillo, pero con cambios en los primeros cuatro versos, lo que indica una ligera progresión en el tiempo, con las frases "rodillas cansadas" que en la primera estrofa eran "duras y firmes" y "ambos conmovidos y trémulos" en vez de "agitados y trémulos". Estas repeticiones y reiteraciones de sonidos han hecho que el poema sea lento, tanto para la lectura silenciosa como para la en voz alta. Esta retardación es indicativa de tristeza y melancolía, ambas subyacentes en el tema y en el punto de vista del poeta mismo acerca de la vida.

En el poema intitulado "Serenata", Silva utiliza la reiteración con ligeras variantes, a tal punto, que el poema parece un tema musical con variaciones. El primer verso se repite sin cambios al principio de las dos estrofas restantes: "La calle está desierta, la noche fría"; [58] luego, en las líneas siguientes, hay otro verso que se repite literalmente en la misma estrofa, pero también con una variante:

Y las notas vibrantes, una por una

* * *

Y se apagan las notas, una por una

* * *

Y se apagan las notas, una por una. [59]

También hay un verso que se repite, aunque con una variante:

Suenan cuando los dedos fuertes y ágiles

* * *

El cantor con los dedos fuertes y ágiles [60]

Y finalmente advertimos una variante en los versos finales de la primera **estrofa:**

Hacen que vibren las cuerdas frágiles
De la guitarra.

* * *

Y dan como un gemido las cuerdas frágiles
De la guitarra. [61]

Mediante la repetición, el poeta une el tema y el sonido, produciendo en la imaginación una serenata de variaciones sobre un tema principal, que también es la serenata que toca un guitarrista desconocido.

En el poema "Crepúsculo", la duodécima estrofa empieza con el verso: "¡Fantásticos cuentos de duendes y hadas" [62] y luego las tres siguientes empiezan con la palabra "cuentos". Y cada estrofa da una modificación o una definición de los "cuentos". En la mayoría de estas estrofas finales Silva se dirige directamente a los "cuentos" como por ejemplo: "Cuentos que nacisteis en ignotos tiempos". [63] Y la estrofa final empieza nuevamente con el verso "¡Fantásticos cuentos de duendes y hadas". [64] Todas estas repeticiones de la palabra "cuentos", así como el modo como el poeta los evoca, pone tanto énfasis en ellos, que cobran vida y adquieren el poder de sugestión con que el poeta les dota: "...en sí atesoran del sueño poético / El íntimo encanto, la esencia y el germen". [65]

En "Al pie de la estatua" también hay un estribillo. Los versos 24-42 describen a los niños jugando en el jardín que rodea a la estatua de Bolívar. Estos versos, lo mismo que los 22 y 23, se repiten al final del poema, aunque con algunas palabras intercambiadas. Allí la repetición parece servir para intensificar, puesto que los versos "un idilio sonriente / y de alegría fatua", [66] reciben una nueva fuerza después de haber considerado la vida y la gloria del gran héroe. Al final del poema, Silva compara los "gritos" de los niños con todos los poemas que se han escrito sobre Bolívar:

Es el rítmico acento
De los que te cantamos,

Cual los débiles gritos de contento
Que lanzan esos niños, cuando en torno
Giran del monumento. [67]

Esos poemas se olvidarán y los niños "Dormirán en la tumba hechos cenizas"; [68] sin embargo, la estatua de bronce permanecerá para inmortalizar al héroe. Ahora la alegría es verdaderamente "fatua" y, mediante la repetición, se presenta con claridad la desolación del poeta debida a la futilidad de la vida humana.

En el mismo poema Silva utiliza también la reiteración de palabras para dar intensidad —y también gravedad— como se ve en los versos siguientes:

Una sola, una sola
Generación se engrandeció en la lucha

* * *

¡Oh recuerdos de trágicas batallas!
¡Oh recuerdos de luchas y victorias!

* * *

¡Oh, mira el bronce, mira

* * *

Di su sueño más grande hecho pedazos,
Di el horror del suicida. [69]

Los dos últimos versos son similares a otros del poema, en el cual el poeta se exhorta a cantar "las graves decepciones" en lugar de las grandes victorias de Bolívar.

En el poema "Lentes ajenos" se encuentra la misma técnica de repetir los primeros versos al final del poema, lo que da un efecto similar al anteriormente comentado:

Al través de los libros amó siempre
mi amigo Juan de Dios,
y tengo presunciones de que nunca
supo lo que es amor. [70]

Después, cada una de las siguientes estrofas describe una de las historias de amor que Juan de Dios leyó y luego vivió. Finalmente se repite la misma estrofa; pero aunque tiene idénticas palabras, están intensificadas, puesto que ahora entendemos más completamente su significado. Igual procedimiento se observa en "Zoospermos", "*Egalité*" y también en "Muertos".

En el poema "Notas perdidas", la repetición de los primeros seis versos parece pertenecer a un tipo diferente de reiteración. La expresión de pena se hace más intensa por medio de repeticiones de configuración fúnebre:

> ¡Bajad a la pobre niña,
> bajadla con mano trémula
> y con cuidadoso esmero
> entre la fosa ponedla,
> y arrojad sobre su tumba
> fríos puñados de tierra. [71]

En "Futura" el poeta se mofa de las formas rituales del culto religioso, como se puede observar en estos versos que alaban la imagen del dios del futuro, Sancho Panza:

> ¡Su imagen ved, su noble imagen,
> su imagen ved... [72]

En "Don Juan de Covadonga" la repetición presta un tono natural de conversación a las palabras del "lego" a quien Don Juan pregunta por su hermano, el Prior:

> —Ahora,
> Es imposible, hermano... Vuelva luego;
> Es imposible ahora... [73]

Luego la desesperación de "Don Juan" se comunica a través de la repetición de la historia que inventa sobre la razón por la que vino a visitar a su hermano:

> Pero, dime, ¿a qué vienes?...
> —Yo por verte,
> Dijo don Juan, por verte, a toda prisa,
> Y por darte noticia de la muerte
> De don Sancho de Téllez... [74]

En "Un poema" el escritor repite sonidos y palabras para dar gravedad y sonoridad a los ritmos que piensa usar en su composición: "Ritmos sonoros, ritmos potentes, ritmos graves." [75]

En "Luz de luna" notamos la repetición de la consonante inicial, un caso de aliteración que intensifica aún más la ausencia de dolor en la joven viuda: "Ni una nube nubló aquella frente". [76] Este es un juego de palabras en el que hay una analogía metafórica o auditiva, creada por la semejanza de dos términos, tanto desde el punto de vista de la armonía como de la forma.

Aparentemente el poeta repite palabras, versos y estrofas para comunicar sentimientos de tristeza y de melancolía. Quizá tal repetición fue instintiva. Pero instintivas o no, muchas reiteraciones traducen en sonidos la vacuidad de la vida y la implacable marcha mecánica del tiempo, como vemos por estos ejemplos:

¿Su nombre?... Un oscuro nombre...

* * *

¿Su madre?... Una pobre madre

* * *

¿Su vida?..., una oscura vida

* * *

Pero una tarde, tarde vislumbrada
en místicos ensueños...

* * *

Y hay algo angustioso e incierto
Que mezcla a ese sonido su sonido

* * *

¡No la oigáis, oh bronces!, no la oigáis, campanas

* * *

La campana del reló
Suena, suena, suena ahora

* * *

El último sueño de que nadie vuelve,
El último sueño de paz y de calma. [77]

Todas las técnicas de repetición arriba discutidas —sonidos, palabras, frases y versos enteros— se encuentran en un poema por el cual Silva es famoso, el "Nocturno", que empieza "Una noche..." Esta frase inicial se repite dos veces más, intensificando nuestra concentración sobre esa noche particular y haciéndonos sentir la emoción del poeta mientras escribe acerca de ella.

Con la repetición de estos versos, el poeta parece crear olas de emoción, cada una más fuerte que la anterior, hasta el verso final en que se alcanza el máximo:

Y eran una
Y eran una
¡Y eran una sola sombra larga!
¡Y eran una sola sombra larga!
¡Y eran una sola sombra larga! [78]

No solamente se repiten las frases, sino también las palabras, hasta lograr un alto grado de poder emocional, como por ejemplo, "frío":

Sentí frío, era el frío que tenían en la alcoba
Tus mejillas...
....
Era el frío del sepulcro, era el frío de la muerte
Era el frío de la nada... [79]

También se repiten los sonidos para aumentar su fuerza emotiva, como en estos versos en que los reiterados sonidos de la "s" refuerzan el sentido de abandono y soledad:

Sobre las arenas tristes
De la senda se juntaban. [80]

La soledad se intensifica por la reiteración hasta la reaparición final de estos versos, que, aunque conservan su significado original, expresan lo sumo de significación y sentimiento:

Iba sola
Iba sola
¡Iba sola por la estepa solitaria! [81]

Entonces, en los últimos versos, la imposibilidad de que la sombra de Elvira surja a su lado en el sendero aumenta la cualidad conmovedora que comunica:

Se acercó y marchó con ella,
Se acercó y marchó con ella,
Se acercó y marchó con ella... ¡Oh las sombras enlazadas!
¡Oh las sombras que se buscan y se juntan en las noches de negruras
[y de lágrimas!... [82]

En las líneas finales arriba citadas, se genera, por la dramática invocación del poeta, una angustia más universal y oscilante.

Hemos observado la tendencia del poeta a separar las emociones de su causa y a enfocar solamente la pasión suscitada, mediante la invocación dramática y la repetición de frases, palabras y versos. De este modo puede reproducir las emociones, mientras que los sentimientos flotan aislados del suceso dramático. Quizá ésta es una de las razones por las que ese poema se ha interpretado como expresión de una pasión incestuosa o, por el contrario, del amor puro de un hermano para con su hermana predilecta. El sentimiento de pérdida irremediable y de hastío del mundo que exhibe, podría haber sido el resultado de la variedad de las experiencias trágicas del autor.

ENUMERACIÓN

Silva utiliza a menudo la técnica de enumeración, pero con sintaxis gramatical lógica. Por lo regular evita la técnica moderna de catalogación del mundo, que muchas veces se encuentra en la poesía de Rubén Darío, así como en otros poetas. Agrupa conceptos paralelos y usa el polisíndeton, con preferencia al asíndeton. En "Sinfonía color de fresa con leche" Silva copia, con intención satírica, esa agrupación caótica de elementos heterogéneos, sin prescindir de las conjunciones:

> Vibran sagradas liras que ensueña Psiquis;
> son argentados cisnes, hadas y gnomos,
> y edenales olores lirio y jazmín,
> y vuelan entelechias y tiquismiquis
> de corales, tritones, memos y momos
> del horizonte lírico, nieve y carmín,
> hasta el confín. [83]

Sólo en otro poema hay una catalogación semejante de objetos y se hace deliberadamente para obtener un efecto especial. En "Sus dos mesas", [84] da primero una lista de artículos de la mesa de una soltera y después de la de una mujer casada. El poeta no los enlista de un modo caótico, sino con relaciones gramaticales lógicas y este orden mismo aumenta la objetividad del punto de vista, haciendo que el lector perciba con mayor claridad la diferencia entre lo alegre de la soltería y las responsabilidades de la esposa y madre.

El poeta colombiano repite también un concepto usando diferentes términos sinónimos, que engloban el mismo pensamiento; por ejemplo:

> temblándole las manos
> ansioso, fijo, inmóvil,
> reconcentrado y torvo. [85]

También, en algunos casos, proyecta el concepto en distintas esferas, empleando una enumeración, dando así mayor intensidad a la idea y añadiendo más énfasis por medio de uno de los conceptos relacionados:

Va tornando en pavesas
Tronos, imperios, pueblos y ciudades

* * *

Pensando en Fichte, en Kant, en Vogt, en Hegel [86]

Varias veces el poeta muestra su predilección por la enumeración de frases verbales homogéneas:

Olió, palpó, miró, sintió, dio un grito
y lloró de contento

* * *

...duerma, coma,
Muévase, grite, forcejee y sude

* * *

...corren
y bullen y se mueven
y luchan y se agitan
los espermatozoides

* * *

ora, medita, impetra

* * *

Trabaja sin cesar, batalla, suda,
vende vida por oro. [87]

Estas acumulaciones de verbos que significan acción, reflejan el dinamismo de las acciones que se describen. También observamos la enumeración de objetos similares:

Tomos gruesos, revistas y cuadernos,
Revuelan y circulan
Y dispersan el germen homicida... [88]

Aquí las series de palabras que describen diferentes tipos de escritos, van seguidas de una serie de tres verbos; pero aunque el sonido se desenvuelve de una manera paralela, la significación de las palabras no lo es. Esta misma técnica se puede observar en "Vejeces":

Por eso a los poetas soñadores,
Les son dulces, gratísimas y caras,

Las crónicas, historias y consejas,
Las formas, los estilos, los colores,
Las sugestiones místicas y raras
Y los perfumes de las cosas viejas. [89]

En estas líneas se ve que el poeta enumera tres series de tres conceptos en cada verso, y luego un concepto en cada tercer verso. Sin embargo, no existe significado paralelo; lo hay solamente de ritmo; porque los conceptos pueden ir en cualquier orden. Un uso similar de sonidos paralelos, sin significados estrictamente correspondientes, se muestra en estos versos:

Era la historia triste, desprestigiada y cierta
De una mujer hermosa, idolatrada y muerta. [90]

En el poema "Resurrecciones" la enumeración de los elementos que forman el alma humana: "Silencios, luces, música y sombra", [91] trae a la mente la atmósfera estilística que rodea al panteísmo de Walt Whitman. El asíndeton se hace más violento por causa de la supresión del artículo definido. El alma humana, como la naturaleza, se compone de elementos dispares: unidad en la variedad.

Elipsis

Una de las técnicas más comunes que el poeta utiliza para dar continuidad a su poesía, es la elipsis. Mediante este recurso Silva forja un eslabón entre una declaración y la que le sigue. La elipsis abunda en la poesía de este autor, pero dirigiendo nuestra atención hacia tres versos del famoso "Nocturno", podemos observar ejemplos de las distintas posiciones en que la usa: al final del verso, en la mitad de ellos y al final de poemas:

Era el frío del sepulcro, era el frío de la muerte...

Era el frío del sepulcro, era el frío de la muerte
Era el frío de la nada...

* * *

Se acercó y marchó con ella... ¡Oh las sombras enlazadas!
¡Oh las sombras que se buscan y se juntan en las noches de negruras
¡y de lágrimas!... [92]

El primer ejemplo indica que hay una pausa que permite a la imagen esfumarse, antes de que se pase a la siguiente. Luego, en el segundo ejemplo, notamos que la elipsis del primer verso marca también una pausa, pero, además, apunta hacia la siguiente frase, como si la emoción no pudiera contenerse al principio del verso y tuviera que fluir en su parte final. Y, por último, la elipsis al final del verso muestra que el poema no es completo en sí ni absoluto, que el poeta no ha encontrado solución ni conclusión.

Esta proyección sobre la línea siguiente, se observa claramente en estos versos:

> Marcó ella misma el momento
> En que con la languidez
> Del luto huyó el pensamiento
> Del muerto, y el sentimiento...
> Seis meses más tarde o diez...
> Y hoy, día de muertos, ahora que flota
> En las nieblas grises la melancolía. [93]

Quizá el frecuente uso que el poeta hace de la elipsis, signifique un reflejo estilístico de la teoría cíclica del "eterno retorno".

Encabalgamiento

En los versos arriba citados advertimos otra técnica que Silva usa regularmente: el encabalgamiento. La pausa que normalmente cae al fin del verso se elimina por razón de la sintaxis de la frase; por consiguiente, la pausa sintáctica no está reforzada por la rítmica, como ocurriría si los versos siguieran este orden:

> Marcó ella misma el momento en que
> Con la languidez del luto
> Huyó el pensamiento del muerto
> Y el sentimiento...

Así dispuestos los versos, con la pausa final cayendo en el mismo lugar de la sintáctica, cada imagen se completa y concluye con el verso respectivo y, por ende, la marcha de pasaje es más lenta. Pero el encabalgamiento, que hace caer la pausa sintáctica en la mitad del verso, elimina casi por completo la pausa al final del verso y se hace que las imágenes adquieran un efecto de precipitación desalentada.

En este trozo la técnica del encabalgamiento obliga al lector a ir de prisa en la parte en que se describe el momento en que la campana marca el momento del olvido, y que siga más lentamente por causa de la elipsis, para que pueda contemplar sin apuro la enormidad del olvido encerrado en ese período relativamente corto: "Seis meses más tarde o diez..."

La mayoría de los usos del encabalgamiento, como en el caso de los versos arriba citados, consisten en la división de una unidad sintáctica, en la cual la parte final es el principio del siguiente verso, por ejemplo: "Deja que, al conmoverse cada fibra / De tu ser, con las glorias que recuerdas", [94] o en los versos siguientes:

> ...entre las sombras
> Del crepúsculo oscuro, en el silencio
> Del lugar y la hora, entre las tumbas
> Del antiguo cementerio. [95]

En una ocasión el poeta liga dos estrofas distintas por medio de la misma división sintáctica:

> hasta lo más sutil
> de Spencer y de Wundt,... [96]

No obstante, a veces Silva prolonga un verso de la manera opuesta, esto es, añadiendo parte de las palabras que forman la unidad del verso siguiente, como en estos ejemplos:

> En la frescura matinal... La niebla
> Donde saltan aéreos surtidores

* * *

> Y ha marcado luego la hora en que, mudo
> Por las emociones con que el goce agobia. [97]

A veces el poeta usa el encabalgamiento de tal modo, que afecta hasta la construcción gramatical de sus versos. Por ejemplo, notamos frecuentemente la separación de un verbo y de su complemento, como en estos versos:

> ...que encierra
> Todo el poema triste de la remota infancia

* * *

> ...amores que ofrecían
> menos complicación.

* * *

> ...adivina
> El porvenir de luchas y de horrores

* * *

> ...empañaron
> Los años, y que, ha tiempo, las formas reflejaron

* * *

...iluminaba
El paso de la audaz locomotora.[98]

Hay también unos pocos ejemplos de la separación de un verbo de su preposición característica, como

...se resiste
a tanta abdicación.[99]

Otro tipo de encabalgamiento que Silva usa regularmente, es la división de un adjetivo y del sustantivo al que modifica. Aunque no es rara en poesía, semejante división da por resultado que el impulso se continúe desde una imagen hasta la siguiente, dado que el adjetivo y el sustantivo deben leerse sin pausa, como en estos ejemplos:

...un absoluto
desprecio por lo humano...

* * *

Que, por el campo en que soñó, abundante
Cosecha ver...

* * *

y las pasiones
agonizantes...

* * *

...lejana
Idea consoladora.[100]

APÓSTROFE

Con frecuencia Silva emplea locuciones dirigidas a objetos inanimados, a personas ausentes y a sí mismo. En muchas de sus composiciones hay una desviación temporal del pensamiento que va progresando, para hacer una invocación dramática, como en los ejemplos siguientes:

¡Alma blanca, mejillas sonrosadas,
Cutis de níveo armiño
Cabellera de oro,
Ojos vivos de plácidas miradas,
Cuán bello hacéis al inocente niño!

* * *

Si os encerrara yo en mis estrofas,
Pálidas cosas que sonreís!

* * *

Sortija que adornaste el dedo fino
De algún hidalgo de espadín y gola.[101]

En el poema que por título lleva un signo de interrogación, el poeta logra añadir una gran objetividad por medio de la presentación de un diálogo entre las estrellas y un protagonista poético, como podemos ver en esta estrofa final:

Estrellas, luces pensativas!
Estrellas, pupilas inciertas!
Por qué os calláis si estáis vivas
Y por qué alumbráis si estáis muertas?...[102]

De esta manera el autor puede hablar de sí mismo sin recurrir al "yo". Esta no es una técnica inusitada, pues Silva la usa una o más veces en casi todos sus poemas. Así puede manifestar sus sentimientos subjetivos a pesar de que en la totalidad de sus poemas apenas se encuentra cinco veces el pronombre "yo". Y sólo unas cuantas veces el poeta usa la inflexión verbal correspondiente al pronombre de primera singular. Gracias a que evita el uso de este pronombre, el escritor puede presentar más objetivamente la experiencia poética.

Muy a menudo las locuciones dirigidas a personas ausentes, toman la forma de declaraciones exclamatorias, que expresan la emoción que el poeta espera despertar en el lector u oyente; por ejemplo:

¡Bajad a la pobre niña,
bajadla con mano trémula.[103]

Ya hemos hecho notar, también, la tendencia del poeta de dirigir sus comentarios en forma de apóstrofe a su propia persona, separando un "yo" de un "tú" a quien habla el poeta. Silva usa constantemente esta forma de objetivar sus propios sentimientos en poemas tales como "Al pie de la estatua", en los versos:

Otros canten el néctar
Que su labio libó: di tú las hieles;
Tú que sabes la magia soberana
Que tienen las ruinas,
Y el placer huyes y su pompa vana,
Y en la tristeza complacerte sueles;[104]

Sin embargo, el poeta no excluye del todo el método más común de objetivar, que consiste en la creación de un protagonista que no es su doble, por ejemplo, el "calavera" en "Don Juan de Covadonga".[105] De todos modos, su manera de torcer la frase y dirigirla hacia objetos, personas ausentes o a sí mismo, la empleó frecuentemente. Este recurso técnico parece haber sido el preferido por el colombiano para expresar con mayor objetividad sus emociones de pena, alegría, indignación y gratitud.

[1] Aguilar, pág. 45.

[2] Aguilar, págs. 50, 54, 57.

[3] Rosalinda J. Schwartz en su artículo intitulado "En busca de Silva", *Revista Iberoamericana,* XXIV, Nº 47 (enero-junio, 1959), pág. 68, está convencida que "El gerundio y el imperfecto, sobre todo, llegan a ser las formas verbales predilectas de Silva y las emplea con muchísima frecuencia..." Aunque es verdad que la poesía de Silva es distintiva por su uso proporcionalmente frecuente del gerundio comparado con otros poetas, nuestro estudio ha revelado que el imperfecto no se utilizó tanto como el pretérito o el tiempo presente de indicativo y por consiguiente no podría ser considerado como muy significativo en el estilo de Silva. Nuestras pesquisas con la concordancia han descubierto que, en la utilización de quinientos catorce verbos distintos con una frecuencia combinada, de mil novecientas veintisiete apariciones, el tiempo presente de indicativo aparece usado en la mitad de ellas. El tiempo pretérito de indicativo se usa aproximadamente doscientas ochenta veces, el imperfecto, doscientas treinta y el gerundio, ochenta y tres.

[4] Aguilar, págs. 46, 102, 96 y 101.

[5] Aguilar, págs. 88, 108.

[6] Aguilar, pág. 87.

[7] Aguilar, pág. 69.

[8] Aguilar, pág. 69.

[9] Aguilar, pág. 70.

[10] Aguilar, págs. 68, 69.

[11] Aguilar, pág. 69.

[12] Como señalamos en la nota 5, en nuestra concordancia, pudimos determinar el número de veces que cada tiempo fue usado. De cualquier modo, podemos entender a causa de la frecuencia del imperfecto de indicativo en este poema, cómo es que los estudiosos de la poesía de Silva pudieron presumir que revela una predilección para el tiempo imperfecto de indicativo. Más bien, manifiesta una maestría en el uso de este tiempo para producir el efecto de emoción prolongada y continua; y por medio de usarlo raramente en muchos poemas, entremezclado entre los tiempos, el poeta lo puede emplear con sumo poderío en poemas como éste.

[13] Encontramos que el poeta usa esta construcción cincuenta y cinco veces.

[14] Aguilar, págs. 51, 57. 147.

[15] Aguilar, pág. 151.

[16] Aguilar, pág. 130.

[17] Aguilar, págs. 118, 53, 123, 102.

[18] Aguilar, pág. 135.

[19] En "Silva y Darío", *Cromos,* Bogotá (mayo 24, 1924), pág. 363.

[20] Aguilar, págs. 38, 56, 155, 117, 135, 52, 54, 47.

[21] "Iniciación a la estilística de Silva", *Universidad de Antioquia,* Vol. XX, Nº 77 (abril-mayo, 1946), pág. 96.

[22] Véase *Seis calas en la expresión literaria española* (Madrid: Gredos, 1951), págs. 23-42.

[23] Aguilar, págs. 66, 77, 97, 103, 48, 102, 160, 154.

[24] Aguilar, pág. 113.
[25] Aguilar, págs. 146, 73, 67, 151, 119, 46, 162, 49, 87.
[26] Aguilar, págs. 129, 130.
[27] Aguilar, pág. 163.
[28] Aguilar, pág. 159.
[29] Aguilar, pág. 158.
[30] Aguilar, pág. 96.
[31] Aguilar, pág. 85.
[32] Aguilar, pág. 76.
[33] Aguilar, pág. 165.
[34] Aguilar, pág. 74.
[35] Aguilar, pág. 88.
[36] Aguilar, pág. 82.
[37] Aguilar, pág. 50.
[38] Aguilar, pág. 68.
[39] Aguilar, pág. 165.
[40] Aguilar, pág. 69.
[41] Aguilar, pág. 97.
[42] Aguilar, pág. 55.
[43] Aguilar, pág. 126.
[44] Aguilar, pág. 110.
[45] Aguilar, pág. 66.
[46] Aguilar, págs. 76, 52; en "Los poemas inéditos de José Asunción Silva", *Universidad,* Bogotá, Nº 106 (noviembre 8, 1928), pág. 538.
[47] Aguilar, pág. 68.
[48] Aguilar, pág. 39.
[49] Aguilar, pág. 39.
[50] Aguilar, pág. 172.
[51] Aguilar, págs. 97, 87, 160, 162, 105.
[52] Aguilar, pág. 53.
[53] Aguilar, pág. 65.
[54] Aguilar, pág. 88.
[55] Aguilar, pág. 43.
[56] Aguilar, págs. 147, 69, 95, 39, 105, 110.
[57] Aguilar, págs. 42-44.
[58] Aguilar, pág. 83.
[59] Aguilar, pág. 83.
[60] Aguilar, págs. 83. 84.
[61] Aguilar, págs. 83. 84.
[62] Aguilar, pág. 47.
[63] Aguilar, pág. 47.
[64] Aguilar, pág. 47.
[65] Aguilar, pág. 47.
[66] Aguilar, págs. 48, 58.
[67] Aguilar, pág. 57.
[68] Aguilar, pág. 57.
[69] Aguilar, págs. 51, 56, 50, 54.
[70] Aguilar, pág. 121.
[71] Aguilar, pág 156.
[72] Aguilar, pág. 128.
[73] Aguilar, pág. 106.
[74] Aguilar, págs. 107, 108.
[75] Aguilar, pág. 86.
[76] Aguilar, pág. 96.

[77] Aguilar, págs. 150, 151, 147, 109, 110, 111, 95.
[78] Aguilar, págs. 68, 69.
[79] Aguilar, pág. 69.
[80] Aguilar, pág. 68.
[81] Aguilar, pág. 69.
[82] Aguilar, pág. 70.
[83] En "Silva y Darío", *Cromos,* Bogotá (mayo 24, 1924), pág. 363.
[84] Aguilar, pág. 161.
[85] Aguilar, págs. 129, 130.
[86] Aguilar, págs. 50, 102.
[87] Aguilar, págs. 93, 103, 130, 134, 133.
[88] Aguilar, pág. 103.
[89] Aguilar, pág. 77.
[90] Aguilar, pág. 87.
[91] Aguilar, pág. 78.
[92] Aguilar, págs. 69, 70.
[93] Aguilar, pág. 111.
[94] Aguilar, pág. 55.
[95] Aguilar, pág. 93.
[96] Aguilar, pág. 135.
[97] Aguilar, págs. 101, 112.
[98] Aguilar, págs. 43, 122, 54, 43, 74.
[99] Aguilar, pág. 134.
[100] Aguilar, págs. 118, 54, 169, 100
[101] Aguilar, págs. 39, 73, 77.
[102] Aguilar, pág. 82.
[103] Aguilar, pág. 156.
[104] Aguilar, pág. 55.
[105] Aguilar, págs. 105-108.

IV. TECNICA POETICA

En el examen de la técnica de la versificación de Silva, se puede advertir su familiaridad con las formas del verso castellano, así como con las de otros idiomas, principalmente del francés. La poesía del modernista está enriquecida con una obvia cualidad musical y aunque en un poeta la musicalidad no se explica del todo por las meras consideraciones de metro y de ritmo, el uso de la aliteración, la asonancia y la rima, así como las técnicas y procedimientos rítmicos y métricos, que crean el efecto musical, pueden sujetarse al análisis.

El poeta colombiano utiliza una gran variedad de formas métricas que van desde el verso heptasílabo hasta los poemas polimétricos que contienen versos hasta de veintiuna sílabas. Dirijamos nuestra atención, primeramente, al verso heptasílabo usado en el poema "Zoospermos", en estrofas sin rima y de catorce versos. En los de acento yámbico, notamos un golpe rítmico en que el acento secundario cae en la segunda o la cuarta sílaba, o en ambas, como en estos ejemplos:

de un óptico de Londres;
la vista recogida,
temblándole las manos

* * *

que disfrutó en Hamburgo
de una clientela enorme
y que dejó un in-folio
de setecientas páginas

* * *

a media voz decía
"¡Oh! mira cómo corren.[1]

Estas tres variantes que ponen el énfasis en las sílabas pares, se emplean con bastante frecuencia para evitar la monotonía y, a mayor abundamiento, esta acentuación no se usa en más de tres versos sucesivos. Sólo en una ocasión observamos un verso de ritmo anapéstico en el que el acento cae en la tercera y la sexta sílabas: "de los últimos años."[2] El verso heptasílabo, con la excepción de los hemistiquios combinados de siete más siete, se usa por lo común en los versos ligeros o cómicos, y en "Zoospermos" la incongruencia del tratamiento ligero de un tema serio, unido al ritmo yámbico regular, añade un sentimiento de amargura y de desilusión de la vida.

En el poema intitulado "Mariposas" los heptasílabos y pentasílabos alternan en forma de "seguidilla" con asonancia "a-e" en los versos pares. También en este poema se encuentra principalmente el ritmo yámbico, cuyos acentos caen en las sílabas pares. No obstante, en varios de los versos pentasílabos alternantes, el acento secundario va en la primera sílaba, con lo que resulta un ritmo dactílico, llamado a veces "verso adónico", [3] como por ejemplo en los versos "Hijas del aire", [4] o "De alas süaves". [5] En este último verso observamos la obvia ruptura de un diptongo en dos sílabas diferentes, lo que indica el conocimiento consciente que tenía Silva de la forma poética, y de su esfuerzo por limitarse al metro silábico escogido para este poema. También vemos empleadas ciertas técnicas para añadir ritmo al poema, como por ejemplo, la repetición de la palabra "cielo", en estos versos: "O pedazos de cielo, / Cielo de tarde". [6] Además percibimos la rima interna entre las primeras palabras de estos versos: "Hijas del aire / Fijas ya para siempre". [7]

En nueve poemas Silva emplea el octosílabo. En "La calavera", "Poesía viva", "Oración" y "Triste", [8] los versos de ocho sílabas en los cuartetos, tienen rima y consonancia en ABAB. Sin embargo, en "Notas perdidas", el poema que empieza "La noche en que al dulce...", "El recluta", "Paseo" y en el poema dedicado "A Natalia Tanco A[rmero]", [9] los versos pares riman en asonantes. Las estrofas, en el último grupo de poemas, son de varias medidas. En éstos, como en todos los de verso octosílabo, la configuración acentual es polirrítmica, como ha sido el caso en el verso castellano, desde los tiempos del florecimiento del "romance" hasta el presente. Algunos versos son trocaicos, con acento en las sílabas impares, como por ejemplo: "Caminando lentamente"; [10] de todos modos, tales versos aparecen escasamente, mezclados con los versos dactílicos más frecuentes, con acento en las sílabas segunda, cuarta y séptima, como en los siguientes versos: "Rayos de franca alegría, / Ojos y labios coloran". [11] Se encuentran otros modelos de acentuación, tales como los versos en que el acento prosódico recae sobre la segunda, cuarta y séptima sílabas, así como un verso ocasional en que se acentúan la tercera y séptima sílabas. Por ejemplo, en los versos siguientes observamos estos patrones acentuales en el orden que acabamos de precisar:

las rudas manos crispadas

* * *

colgado al huesoso cuello

* * *

y la sangre ya viscosa [12]

Ninguna de estas configuraciones acentuales aparecen con regularidad en trozo extenso, sino que constantemente se intercambian, permitiendo que el poeta pueda variar el tono emocional y el ritmo. Además, en el segundo verso arriba citado, advertimos otra técnica para aumentar el ritmo: el "ue", lo mismo que la "o", se repiten en las dos palabras finales, lo que traduce un uso consciente de la asonancia interna, que aumenta la cualidad rítmica. También observamos la aliteración de la "c" al principio y al final del mismo verso.

En la "versión" intitulada "Las golondrinas", el poeta utiliza octosílabos en los diez primeros versos de las estrofas de doce, y endecasílabos en los dos finales. El poema, original de Pierre Jean de Béranger, se compone de estrofas de ocho versos, octosílabos los primeros seis y el último de diez, según el modo francés de contar. Mientras que el original tiene estrofas rimadas, con rimas masculinas y femeninas alternantes, ABABCDCD; la versión hecha por Silva tiene rima asonante en los versos pares. El poeta no utiliza el verso español equivalente, de nueve sílabas; no obstante, sí usa la cesura, de una manera similar al original, en varios versos, como, por ejemplo, en éstos; damos primero el original y luego la versión: [13]

Depuis trois ans je vous conjure
De m'apporter un souvenir
Du vallon ou ma vie obscure
Se bercait d'un doux avenir. [14]

* * *

Ha tres años os conjuro
a traerme algún recuerdo
de mi valle, en que soñaba
con un porvenir risueño. [15]

De todos modos, de una manera correspondiente con la técnica del verso castellano, el poeta distribuye libremente los acentos secundarios en los versos octosílabos, igual a la variedad acentual que tienen los poemas en octosílabos que estudiamos con anterioridad. Tampoco usa la cesura con mucha frecuencia, según demuestran estos versos: "...que hacia la tumba camina, / que a cada momento espera..." [16]

Aunque Rubén Darío ha usufructuado el crédito de haber revivido los versos "eneasílabos", Pedro Henríquez Ureña admite que "probablemente, Silva precedió a Darío también en la afición al eneasílabo." [17] Siete de los poemas de Silva están en ese metro: el poema cuyo título es el signo de interrogación, que empieza "Estrellas que entre lo sombrío..."; "Psicoterapéutica"; "Futura"; "*Egalité*"; el poema que empieza "¿Por qué de los cálidos besos...", que también lleva signo de interrogación como título; "*Rien du tout*", y el poema que empieza: "¿Qué por qué no publico versos..." [18]

También en este metro el poeta mezcla de vez en cuando varias configuraciones acentuales, como por ejemplo en el poema que empieza: "Estrellas que entre lo sombrío...", en donde observamos varios versos de ritmo anfíbraco: "Estrellas, pupilas inciertas" [19] y el primer verso del siguiente cuarteto:

> Millones de mundos lejanos,
> Flores de fantástico broche,
> Islas claras en los océanos
> Sin fin, ni fondo de la noche. [20]

En el segundo de los versos que acabamos de citar, acentuado en la primera, quinta y octava sílabas, notamos la aliteración de la consonante "f". Luego, en el tercer verso, acentuado en la primera, tercera y octava sílabas, la letra inicial de la palabra "claras" se repite en "océanos". El verso final, que es de ritmo yámbico, reitera de nuevo la consonante "f" del segundo verso, en las palabras "fin" y "fondo". Además, al ritmo fluctuante que se logra por medio de los diversos patrones acentuales, se suma la aliteración, que produce un agradable ritmo musical. Puesto que Silva no intenta escribir un poema con un solo patrón acentual, podemos suponer que considera el acento como un adorno superpuesto sobre el sistema métrico silábico básico que, cuando varía, puede dar una cualidad más rítmica y musical a su poesía.

En los versos de nueve sílabas, el poeta utiliza también la rima al final de los versos. Los últimos tres poemas mencionados arriba son sonetos [21] de esquema ABBA: ABBA: CCD: EED, que es una combinación usada frecuentemente en los sonetos escritos en español.

En "*Egalité*", poema de cuartetos rimados en consonantes ABAB, con rimas nones uniformes en todo el poema, la mayoría de los versos son de ritmo yámbico, como por ejemplo, el segundo cuarteto:

> Juan Lanas cubre su pelaje
> con nuestra manta nacional;
> el gran magnate lleva un traje
> de seda verde excepcional. [22]

Algunos de los otros versos son anfíbracos, en los que las cláusulas de tres sílabas tienen el acento en la sílaba media, por ejemplo:

> Juan Lanas, el mozo de esquina. [23]

Varios versos tienen variantes en la acentuación, lo que permite que el acento caiga con mayor ligereza, lo que hace menos evidente el esquema acentual y dejando solamente la regularidad de la medida silábica, así como el acento primario que cae sobre la penúltima sílaba. De cualquier modo, el poeta no usa acento idéntico en más de cuatro versos consecutivos, de donde resultan configuraciones acentuales fluctuantes.

Tres poemas, "La voz de las cosas", "A ti" y "Suspiro", [24] son decasílabos y cada verso está dividido por una cesura, en hemistiquios pentasílabos sin acento secundario fijo entre los hemistiquios. Hay unos pocos ejemplos del verso dactílico llamado "adónico doblado", con el acento secundario sobre la primera sílaba de cada hemistiquio, como por ejemplo:

Mueve tu pecho; nubla tu cielo

* * *

Sueños confusos, seres que os vais
Osculo triste suave y perverso

* * *

besos ardientes, quedos suspiros. [25]

Y en el verso citado en último lugar, vemos un caso de asonancia interna en el cual la primera palabra de cada hemistiquio rima en asonancia "e-o", aumentándose así el ritmo musical.

También hay un verso de ritmo yámbico, con el acento secundario sobre la segunda sílaba de cada hemistiquio, como en este verso: "Que al tibio soplo de Mayo abrís." [26] En todo caso, la mayoría de los poemas de metro decasílabo no tienen un patrón acentual regular, excepto en la penúltima sílaba de cada hemistiquio.

Uno de los poemas eneasílabos, "La voz de las cosas", se distribuye en octavas, en las cuales, a semejanza de la forma francesa que tiene rimas masculinas y femeninas alternantes, los versos pares son "agudos" y los nones son "graves" y riman en asonancia en la primera octava, según se observa en los tres primeros versos:

¡Si os encerrara yo en mis estrofas
Frágiles cosas que sonreís
Pálido lirio que te deshojas. [27]

De cualquier modo, los versos nones de la segunda estrofa podrían considerarse como asonantes o consonantes, puesto que todos terminan en "erso".

En el poema "A ti", los versos pares riman en "asonante perfecto", en "i-o", y en "Suspiro" en "a-o". Notamos la mezcla de asonantes y consonantes, puesto que todos los versos nones, con excepción de los versos nueve y once, llevan rima consonante.

El mayor número de poemas de Silva, treinta y dos, están en endecasílabo exclusivamente, o combinados con versos de siete sílabas. Cuatro poemas y una parte de otro, que se componen de endecasílabos, están escritos en forma de soneto: "Taller moderno", "Paisaje tropical", "A un pesimista" y todo el soneto y parte de otro intitulados "Sonetos negros". [28] Todos los cuartetos siguen el esquema ABBA y los tercetos varían: CDE: CDE, CDE: DCE o CDC: DCD. Otros tres son de verso endecasílabo rimado: "Vejeces", "Obra humana" y el poema que empieza "Cuando hagas una estrofa..." [29] Otros veinte son, por lo general, de endecasílabos y heptasílabos combinados, mientras que cuatro poemas tienen unos pocos versos de varios metros silábicos, endecasílabos y heptasílabos en su mayor parte.

Siguiendo la clasificación de Pedro Henríquez Ureña, [30] hemos encontrado que varias veces Silva usa en sus poemas el tipo A, verso endecasílabo con acentos en la sexta y décima sílabas, a menudo llamado "endecasílabo yámbico", por ejemplo en "Vejeces":

> Que ya nadie conserva en la memoria,
> Y a veces a los hombres, cuando inquietos. [31]

Con más frecuencia usa el tipo B^2 también con acentuación yámbica, que tiene los acentos en la cuarta, octava y décima sílabas. Por ejemplo en estos versos:

> Y con sus nubes el poniente fragua
>
> * * *
>
> en el remoto porvenir oscuro. [32]

Además, nuestro poeta tiene muchos versos acentuados en la sexta y décima sílabas que, no obstante, revelan un acento prosódico variable en las primeras cinco sílabas, como en los siguientes versos de "Taller moderno":

> Y parecen clamar por un poeta
> Que improvise del cuarto la pintura
> Las manchas de color de la paleta. [33]

Advertimos los acentos en la tercera, sexta y décima sílabas, en los dos primeros versos y, en el final, en la segunda, sexta y décima. También notamos en estos versos la aliteración de la "p" inicial y de la "c". Los versos B^1, que sólo tienen acentuada la cuarta sílaba (además de la décima, que es el acento principal en todos los endecasílabos), raras veces se encuentran en la poesía de Silva. Un ejemplo de acentuación de tipo B^1, se encuentra en "Vejeces": "Casi al oído, alguna rara historia". [34] Por último, el tipo B^3, llamado endecasílabo dactílico, con acentos en la cuarta y séptima sílabas y cesura después de la quinta, no fue usado por Silva.

Algunos de los endecasílabos de nuestro poeta, no obstante, no se ajustan a los patrones que hemos considerado, como por ejemplo: "Que del sol baña la naciente gloria." [35] Aquí notamos que los acentos prosódicos van en la tercera, cuarta, octava y décima sílabas. De cualquier modo, la mayoría de los versos endecasílabos escritos por Silva, llevan el acento sobre las sílabas pares, lo que les confiere un ritmo yámbico.

El poema "Las arpas" es casi exclusivamente de endecasílabos con asonancia "e-o" en los versos pares. Sólo un verso del poema es heptasílabo: "A perderse a lo lejos". [36] También en la "versión" de Víctor Hugo intitulada "Realidad" [37] el poema es de endecasílabos con un verso de siete sílabas. El poema original se compone de versos de ocho sílabas con rimas masculina y femenina alternantes, mientras que la versión tiene rima asonante en "a-a" en los versos pares. En ésta, como en otras versiones, encontramos que el poeta usa, en español, más palabras de las que aparecen en el original. El poeta interpreta más bien que traduce, pero de todos modos la longitud añadida en el poema vertido al español, indica quizá que cualquier oración, en este idioma, requiere más palabras para la expresión adecuada, que las necesarias en francés o en inglés. [38]

Mientras que el poeta utiliza en cambio una veriedad de patrones acentuales en sus endecasílabos, con preferencia usa los tipos más comunes en la tradición poética española. En todo caso, maneja una gran variedad de combinaciones estróficas, de rima y de alternación de heptasílabos y endecasílabos. Por ejemplo en "Estrellas fijas", [39] los heptasílabos y endecasílabos se alternan en el primer cuarteto, pero en el siguiente, el primer verso es heptasílabo y los tres siguientes endecasílabos. Luego, en la última estrofa, dos endecasílabos siguen a dos heptasílabos. Los versos pares riman con asonancia "e-o".

Los mismos patrones asimétricos se encuentran en el poema que empieza "Es media noche. Duerme el mundo..." [40] También en esta composición, los versos pares están rimados en asonancia con varios versos de diferente medida que van juntos, y algunos de medida igual, lo que causa un ritmo variado. Observamos también cuartetos asimétricos similares en "Resurrecciones", en donde los versos pares riman con asonancia en "a-o".

En "Al oído del lector" [41] los cuartetos son simétricos, llevando dos heptasílabos seguidos por dos endecasílabos. Los versos pares riman con asonancia "a-a" resultando así pares rimados de heptasílabos y endecasílabos.

En la versión de Silva de un poema de Maurice de Guèrin, "Imitación", [42] notamos la misma fluctuación asimétrica de versos heptasílabos y endecasílabos, rimados también con asonancia en "e-o" en los pares. En esta versión, similar de las que hemos considerado, el original tiene diez versos, mientras que la versión tiene veinte, y los pares rimados de decasílabos vienen a ser, en la versión, endecasílabos y heptasílabos.

En la traducción del poema de Tennyson, intitulada "Las voces silenciosas", [43] los versos ingleses originales son de cuatro pies trocaicos, con omisión de la última sílaba inacentuada, y en la versión española vienen a ser heptasílabos y endecasílabos en colocación asimétrica. El original es de diez versos con esquema ABABCDEFCD, en la versión cambia, siendo de dieciocho versos rimados con consonancia sin un modelo uniforme, dejando unos versos sin rima.

El poema intitulado "Juntos los dos", [44] es más regular, con cuartetos de versos alternos de hepta y endecasílabos, en los que los versos pares, todos heptasílabos riman en consonancia. También en el "Alma de la rosa" [45] observamos la misma alternancia regular de endecasílabos y heptasílabos en los cuartetos, con asonancia en los heptasílabos pares.

En "Perdida" [46] se advierte la misma alternancia de heptasílabos y endecasílabos, pero se trata de un poema continuo sin divisiones estróficas, con la excepción de los cuatro primeros versos que constituyen un estribillo que se repite al final del poema. Todos los versos pares tienen la misma consonancia en "i-o" que se halla en todo el poema, suscitando una monotonía que tiende a aumentar el sentimiento de desesperación presentado conceptualmente. [47]

El poema "Filosofías" [48] es bastante extenso y está dividido en cuartetos con heptasílabos y endecasílabos alternantes. En este poema, de todos modos, los versos riman con consonancia y cada uno de los cuartetos sigue el esquema ABAB. En "Voz de marcha", [49] se usa el mismo esquema de rima en los cuartetos, pero los tres primeros versos de cada uno de ellos, son endecasílabos y el último heptasílabo. Los tres versos de la misma medida y luego el final, que el lector tiende a leer más despacio para igualarlo con los anteriores, causan que el ritmo se detenga en la terminación de cada cuarteto. Al contrario, en los cuartetos con alternantes heptasílabos y endecasílabos, se produce un ritmo fluyente que no termina con el fin de la estrofa.

Esta correlación del metro se puede usar para producir un ritmo regular fluctuante, que resulta de la rima al final de los versos, como por ejemplo en "Lentes ajenos", poema de endecasílabos sin rima y heptasílabos alternantes:

> Al través de los libros amó siempre
> mi amigo Juan de Dios,
> y tengo presunciones de que nunca
> supo lo que es amor. [50]

Vemos, por consiguiente, que la correlación de la medida silábica puede prestar a los poemas que no tienen rima, un ritmo fluyente. No obstante, el alternar las terminaciones "llanas" y "agudas" da una cierta similitud de sonidos.

El poema irónico "Idilio", [51] también en verso sin rima, se compone de endecasílabos, heptasílabos y octosílabos. Se da variedad de tono a la configuración de diálogo, de preguntas y respuestas, mediante el recurso de cambiar el patrón silábico y por la ausencia de rima al final de los versos. De cualquier modo es poesía y no sólo conversación y se emplea otra técnica que consiste en añadir musicalidad gracias a la repetición interna de sonidos vocálicos, como la reiteración de la "o" y de la "a" en este verso, por ejemplo: "Ella lo idolatraba y él la adoraba". [52] También aquí las terminaciones llanas y agudas se usan alternativamente de modo similar a la rima.

"Cápsulas", [53] también sin rima, se compone de heptasílabos y endecasílabos, más un alejandrino de catorce sílabas dividido en hemistiquios de siete sílabas. Y aquí las terminaciones alternantes "llanas" y "agudas" dan un ritmo que reemplaza a la rima. La palabra "cápsulas" está al final del penúltimo verso en cada una de las tres estrofas de seis versos.

Hay un poema de Silva, "Lázaro", [54] que, aunque compuesto de dos sextetos rimados con asonancia en "e-o" en los versos pares, tiene un decasílabo y un octosílabo mezclados con endecasílabos y heptasílabos, demostrando la inclinación del poeta hacia los poemas de diferentes medidas silábicas.

Varios de los poemas de Silva combinan los endecasílabos y los heptasílabos, según la forma italiana llamada "silva". En éstos el poeta divide los versos en estrofas de medida desigual y en su mayoría riman en consonancia sin seguir ningún patrón fijo, dejando muchos de los versos sin ninguna rima. El poema "Infancia", [55] es una "silva" en la que las estrofas varían en cuanto al número de versos, desde cinco hasta treinta. "Psicopatía" [56] y "La ventana" [57] siguen la misma extensión estrófica, y tiene, además, un complicado esquema de rima, como se puede ver en la primera estrofa de "La ventana", ABCDCEDE.

"Al pie de la estatua" [58] también es una "silva", pero con estrofas más largas e irregulares. Este poema de trescientos treinta y un versos, no tiene un orden fijo de medida ni de rima, como se nota al observar que el verso ciento treinta y uno termina con la quincuagésima rima del poema y, no obstante, el siguiente verso vuelve a la rima con que termina el primero. La libertad lograda por medio del uso de la forma de la silva en este largo poema narrativo, puede apreciarse mejor si se le compara con el poema de Miguel Antonio Caro "A la estatua del Libertador". [59] Escrito en "liras", este poema tiene rima aBAaB en todas sus treinta y tres estrofas de cinco versos cada una. La silva, diferente de las estrofas de cinco versos del poema de Caro, permite una mayor flexibilidad expresiva en los cambios de emoción y de tono.

El poema "Vida aldeana" [60] es una silva no dividida en estrofas. En "A Diego Fallón" [61] también combina, alternados, endecasílabos y heptasílabos sin división en estrofas de sus veinte versos. Mientras que "Vida aldeana" sigue el mismo esquema irregular de rima, como en la mayoría de las silvas del poeta, "A Diego Fallón" está rimado con asonancia en "a-e" en los versos pares. En este último poema también hay una alternación más regular de heptasílabos y de endecasílabos.

En "Muertos", [62] los primeros ocho versos de cada una de las tres estrofas de once, son endecasílabos, y los versos pares tienen rima consonante. Luego el estribillo, que va en octosílabos, rima en los versos impares según el esquema ABCB:DEFE:ghg. Esta forma original de estrofa, demuestra el interés del poeta en la posibilidad de desarrollar formas nuevas y distintas de estrofa. Quizá sintió la necesidad de crear una nueva forma simétrica, para expresar el sentido de la muerte como un final definitivo: "lo que fue y ya no existe". [63]

El poema "El mal del siglo", es de versos endecasílabos con un heptasílabo final que resume el consejo del médico al paciente: "Lo que usted tiene es hambre." [64] De cualquier modo, en este poema el patrón silábico no es tan congruente como en otros poemas. La completa ausencia de rima final, se añade al tono de conversación en que se enumeran las quejas del enfermo, así como la trivialidad aparente del diagnóstico médico. De todos modos, en varios de los versos el acento secundario cae en la sexta sílaba, como advertimos en este verso: "con todas las torturas del análisis". [65] El resto de los versos tienen un ritmo principalmente yámbico, que les da regularidad. Mas ésta no es monótona, puesto que las ideas no siempre son completas al final del verso; se continúan en el siguiente verso por medio del encabalgamiento, causando una tensión entre el afán de regularidad y el tono de diálogo.

El poema intitulado "Crepúsculo" [66] se compone de dodecasílabos divididos en hemistiquios de seis sílabas. Alrededor de quince de los versos del poema, llevan el acento en la segunda y quinta sílabas de cada hemistiquio, separando en dos anfíbracos la mitad de cada verso:

> A escape tendido va el Príncipe Rubio
> A ver a la Hermosa Durmiente del Bosque. [67]

Este ritmo tiene una cadencia definida que sugiere las canciones de la niñez. No obstante, en los versos restantes, el poeta crea una atmósfera de ensueño mediante la evocación de los cuentos favoritos de la infancia en hemistiquios que, aunque conservan la forma binaria, tienen un solo acento fijo, el acento principal sobre la quinta sílaba de cada hemistiquio, como podemos ver en estos dos versos de acentuación variada, que se encuentran en el mismo cuarteto que los dos versos arriba citados: "Y, ágil caballero, cruzando la selva, / Do vibra el ladrido fúnebre de un gozque". [68] Los versos pares de los cuartetos tienen rima consonante y algunas estrofas tienen también asonancia en los versos nones, por ejemplo:

Junto de la cuna aún no está encendida
La lámpara tibia, que alegra y reposa,
Y se filtra opaca, por entre cortinas
De la tarde triste la luz azulosa. [69]

En el verso final de los recién citados, percibimos la aliteración de la "t" y de la "z", repetida, esta última, en "luz" y "azulosa." El quinto y el decimoquinto cuartetos, tienen rima consonante en todos los cuatro versos, igual que en el tercer cuarteto:

La sombra que sube por los cortinajes,
Para los hermosos oyentes pueriles,
Se puebla y se llena con los personajes
De los tenebrosos cuentos infantiles. [70]

Luego varios cuartetos no tienen rima en los versos nones, como en esta estrofa:

Los niños cansados, suspenden los juegos,
De la calle vienen extraños ruidos,
En estos momentos, en todos los cuartos,
Se van despertando los duendes dormidos. [71]

Esta indiferencia respecto de la coherencia, demuestra la convicción del poeta según la cual el contenido, más bien que las reglas, debe condicionar a la forma. Esta idea se revela en los comentarios del propio Silva en "Al pie de la estatua", que se refieren al poema de Caro dedicado a Bolívar: "Escrito está en la forma / Que en clásico decir buscó su norma". [72] Silva, de cualquier manera, sabía apegarse a las reglas: consciente o inconscientemente solía seguirlas casi siempre.

Tres poemas están escritos en dodecasílabos de dos hemistiquios de siete y cinco sílabas: "Convenio", "Madrigal" y el poema incluido bajo el rubro de "Nocturnos" que empieza: "A veces cuando en alta noche..." [73] En estos tres poemas observamos que todos los hemistiquios son precisos, todos terminan en palabras llanas o paroxítonas:

¡Cómo tendéis las alas, ensueños vanos,
Cuando sobre las teclas vuelan sus manos!

* * *

Tu tez rosada y pura, tus formas gráciles
De estatua de Tanagra, tu olor de lilas

* * *

¿Vas a cantar tristezas?—dijo la musa.
Entonces yo me vuelvo para allá arriba. [74]

El ritmo de los versos dodecasílabos divididos en hemistiquios de cinco y siete sílabas en "Madrigal", se presta a la enumeración de todos los encantos de la joven y también al sorprendente final irónico: "todo esto está, y a gritos, pidiendo un hombre". [75]

El ritmo de "seguidilla", asociado con el baile y su música, se usa apropiadamente en serenatas. Y en el poema intitulado "Serenata", cuyos hemistiquios de cinco y de siete sílabas, similares al ritmo de la "seguidilla", representan vivacidad; hay un dejo de tristeza o de angustia reprimida, sugerido por la elección del vocabulario y por la repetición. Así se crea una tensión, porque al principio de la estrofa el lector trata de leer de una manera vivaz, pero luego tiene que cambiar a un paso más lento, cuando los siguientes versos comunican su tristeza. Aunque la mayoría de los versos son dodecasílabos, hay uno final de cinco sílabas en cada estrofa: "De la guitarra", [76] que sirve como estribillo para la primera y la última estrofa de ocho versos cada una, añadiendo el sentimiento de tristeza evocado por el sonido sonoro de la "rr". El penúltimo verso de la primera estrofa es una combinación de dos hemistiquios que forman uno de diez sílabas, seguido de un verso pentasílabo: "Hacen que vibren las cuerdas frágiles / De la guitarra". [77] El esquema de rima de las tres octavas de este poema, indica que están compuestas de cuartetos complementarios, en cuanto al significado de cada estrofa, pero independientes, en vista del diferente esquema de la rima en cada una de las mitades de la octava: ABABCDcd:ABABDEDE: ABABCDcd.

En los otros tres poemas de dodecasílabos divididos en hemistiquios de siete más cinco sílabas, hay una variedad de rimas en los finales de los versos. "Convenio", [78] lleva rima asonante en "i-a", en los versos pares. "Madrigal" [79] tiene rima consonante en los versos pares, así como en la última copla. El "Nocturno" que empieza "A veces cuando en la alta noche..." [80] tiene rima consonante sin orden fijo de las rimas y algunos versos no tienen ninguna. Esta diferencia de forma en un metro silábico revela el esfuerzo consciente del poeta por alcanzar la variedad.

En el poema que empieza "Para qué quieres versos..." [81] el poeta también usa el dodecasílabo partido en hemistiquios de siete y de cinco sílabas. De todos modos, en la estrofa acompañante, un verso de cinco sílabas cambia el patrón rítmico. En las dos estrofas hay asonancia en los versos pares.

Similar al poema de Darío llamado "*Flirt*" [82] escrito en verso dodecasílabo polirrítmico, es el de Silva dedicado a los "colibríes decadentes", "Sinfonía color de fresa con leche". [83] Mientras que el poema de Darío se compone de sextetos, el de Silva consiste en sextetos con un verso final añadido, de cinco sílabas que repite, como un eco, el ritmo "agudo" del verso dodecasílabo final. Aunque los patrones acentuales varían en el poema de Silva, se divide en hemistiquios regulares de siete y cinco sílabas. El de Darío, al contrario, en "*Flirt*", tiene hemistiquios de divisiones variables. De cualquier modo, el poema de Silva tiene excepciones, un verso de trece y uno de once sílabas:

Tras de las cordilleras sombrías la blanca

* * *

surge como argentífero tulipán. [84]

El esquema de la rima que sigue Silva es ABÉABÉe y, como en el de Darío, el tercero y el sexto versos son agudos. Hay algunas semejanzas textuales que indicarían que el colombiano estaba satirizando a los "rubendariacos" después de haber leído, entre otros, este poema de Darío, pues el último verso de la primera estrofa del poema del nicaragüense: "... a la reina Venus y a su paje Abril", [85] es semejante a los dos últimos versos de la primera estrofa del poema de Silva: "...de la Princesa Verde y el paje Abril, / rubio y sutil". [86] Hay otros varios términos comunes en ambos poemas, que quizá solamente indican que Silva conocía la poesía más exótica de Darío y sus seguidores; tales términos son, por ejemplo: "áureo", "canto", "rondel", "cisne", "nieve", "rosa", "lírico" y "corales", que aparecen en los dos poemas. Si Silva leyó o no este poema, el hecho es que usa una de las formas métricas predilectas de Darío: el dodecasílabo.

Mientras que Silva no usa en el soneto el dodecasílabo ni el alejandrino, escoge varias formas de estrofa en las que emplea el verso alejandrino de catorce sílabas. Dos de los poemas de Silva en este metro son "Un poema" y "*Midnight Dreams*", [87] ambos escritos en coplas consonantes, metro que más tarde usó Valencia en "Leyendo a Silva". [88]

En "*Midnight Dreams*", los versos de catorce sílabas se dividen en hemistiquios de siete, con cesura en la mitad, con una excepción: "Y sin pisar hilos sedosos de la alfombra."[89] El verso está dividido en tres grupos rítmicos de cuatro sílabas, revelando el esfuerzo del poeta por hacer más flexible la cesura. Pero la mayoría de los versos llevan la cesura tradicional después de la séptima sílaba. En muchos de los versos de este poema el autor utiliza también la acentuación yámbica, usada muy a menudo durante el período romántico de España. En cualquier caso, varios de los versos son anapésticos, como notamos en el último hemistiquio de este verso, acentuado en la tercera y la sexta sílabas: "Llegó como un fantasma y me habló del pasado". [90] Otro verso tiene ritmo anapéstico con acentos en la tercera y en la sexta sílaba en cada hemistiquio: "La fragancia indecisa de un olor olvidado." [91]

En "Un poema", también escrito en coplas consonantes, hay ejemplos de cesuras de diversa colocación. Por ejemplo, en el siguiente verso hay una cesura después de la tercera sílaba y también después de la novena: "Escogí entre un asunto grotesco y otro trágico". [92] Aquí la división cae después de la primera palabra, la cual, para la apropiada lectura del verso, debe separarse de la siguiente vocal: hiato en vez de sinalefa. La segunda pausa está después de la palabra "grotesco". Aquí, no obstante, es posible ver el lugar en donde la cesura caería normalmente: siguiendo a la séptima sílaba. En efecto, la cesura podría estar después de la séptima, como ocurre en el verso rimado que sigue, formando una copla: "Llamé a todos los ritmos con un conjuro mágico". [93]

Este desajuste entre el sentido métrico y el conceptual, disminuye la rigidez de los dos hemistiquios tradicionales. El mismo desajuste se puede observar en este verso: "Ritmos sonoros, ritmos potentes, ritmos graves", [94] en el que también hay una división tripartita. Aunque en este poema el ritmo es yámbico, sobre todo, los acentos están variados en algunos versos y una copla cambia a ritmo anapéstico, acentuado en las sílabas tercera y sexta de cada hemistiquio: "Complacido en mis versos, con orgullo de artista / Les di olor de heliotropos y color de amatista..." [95]

El poema de veinticinco versos intitulado "La respuesta de la tierra", también está en alejandrinos con un complicado esquema rítmico. Este poema, como la mayoría de los de Silva que están en este metro, tienen acento yámbico básico, con hemistiquios de siete sílabas, excepto algunos versos de acentuación anapéstica, como por ejemplo: "que les copian sus vidas en espejos inciertos". [96] El poema tiene también variadas cesuras, como en el verso en que las pausas están después de la tercera y la undécima sílabas: "No sabes el secreto misterioso que entrañas?" [97] En un verso notamos que un hemistiquio de siete sílabas está dividido en dos partes: "¿Qué somos? ¿A do vamos? ¿Por qué hasta aquí vinimos?" [98]

El poema en alejandrinos intitulado "Sus dos mesas" tiene ritmo yámbico y solamente tiene un verso en que el hemistiquio no cae después de la séptima sílaba: "doscientos gramos de una loción medicinal". [99] En este poema encontramos un ejemplo de una tensión creada entre el sentido métrico y el conceptual, en el verso: "Un biberón que guarda mezclados dos terceras..." [100] La cesura puede caer, métricamente, después de la séptima sílaba, pero el sentido expresado necesita una división tripartita. Observamos que el verso arriba citado, igual al que le sigue: "partes de leche hervida y una de agua de cal", [101] es uno de los pocos ejemplos de encabalgamiento en los alejandrinos de Silva. En las estrofas de ocho versos de este poema, el esquema de la rima consonante es ABABABAB: CDCDCDCD, que da un sentido de solidaridad o finalidad a la catalogación de los artículos mencionados. En el "Nocturno" que empieza "Oh dulce niña pálida..." advertimos el uso de palabras esdrújulas en la cesura de los dos primeros alejandrinos: "Oh dulce niña pálida, que como un montón de oro / de tu inocencia cándida conservas el tesoro". [102] Por añadidura, vemos la utilización de varios versos alejandrinos rimados en consonantes en todos los veinte versos del poema. Esparcidos entre los alejandrinos comunes de división binaria, encontramos varios versos en que las palabras se distribuyen en tres grupos silábicos, por ejemplo:

y las rígidas puntas rosadas de tus senos

* * *

tú; que adivinar dejas inocencias extrañas

* * *

si en los locos ardientes y profundos abrazos. [103]

En los ejemplos citados advertimos el deseo del poeta por variar los versos por medio de la eliminación de las indicaciones gramaticales o prosódicas, en cuanto al lugar en donde debe caer la cesura; un tipo de encabalgamiento entre los hemistiquios, que debilita la transición y da mayor flexibilidad a los versos. No obstante, en el mismo poema, el autor emplea un verso de cuatro partes: "Dime quedo, en secreto, al oído muy paso". [104] En este verso observamos la asonancia interna con repeticiones de las "e-o" y las "a-o", lo que produce un tono musical. Y observamos un verso similar a los alejandrinos inspirados por los franceses: "si entrevieras dormida a aquel con quien tú sueñas". [105] Por razón de la sinalefa, la sílaba final de "dormida" se pronuncia reuniendo en un solo sonido la "a" final de ésta y la inicial de "aquel". De este modo el primer hemistiquio sólo tiene seis sílabas y el acento final cae, como en el alejandrino francés clásico, sobre la duodécima sílaba. Pero esta técnica no altera tanto la estructura tradicional del alejandrino español, como lo hace la división tripartita. Inclusive, el poeta utiliza aquí, principalmente, el ritmo yámbico, con algunas variaciones, como por ejemplo el verso anapéstico citado antes, y ocasionalmente, el último hemistiquio sólo tiene ritmo anapéstico, como en este ejemplo: "jamás se han acercado con carnales deseos".[106]

De cualquier modo, los tres cuartetos alejandrinos del poema que empieza "¡Señor! ¡Mirad las almas..." está escrito en ritmo yámbico con hemistiquios de siete sílabas y el esquema de la rima consonante es ABAB.

Varios de los poemas de Silva tienen una mayoría de alejandrinos, pero usados en combinación con otros metros. "Los maderos de San Juan" que tiene alejandrinos, va acompañado por la rima infantil basada en un pie de cuatro sílabas, con uno y dos pies por verso:

¡Aserrín!
¡Aserrán!
Los maderos de San Juan
Piden queso, piden pan,
Los de Roque
Alfandoque,
Los de Rique
Alfeñique
¡Los de triqui, triqui, tran![107]

Aquí advertimos la manera como la regular repetición del mismo patrón silábico corto, añade una condición cantarina a la rima. El resto del poema, que fuera de los versos de rima infantil, se compone de alejandrinos, es polimétrico, con una variedad de patrones acentuales que en su mayor parte son yámbicos. Las cesuras caen después de la séptima sílaba, con cuatro excepciones, una en cada septeto:

Y en las rodillas duras y firmes de la abuela

* * *

Y son sus ojos turbios espejos que empañaron

* * *

Mañana, cuando duerma la anciana, yerta y muda

* * *

Y en tanto en las rodillas cansadas de la Abuela.[108]

En estos versos se crea también una tensión entre la forma rítmica que se observa en el resto del poema y la forma gramatical que no permite que la cesura caiga en el lugar acostumbrado. Estos versos tripartitos confieren diversidad a los septetos que, no obstante, siguen un esquema de rima regular consonante, ABCBDDC, repetido en cada septeto.

En el poema intitulado "*Ars*", Silva combina los alejandrinos con un heptasílabo en cada cuarteto. Este poema, uno de los primeros que escribió (1886), revela el esfuerzo del poeta por dar un patrón yámbico definido al verso alejandrino:

> El verso es vaso santo; poned en él tan sólo,
> Un pensamiento puro,
> En cuyo fondo bullan hirvientes las imágenes
> Como burbujas de oro de un viejo vino oscuro. [109]

El verso final de los anteriormente citados, es ejemplo de aliteración que añade musicalidad a causa de la repetición de los sonidos "b, v, v" y, también, a causa de la asonancia, en que la letra inicial de "oro" se repite en "oscuro".

En "Poeta, di paso", los alejandrinos tienen una "cabeza" o estribillo de dos versos de seis sílabas que exhortan al poeta a que hable suavemente respecto del tema principal, que se desarrolla en la siguiente estrofa. Diferente de la "glosa", cada estrofa tiene una "cabeza" en que se repite la exhortación del poeta en el segundo verso, aunque variado, lo cual revela el tema de la estrofa, como notamos en el último estribillo: "¡Poeta, di paso / El último beso!" [110] Los hemistiquios en los alejandrinos caen regularmente, como se sabe, después de la séptima sílaba, y hay algunos versos con acentuación anapéstica, como "Perfumaba la atmósfera un olor de reseda", [111] mezclado con el ritmo yámbico más constante. El mismo esquema de rima, AABBCACAA, se repite en cada estrofa; y no sólo se reitera la rima consonante al final, de los versos, sino algunas cláusulas enteras, como "olor de reseda", con la cual terminan los versos nueve, veinte y treinta y uno.

Incluso en el poema intitulado "Nupcial", se mezclan estrofas de cinco versos alejandrinos con estrofas de nueve, de versos pentasílabos. Los alejandrinos son polirrítmicos, predominantemente yámbicos y las cesuras caen con regularidad después de la séptima sílaba. En este poema la forma parece tener un significado especial para Silva. Los quintetos rimados en forma consonante, ABCBÉ, que describen la parte más alegre de la boda, van en alejandrino polirrítmico fluctuante. Entonces, la primera estrofa de pentasílabos expresa los sentimientos mezclados que una novia podría experimentar con las "fantásticas / Horas cercanas". [112] Y la segunda estrofa, de pentasílabos, describe los sonidos melancólicos de las campanas. Estos conceptos menos alegres se comunican en los versos más cortos, cantarinos, pentasílabos, sugiriendo en sí la monotonía de una melancolía incierta. Esta igualdad rítmica se hace más fuerte mediante el esquema de rima abbaécded, con un verso agudo en medio, que rima con el último de la estrofa anterior.

Además de la libertad rítmica y de la longitud de la estrofa en la "silva", el poeta modernista utiliza versos de magnitud silábica variable. En "Luz de luna", en el que los versos pares riman uniformemente con asonancia "a-a", hay versos que tienen desde seis hasta veintiuna sílabas. En este poema se nota marcadamente un ritmo ternario de acento anapéstico, cuando menos en la mitad de los versos, según se puede apreciar en estos versos consecutivos de diez sílabas, con acentos en la tercera, sexta y novena sílabas:

> ¡Oh burbujas del rubio champaña!
> ¡Oh perfume de flores abiertas!
> ¡Oh girar de desnudas espaldas!
> Torbellino de tules y gasas! [113]

En "Día de difuntos",[114] que también es una "silva" de versos polimétricos, desde cuatro hasta diecisiete sílabas, la mayoría tienen rima consonante, pero sin patrón fijo, dejando unos pocos versos sin rima. El esquema acentual es variable, combinado con las medidas cambiantes de los versos, lo que crea un ritmo que nunca es monótono, sino, más bien, diversificado en cuanto al tono.

Uno de los primeros ejemplos que podemos encontrar en español, de versos con un número variable de núcleo fijo, o pie de sílabas, es el del "Nocturno" que empieza "Una noche". [115] En este poema el núcleo es un grupo de cuatro sílabas de ritmo binario con el acento en la primera sílaba en cada una de sus mitades, lo que da un ritmo trocaico. Este esquema se varía mediante un pie extra, ocasional, de dos sílabas, que evita la monotonía que resulta a menudo de seguir en forma demasiado estricta, cualquier ritmo particular. Los versos tienen desde cuatro hasta veintidós sílabas, técnica que también presta variedad al ritmo. Los versos alternantes tienen rima asonante, y a veces está cambiada, de los versos pares a los nones, por causa de la repetición de versos completos. El arreglo de versos de diferentes medidas silábicas evita la monotonía que podría resultar de la constante repetición del mismo número de núcleos silábicos. Los versos más largos que ocasionan que el lector lea de prisa para emitir todas las sílabas en un solo aliento, combinados con los más cortos, que tienden a leerse en forma más pausada, resultan en un fluir más rítmico que traduce el vaivén de la memoria.

Hemos observado los casos más obvios en que el poeta usa las técnicas de aliteración, de asonancia y de rima internas. Entre el movimiento alternante de consonante y de vocal, encontramos necesariamente mayor uso de la rima asonante, debido al número más pequeño de las vocales que, por ende, deben repetirse más a menudo. En cualquier caso, dado que la asonancia es usual en la prosa ordinaria y también en la poesía, no podemos decir que el poeta, deliberadamente, repita ciertas combinaciones vocálicas, excepto por la rima consonante. A pesar de todo, las vocales se prestan a contrastes lo mismo que a armonías entre sí, revelando, a veces, una similitud de sonidos a la que conduce la emoción que inspira las palabras, como por ejemplo, la gravedad dada por la vocal "u" y la cualidad patética sugerida por la vocal "o" en este verso: "Una noche toda llena de perfumes, de murmullos y de músicas de alas". [116]

También la aliteración de las consonantes iniciales, como hemos notado, la emplea el poeta con bastante frecuencia, pero no tanto como para hacer obvio su uso, excepto, quizá, en un verso en que el sonido consonántico de la "m" se repite cuatro veces: "y manos de mujer, que amantes mecen." [117] La rima interna, como al final de los versos, es asonante o de aliteración de consonantes, más asonantes. Ya hemos discutido los pocos casos en que Silva la usa en su poesía, con la excepción de estos versos, en los que la reiteración de la terminación del participio presente añade sonoridad a estos versos: "Y los ritmos indóciles vinieron acercándose, / Juntándose en las sombras, huyéndose y buscándose". [118] En la utilización que Silva hace de estas tres técnicas, notamos que sabía escoger palabras con sonidos dominantes, que eran apropiadas para el tono emotivo del concepto que quería expresar.

Tomando en consideración el metro el ritmo y la rima que se encuentran al final de los versos en todos los poemas escritos por el poeta colombiano, observamos que el acento se usa, sobre todo, para embellecer —como es usualmente el caso en las lenguas en que el metro silábico forma la base de la poesía. Raras veces el poeta se esfuerza por cambiar la base silábica de la poesía en lengua española. Cuando emplea patrones acentuales inusitados, lo hace para lograr variedad y, en general, no los sostiene más allá de unos pocos versos.

Aunque Silva no inventó estrofas nuevas, readaptó algunos metros, difundió otros y experimentó diversos métodos para dar cualidades rítmicas nuevas e inusitadas en el verso regular, lo mismo que en el irregular. Hemos discutido algunas de las modificaciones, tales como el empleo de la forma del soneto en diversos metros diferentes, la combinación de versos de medida silábica que ordinariamente no se combinan, y el uso de consonantes y asonantes juntos, en donde comúnmente sólo se emplea un método a la vez. No obstante, hemos observado que la forma métrica a la que acudía con mayor frecuencia, es la silva, dándole mayor libertad al unir endecasílabos y heptasílabos con otros versos de distintas medidas silábicas.

Aunque reconocemos que Silva hizo estas modificaciones con plena conciencia del deseo de renovar; con todo, en pocas ocasiones sus técnicas fueron radicales. A pesar de ello, en "Una noche" encontramos una de las más originales contribuciones del poeta, no obstante sus palabras a Sanín Cano relativas a su uso, en el poema, con núcleo de cuatro sílabas: "¡Si supieran" —me decía— "de dónde he sacado la idea de usar este metro!" Nada menos que de aquella fábula de Iriarte, cuyo principio dice:

> A una mona
> muy taimada
> dijo un día
> cierta urraca. [119]

Empero, aunque Silva pudiese haber adquirido la idea de la unidad silábica de estos versos de tres sílabas, debidos a Iriarte, [120] la innovación del colombiano no fue el uso del núcleo silábico, sino la manera consciente en que lo utilizó, variando el ritmo mediante la ruptura de la rígida regularidad del modelo de cuatro sílabas y, también, combinando el pie en versos de medidas dispares. Mientras que la unidad silábica básica del latir subyacente regular, expresa en el poema de Silva un sentido de laxitud y de futilidad, mediante el recurso de partir ocasionalmente del patrón de cuatro sílabas, así como de utilizar versos de diversas medidas, el poeta superpone un ritmo fluctuante que traduce en sonidos el vaivén de las emociones. Esta innovación de Silva ganó para el poeta la burla y la parodia despectiva,[121] por más que algunos reconocieron su destacada contribución original a la poesía de lengua española.[122]

Sin embargo, el poeta modernista no creía que estas técnicas nuevas debían reemplazar los cánones poéticos existentes, sino que la libertad en la rima, en la medida silábica y la forma de la estrofa, deben existir, además de la tradición poética. Para el escritor, el contenido estaba íntimamente relacionado con la forma; y el sentimiento que quiso expresar en el poema fue el factor principal y determinante en la elección de la forma, una selección espontánea más bien que deliberada.

[1] Aguilar, págs. 129, 130.

[2] Aguilar, pág. 129.

[3] Dorothy Clotelle Clarke, *A Chronological Sketch of Castilian Versification together with a List of its Metric Terms* (Berkeley: University of California Press, 1952), pág. 318.

[4] Aguilar, pág. 79.

[5] Aguilar, pág. 79.

[6] Aguilar, pág. 79.

[7] Aguilar, pág. 79.

[8] Aguilar, págs. 153-154; 165-167; 170; 99-100.

[9] Aguilar, págs 156-157: "Notas perdidas" (inédito), *Universidad*, Bogotá, Nº 106 (noviembre 8, 1928), pág. 540; págs. 150-152; en "Cincuentenario de la muerte de José Asunción Silva" por Daniel Arias Argáez, *Registro*

Municipal, Bogotá (junio 30, 1946), págs. 245-246; en Notas perdidas (inédito)", *Universidad,* Bogotá, Nº 106 (noviembre 8, 1928), pág. 540.

[10] En "Notas perdidas (inédito)", *Universidad,* Bogotá, Nº 106 (noviembre 8, 1928), pág. 540.

[11] En "Cincuentenario de la muerte de José Asunción Silva" por Daniel Arias Argáez, *Registro Municipal,* Bogotá (junio 30, 1946), págs. 245-246.

[12] Aguilar, pág. 150.

[13] Singularmente, Silva ha puesto al revés el orden de la segunda y tercera estrofas en su traducción y así la segunda estrofa del original es la tercera de la versión y la tercera es la segunda.

[14] Pierre Jean de Béranger, *Oeuvres complètes,* Vol. II (París; Perrotin, 1847), pág. 217.

[15] Aguilar, pág. 143.

[16] Aguilar, pág. 142.

[17] *Estudios de versificación española* (Buenos Aires: Universidad de Buenos Aires, 1961), pág. 243.

[18] Aguilar, págs. 82; 126; 127-128; 137-138; 171; *El Cojo Ilustrado,* Caracas, Vol. XVIII, Nº 427 (octubre 1, 1909), pág. 534; *El Cojo Ilustrado,* Caracas, Vol. XIX, Nº 454 (noviembre 5, 1910), pág. 645.

[19] Aguilar, pág. 82.

[20] Aguilar, pág. 82.

[21] Pedro Henríquez Ureña, en *Estudios de versificación española,* pág. 72, nota que los sonetos en verso eneasílabo, en vez del endecasílabo más común, fueron raros en la poesía de lengua española antes de Darío.

[22] Aguilar, pág. 137.

[23] Aguilar, págs. 137, 138.

[24] Aguilar, págs. 73; 172; en "Los poemas inéditos de José Asunción Silva", *Universidad,* Bogotá, Nº 106 (noviembre 8, 1928), pág. 538.

[25] Aguilar, págs. 172; 73; en "Los poemas inéditos de José Asunción Silva", *Universidad,* Bogotá, Nº 106 (noviembre 8, 1928), pág. 538.

[26] Aguilar, pág. 73.

[27] Aguilar, pág. 73.

[28] Aguilar, págs. 85, 89, 169, 173, 174.

[29] Aguilar, págs. 76-77; 74; en "Cincuentenario de la muerte de José Asunción Silva", *Registro Municipal,* Bogotá (junio 30, 1946), pág. 245.

[30] Véase "El endecasílabo castellano", *Revista de filología española,* Vol. VI (1919), págs. 132-157; y también *Estudios de versificación española* (Buenos Aires: Universidad de Buenos Aires, 1961), págs. 271-347.

[31] Aguilar, pág. 76.

[32] Aguilar, págs. 89, 169.

[33] Aguilar, pág. 85.

[34] Aguilar, pág. 76.

[35] Aguilar, pág. 48.

[36] En "Los poemas inéditos de José Asunción Silva", *Universidad,* Bogotá, Nº 106 (noviembre 8, 1928), pág. 538.

[37] Aguilar, pág. 145.

[38] Carlos Vaz Ferreira, en *Sobre la percepción métrica* (Buenos Aires: Losada, 1956), pág. 137; considera que "Una cláusula de ciertas dimensiones, traducida literalmente al castellano, portugués, francés e inglés, tiene normalmente muchas más sílabas en nuestro idioma que en cualquiera de esos otros".

[39] Aguilar, pág. 82.

[40] En "Notas perdidas (inédito)", *Universidad,* Bogotá, Nº 106 (noviembre 8, 1928), pág. 540.

[41] Aguilar, pág. 33.
[42] Aguilar, pág. 168.
[43] Aguilar, pág. 114.
[44] Aguilar, pág. 61.
[45] Aguilar, págs. 163-164.
[46] En "Los poemas inéditos de José Asunción Silva", *Universidad*, Bogotá, Nº 106 (noviembre 8, 1928), págs. 538-539.
[47] Este es uno de los poemas menos afortunados de Silva porque hace un juicio y lo declara en el primer cuarteto, luego lo repite como refrán. Más bien que crear el patrón dinámico de un sentimiento, recuerda los objetos para evocar el sentimiento que él mismo ha sentido. Así el poema es limitado, porque el lector no puede interpretarlo por sí mismo, sino que debe aceptar la interpretación del autor.
[48] Aguilar, págs. 133-135.
[49] Aguilar, págs. 146-148.
[50] Aguilar, pág. 121.
[51] Aguilar, pág. 136.
[52] Aguilar, pág. 136.
[53] Aguilar, pág. 123.
[54] Aguilar, pág. 93.
[55] Aguilar, págs. 37-39.
[56] Aguilar, págs. 101-104.
[57] Aguilar, págs. 158-160.
[58] Aguilar, págs. 48-58.
[59] *Papel Periódico Ilustrado*, Vol. II, Nos. 46-48 (julio 24, 1883), págs. 380-381.
[60] *Revista Chilena*, Santiago, Chile, Vol. II, Nº 7 (octubre, 1917), págs. 191-192.
[61] Aguilar, pág. 155.
[62] Aguilar, págs. 97-98.
[63] Aguilar, pág. 98.
[64] Aguilar, pág. 118.
[65] Aguilar, pág. 118.
[66] Aguilar, págs. 45-47.
[67] Aguilar, pág. 46.
[68] Aguilar, pág. 46.
[69] Aguilar, pág. 45.
[70] Aguilar, pág. 45.
[71] Aguilar, pág. 45.
[72] Aguilar, pág. 56.
[73] En "Cincuentenario de la muerte de José Asunción Silva", *Registro Municipal*, Bogotá (junio 30, 1946), pág. 245; Aguilar. págs. 124, 65.
[74] Aguilar, págs. 65; 124; en "Cincuentenario de la muerte de José Asunción Silva", *Registro Municipal*, Bogotá (junio 30, 1946), pág. 245.
[75] Aguilar, pág. 124.
[76] Aguilar, págs. 83, 84.
[77] Aguilar, pág. 83.
[78] En "Cincuentenario de la muerte de José Asunción Silva", *Registro Municipal*, Bogotá (junio 30, 1946), pág. 245.
[79] Aguilar, pág. 124.
[80] Aguilar, pág. 65.
[81] En "José Asunción Silva", *Revista Chilena*, Santiago, Chile (julio, 1922), pág. 296.
[82] *Poesías completas* (Madrid: Aguilar, 1961), pág. 864. En esta edición

el poema "Flirt" lleva la fecha 1893 aunque aparece en *El canto errante* publicado por primera vez en 1907.

[83] En "Silva y Darío", *Cromos*, Bogotá (mayo 24, 1924), pág. 363. Alberto Miramón en *José Asunción Silva*, págs. 122-124, reproduce una carta de Silva a su madre, fechada el 21 de agosto de 1894, en la cual menciona la popularidad en Cartagena, Colombia, de "Sinfonía color de fresa con leche".

[84] En "Silva y Darío", *Cromos*, Bogotá (mayo 24, 1924, pág. 363.

[85] *Poesías completas* (Madrid: Aguilar, 1961), pág. 864.

[86] En "Silva y Darío", *Cromos*, Bogotá (mayo 24, 1924), pág. 363.

[87] Aguilar, págs. 86-87, 88.

[88] Guillermo Valencia, *Obras poéticas completas* (Madrid: Aguilar, 1955), págs. 41-47.

[89] Aguilar, pág. 88.

[90] Aguilar, pág. 88.

[91] Aguilar, pág. 88.

[92] Aguilar, pág. 86.

[93] Aguilar, pág. 86.

[94] Aguilar, pág. 86.

[95] Aguilar, pág. 87.

[96] Aguilar, pág. 119.

[97] Aguilar, pág. 119.

[98] Aguilar, pág. 119.

[99] Aguilar, pág. 161.

[100] Aguilar, pág. 161.

[101] Aguilar, pág. 161.

[102] Aguilar, pág. 162.

[103] Aguilar, pág. 162.

[104] Aguilar, pág. 162.

[105] Aguilar, pág. 162.

[106] Aguilar, pág. 162.

[107] Aguilar, pág. 42.

[108] Aguilar, págs. 42-43.

[109] Aguilar, pág. 75.

[110] Aguilar, pág. 67.

[111] Aguilar, pág. 67.

[112] Aguilar, pág. 80.

[113] Aguilar, pág. 95.

[114] Aguilar, págs. 109-113.

[115] Aguilar, págs. 68-70.

[116] Aguilar, pág. 68.

[117] Aguilar, pág. 169.

[118] Aguilar, pág. 86.

[119] Baldomero Sanín Cano, "José Asunción Silva", en *Poesías* (Santiago, Chile: Editorial Cóndor, 1923), págs. 11-12.

[120] Pedro Henríquez Ureña en *Estudios de versificación española*, págs. 242-243, declara que a pesar de las palabras de Silva, la idea del pie de cuatro sílabas pudo haberle sido sugerido por la traducción de "The Bells", de Edgar Allan Poe por Domingo Estrada o "The Raven", por Pérez Bonalde. También menciona un poema, "El ctoño", escrito en 1853 por Ventura Ruiz Aguilera, que tiene un pie de cuatro sílabas.

[121] Véase, por ejemplo, el artículo por Donald McGrady, "Sobre una alusión literaria en la novela *Pax*", *Revista Iberoamericana*, Vol. XXIX, Nº 55 (enero-junio, 1963), págs. 147-156. El autor señala que en esta novela el héroe

S. C. Mata representa a Silva; y cita algunas líneas del poema por el protagonista que en realidad es un pastiche de "Una noche", un pastiche intitulado "Balada de la desesperanza".

[122] Pedro Henríquez Ureña en *Estudios de versificación española*, págs. 242-244, comenta sobre la influencia extensamente propalada del núcleo silábico básico en "Una noche", revelada en varios poemas de José María Gabriel y Galán; y entre otros, en "Salutación a Leonardo" y "Marcha Triunfal", por Rubén Darío; y en otros poemas de distintos autores, incluyendo algunos poemas con un núcleo de tres sílabas por Leopoldo Lugones.

APENDICE I

POEMAS ADICIONALES

Los poemas que forman este apéndice son los omitidos en la mayoría de las ediciones de la poesía de José Asunción Silva, incluyendo, entre otras, la edición Aguilar de 1962, usada como base de nuestra concordancia. Estos poemas no son ciertamente los mejores de la producción poética de Silva, pero sí deben ser considerados en un estudio de su obra poética. Después de cada poema hemos puesto una lista de fuentes, empezando con la primera aparición.

Por lo general la estrofa que lleva el número 39A se ha dejado fuera en la mayoría de las ediciones en las cuales sí se encuentra el poema "Futura". Lo mismo acontece con las tres estrofas finales de "Poesía viva", a las que hemos asignado el número 55A; sin embargo, estos estrofas sí aparecen en algunas ediciones, como se ve en la lista de fuentes principales.

También el poema al cual hemos asignado el número 65, "Sinfonía color de fresa con leche", se encuentra en algunas ediciones. Pero dado que no aparece en la edición Aguilar de 1962, que sirve como base de nuestra concordancia, se reproduce el poema en este Apéndice.

Hemos considerado que las dos partes del poema que llevan los números 77 y 77A, son estrofas del mismo poema, aunque la fuente no aclara este punto. Por razón de estar relacionadas en cuanto a su tema, creemos que son diferentes estrofas de la misma composición.

El poema final, al que hemos dado el número 80, que empieza, "¿Que por qué no publico versos...", se le ha atribuido a otro autor, pero como no hemos podido comprobar el testimonio dado por Daniel Arias Argáez, lo incluimos tentativamente. Sin embargo, respecto a otro poema sí hemos encontrado la prueba para comprobar la declaración de Arias Argáez que el poema "A ti" (incluido en muchas ediciones), con la primera línea: "De luto está vestida...", no es de Silva. En la página novecientos cuarenta y tres del artículo "Recuerdos de José Asunción Silva", *Bolívar,* Vol. V (diciembre, 1951), y también en la página doscientos cuarenta y seis del artículo "Cincuentenario de la muerte de José Asunción Silva", en *Registro Municipal* (junio 30,

1946), Arias Argáez dice que el poema es de Diógenes A. Arrieta. Y a pesar de que muchas ediciones continúan incluyéndolo, por ejemplo, la edición Elevación, de 1944, hemos comprobado que se encuentra con los versos arreglados en distinta forma e intitulado "¡Lejos! ¡Lejos!" en la página setenta y nueve de *Poesías* por Diógenes A. Arrieta (Bogotá: Gaitán, 1880).

Hemos juzgado que el poema intitulado "En la tortura" es extraño al estilo de Silva, principalmente por razón del vocabulario. El poema, atribuido a Silva, aparece en *El Nuevo Tiempo Literario* (julio 28, 1903), páginas 150-151, donde se compone de cincuenta y cinco versos seguidos por las líneas 280-331 del poema "Al pie de la estatua". No obstante, Javier Arango Ferrer, en "Gabriel y Galán imitó a Silva", *Universidad de Antioquia*, Medellín, Nº 118 (agosto-septiembre-octubre, 1954), página 407, asevera que el poema fue falsamente presentado como una composición de Silva, por Carlos Arturo Torres, director de *El Nuevo Tiempo Literario.* Luego en la página cuatrocientos quince del mismo número de *Universidad de Antioquia,* Arango Ferrer reproduce las primeras diez líneas del poema, con una elipsis y después de ésta, aparecen las líneas 295-310 de "Al pie de la estatua", aparentemente para identificar el poema, según él, falsamente citado en *El Nuevo Tiempo Literario.*

POEMA 39A

Estrofa final de "Futura"

Cuando de pronto estalla un grito,
un grito inmenso, atronador,
de quince mil quinientas bocas
como de una sola voz,
que ladra: "¡Abajo los fanáticos!
¡Abajo el culto! ¡Abajo Dios!"
Es un mitin de nihilistas,
y en una súbita explosión
de picrato de melinita
vuelan estatua y orador.

NOTA DEL POEMA 39A

El poema entero se encuentra con esta estrofa adicional en un artículo anónimo intitulado, "Silva bolchevique", *Gil Blas,* Bogotá, Nº 2541, (mayo 24, 1920), págs. 1-2; en *Universidad,* Bogotá, Nº 110 (diciembre, 1928), págs. 656-657; en *Universidad de Antioquia,* Bogotá, Nº 118 (agosto-septiembre-octubre, 1954), pág. 415; y en las "Notas" de *Prosas y versos,* 1942, el editor, Carlos García Prada, cita, en la pág. 188, esta estrofa final.

POEMA 55A

Tres estrofas finales de "Poesía viva"

A sus sentidos calmados
Hablan con voces inciertas
Aquellos ojos cerrados,
Aquellas almas abiertas.

Siente el poder misterioso
Que en la escena muda nace,
En el labio tembloroso
Muere, sin salir, la frase.

Y prestando oído al tema
De una interior armonía,
Deja caer el poema
Sobre la alfombra sombría.

NOTA DEL POEMA 55A

En la *Revista de América*, París, Vol. I [i. e., VI] (enero, 1914), pág. 14; también se encuentra en algunas ediciones, como por ejemplo *Poesías completas* (Buenos Aires: Sopena, 1950), pág. 116.

POEMA 65

Sinfonía color de fresa con leche

A los colibríes decadentes

¡Rítmica Reina lírica! Con venusinos
cantos de sol y rosa, de mirra y laca,
y polícromos cromos de tonos mil,
oye los constelados versos mirrinos,
escúchame esta historia rubendariaca
de la Princesa Verde y el paje Abril,
rubio y sutil.

El bizantino esmalte do irisa el rayo
las purpuradas gemas; que enflora junio
si Helios recorre el cielo de azul edén,
es lilial albura que esboza mayo
en una noche diáfana de plenilunio,
cuando las crisodinas nieblas se ven
a tutiplén.

En las vívidas márgenes que espuma el Cauca
—áureo pico, ala ebúrnea— currucuquea
de sedeñas verduras bajo el dosel
do entre perladas ondas se esfuma glauca.
¿Es paloma, es estrella o azul ideal?
Labra el emblema heráldico de áureo broquel
róseo rondel.

Vibran sagradas liras que ensueña Psiquis;
son argentados cisnes, hadas y gnomos,
y edenales olores lirio y jazmín,
y vuelan entelechias y tiquismiquis
de corales, tritones, memos y momos
del horizonte lírico, nieve y carmín,
hasta el confín.

Liliales manos vírgenes al sol aplauden
y se englaucan los líquidos y cabrillean
con medioevales himnos al abedul;
desde arriba Orión, Venus, que Secchis lauden,
miran como pupilas que centellean
por los abismos húmedos del negro tul
del cielo azul.

Tras de las cordilleras sombrías la blanca
Selene, entre las nubes ópalo y tetras
surge como argentífero tulipán,
y por entre lo negro que se espernanca
huyen los bizantinos de nuestras letras
hasta el babel Bizancio do llegarán,
con grande afán.

¡Rítmica Reina lírica! Con venusinos
cantos de sol y rosa, de mirra y laca
y polícromos cromos de tonos mil,
estos son los caóticos versos mirrinos,
esta es la descendencia rubendariaca
de la Princesa Verde y el paje Abril,
rubio y sutil.

NOTA DEL POEMA 65

Este poema se encuentra en los artículos de Roberto Liévano, "Silva y Darío", *Cromos*, Bogotá (mayo 24, 1924), pág. 363; Eduardo Carreño, "Silva contra Darío", ambos en *Revista Nacional de Cultura*, Caracas, Vol. XXVI (marzo-abril, 1941), págs. 112-113; y en *Ariel*, San José, Costa Rica, Vol. XCIII (junio 1, 1941), pág. 2303. Los dos autores declaran que el poema fue escrito por Silva y firmado con el seudónimo, Benjamín Bibelot Ramírez. El poema también se halla en algunas ediciones, como por ejemplo, *Poesías completas y sus mejores páginas en prosa*, primera edición (Buenos Aires: Elevación, 1944), págs. 125-126; en las mismas páginas en la segunda edición de la obra, fechada en 1945; y también en *Poesías completas*, cuarta edición (Buenos Aires: Sopena, 1950), págs. 124-125.

POEMA 66

Es media noche.—Duerme el mundo ahora
Bajo el ala de niebla del silencio
Vagos rayos de luna,
Y el fulgor incierto
De lámpara velada
Alumbran su aposento.
En las teclas del piano
Vagan aún sus marfilinos dedos,
Errante la mirada,
Dice algo que no alcanza el pensamiento.
Cómo perfuma el aire el blanco ramo
Marchito en el florero.
Cuán suave es el suspiro,
Que vaga entre sus labios entreabiertos!
....
....
Adriana! Adriana! De tan dulces horas
Guardarán el secreto
Tu estancia, el rayo de la luna, el vago
Ruido de tus besos,
La noche silenciosa,
Y en mi alma el recuerdo!

NOTA DEL POEMA 66

En "Notas perdidas (inédito)", *Universidad*, Bogotá, N° 106 (noviembre 8, 1928), pág. 540.

POEMA 67

IV

La noche en que al dulce beso
Del amor, se abrió su alma,
Caminando lentamente
Iba, en mi brazo apoyada.
No había luna. Las estrellas

Vertían su luz escasa,
Y sobre el cielo profundo
Nuestros ojos contemplaban
Como una bruma ligera,
La brillante vía láctea,
....................suspiró.

Con voz muy queda
Díme, le dije, te cansas!
Alzó la hermosa cabeza,
Se iluminó su mirada
Y murmuró: Mira, dicen
Que es grande, inmensa la vaga
Bruma que brilla a lo lejos
Como una niebla de plata,
Que la forman otros mundos
Que están a inmensa distancia,
Que la luz solar invierte
Siglos en atravesarla,
Y si Dios quisiera un día
A ti y a mí darnos alas
Esa distancia infinita
Feliz, contigo cruzara!

Bajó la noble cabeza
Desvió la viva mirada
Y dijo paso—de nuevo
Me preguntabas "te cansas"!

NOTA DEL POEMA 67

En "Notas perdidas (inédito)", *Universidad*, Bogotá, Nº 106 (noviembre 8, 1928), pág. 540.

POEMA 68

X

A Natalia Tanco A[rmero]

Has visto, cuando amanece,
Los velos con que la escarcha
Los vidrios de los balcones
Cubre en la noche callada?
Deja que el rayo primero
De la luz de la mañana

Los hiera, y verás entonces
Formarse figuras vagas
En la superficie fría
Helechos de formas raras,
Paisajes de sol y niebla
De perspectivas lejanas
Por donde van los ensueños
A la tierra de las hadas
Y al fin un caos confuso
De luz y gotas de agua
De ramazones inciertas
Y perspectivas lejanas,
Que al deshacerse semejan
El vago esbozo de una alma.

Las neblinas que el espíritu
Llenan en horas amargas,
Como a los rayos del sol
De los cristales la escarcha
Si las hiere tu sonrisa
Se vuelven visiones blancas.

NOTA DEL POEMA 68

En "Notas perdidas (inédito)", *Universidad*, Bogotá, Nº 106 (noviembre 8, 1928), pág. 540.

POEMA 69

Convenio

¿Vas a cantar tristezas?—dijo la Musa
Entonces yo me vuelvo para allá arriba
Descansar quiero ahora de tantas lágrimas;
Hoy he llorado tanto que estoy rendida.
Iré contigo un rato, pero si quieres
Que nos vayamos solos a la campiña
A mirar los espacios por entre ramas
Y a oír qué cosas nuevas cantan las brisas.
Me hablan tanto de penas y de cipreses
Que se han ido muy lejos mis alegrías,
Quiero coger miosotys en las riberas:
Si me das mariposas te daré rimas.
Forjaremos estrofas cuando la tarde

Llene el valle de vagas melancolías;
Yo sé de varios sitios llenos de helechos
Y de musgos verdosos donde hay poesía;
Pero tú me prometes no conversarme
De horrores y de dudas, de rotas liras,
De tristezas sin causa y de cansancios
Y de odio a la existencia y hojas marchitas...
Sí, vámonos al campo, donde la savia,
Como el poder de un beso, bulle y palpita;
A buscar nidos llenos en los zarzales:
¡Si me das mariposas te daré rimas!

NOTA DEL POEMA 69

Este poema fue presentado en dos artículos de Daniel Arias Argáez, "Cincuentenario de la muerte de José Asunción Silva", *Registro Municipal*, Bogotá (junio 30, 1946), pág. 245; y "Recuerdos de José Asunción Silva", Bolívar, Bogotá, Vol. V (noviembre-diciembre, 1951), pág. 942. Estos dos artículos serán citados en lo sucesivo como "Cincuentenario" y "Recuerdos".

POEMA 70

Paseo

Están los grupos alegres
Al pie de las altas rocas,
Humo grisoso se eleva
Del boscaje entre las frondas,
Y junto a los viejos árboles
Están cocinando ahora.

Vienen olores de campo
De la llanura espaciosa;
Carcajadas a los labios
Y manos a las bandolas,
Y del bambuco resuena
La música melancólica.
Y como el humo que sube
Van a perderse las notas,
¡Alegres para el que ríe
Y tristes para el que llora!

Las servilletas tendidas
Sobre la yerba reposan
Del piquete campesino

Con los platos y las copas.
Rayos de franca alegría
Ojos y labios coloran,
Alegres manos ligeras
Se confunden y se tocan,
Y las parejas se mueven
Del césped sobre la alfombra,
Y las palabras sonríen
Y las palabras rebosan,
Mientras suena del bambuco
La música melancólica,
Y con el humo que sube
Van a perderse los notas,
¡Alegres para el que ríe
Y tristes para el que llora!...

NOTA DEL POEMA 70

Este poema se encuentra en los dos artículos de Daniel Arias Argáez: "Cincuentenario", págs. 245-246; y "Recuerdos", págs. 942-943.

POEMA 71

Suspiro

a A. de W.

Si en tus recuerdos ves algún día
Entre la niebla de lo pasado,
Surgir la triste memoria mía
Medio borrada ya por los años.
Piensa que fuiste siempre mi anhelo.
Y si el recuerdo de amor tan santo
Mueve tu pecho; nubla tu cielo,
Llena de lágrimas tus ojos garzos;
¡Ah! no me busques aquí en la tierra
Donde he vivido, donde he luchado,
¡Sino en el reino de los sepulcros
Donde se encuentran paz y descanso!

NOTA DEL POEMA 71

Este poema aparece fechado el 2 de junio de 1881 en "Los poemas inéditos de José Asunción Silva", *Universidad*, Bogotá, Nº 106 (noviembre 8, 1928), pág. 538.

POEMA 72

Las arpas

Va la brisa por valles y collados
Y cargada de aromas y silencio
No lleva entre sus alas invisibles
Ni una voz —ni una música— ni un eco.
Pero en oscuro bosque retirado,
Patria de las driadas y los genios,
En alto tronco suspendida encuentra
Arpa eolia de místicos acentos.
Al pasar vibra en las sonoras cuerdas
Del dulce y melancólico instrumento
Y van sus sosegadas armonías
A perderse a lo lejos!

El alma del poeta es delicada
Arpa —que cuando vibra el sentimiento
En sus cuerdas sensibles— se estremece
Y produce sus cantos y sus versos.

NOTA DEL POEMA 72

Fechado el 17 de noviembre de 1881, se encuentra este poema en "Los poemas inéditos de José Asunción Silva", *Universidad*, Bogotá, Nº 106 (noviembre 8, 1928), pág. 538.

POEMA 73

Perdida

Algo terrible sentirá tu alma
Infame libertino
Que el taller tornas de la pobre obrera
En lupanar maldito!

Era una hermosa niña! Sus pupilas
Tuvieron luz y brillo,
Y en su gracia inocente y descuidada
Hubo algo de divino.
Mas algún día entre el tumulto humano
Se deslizó en su oído
Una palabra. —Luego su mirada
Perdió el fulgor antiguo
Y se llenó de lágrimas, y luego

De una noche entre el frío
Se encontró sola en medio de la calle
Con el honor perdido;
En el alma llevando la tristeza
Y en los brazos un niño,
Y de vergüenza y de miseria llena
A sí misma se dijo:
"Del hombre aquel me vengaré en los hombres.
De mi cuerpo marchito
Haré un altar donde en su afán de goces
Le rindan culto al vicio.
Soy el placer; soy cual dorada copa
Llena de añejo vino,
Mas que guarda en el fondo envenenado
Un germen maldecido.
Venid a mí los que os sentís sedientos,
Venid, os daré alivio...
Y ellos fueron, volaron a sus brazos
Blancos, alabastrinos,
Y ella bajó con prontitud pasmosa
Al fondo de un abismo...
Luego la edad su cabellera negra
Pobló de blancos hilos
Y perdió su color y su frescura
El semblante marchito,
Y a pocas horas por infame lepra
El cuerpo corroído.
Entre sonrisas y cristianas preces
Y semblantes virgíneos,
Recostada en un lecho miserable
Del hospital sombrío
En brazos de las santas enfermeras
Dio el último suspiro!

Marchando vas sin ver el horizonte
Que forma tu camino.
Pero si acaso tornas la mirada
Al pasado perdido
Verás alzarse su fantasma blanco
En tu conciencia fijo!
¡Oh! cuando alguna vez errante y solo
Veas el pobre niño,
A quien nunca en su vida de miserias
Podrás llamar tu hijo,

Algo terrible sentirá tu alma,
Infame libertino,
Que el taller tornas de la pobre obrera
En lupanar maldito!

NOTA DEL POEMA 73

Este poema se presenta fechado el 7 de abril de 1883, en "Los poemas inéditos de José Asunción Silva", *Universidad*, Bogotá, Nº 106 (noviembre 8, 1928), págs. 538-539.

POEMA 74

Vida aldeana

Sencilla y grata la vida de la aldea:
levantarse al nacer de la mañana
cuando su luz en la extensión clarea
y se quiebra en la cúpula lejana;
vagar a la ventura en el boscaje;
espiar en los recodos del camino
el momento en que el ave enamorada,
oculta en el follaje,
sus esperanzas y sus dichas canta;
en rústica vasija
coronada de espuma
beber la leche; contemplar la bruma
que en el fondo del valle se levanta;
el aire respirar embalsamado
con los suaves olores
de la savia y las flores;
tomar fuerza en la calma majestuosa
donde la vida universal germina
en ignotos lugares
que no ha hollado la vana muchedumbre,
en el bosque de cedros seculares,
del alto monte en la empinada cumbre;
después tranquilamente
bañarse en el remanso de la fuente;
con el rural trabajo,
que a los músculos da fuerza de acero
y que las fuentes abre de riqueza,
endurecer el brazo fatigado
y devolverle calma a la cabeza;

sin fatigas, sin penas, sin engaños,
dejar correr los años,
y en la hora postrimera
descansar, no en lujoso monumento,
sino bajo el ramaje
de verde sauce, a su tranquila sombra,
cabe la cruz piadosa...

NOTA DEL POEMA 74

Revista Chilena, Santiago, Chile, Vol. II, Nº 7 (octubre, 1917), págs. 191-192.

POEMA 75

Rien du tout

Cuando se murió Margarita
en brazos de Armando Duval,
la contemplaste, pobrecita,
con una amargura mortal.

¿Qué sentiste? Su horrible cuita
o la lucha del Bien y el Mal?
No era nada: una fiestecita
en el Teatro Municipal.

Y lloraste, y te conmoviste
y estabas tan pálida y triste
como pocas se ven aquí;

y yo exclamé: qué cosas raras!...
mejor fuera que tú lloraras
no por Margarita... por ti.

NOTA DEL POEMA 75

El Cojo Ilustrado, Caracas, Vol. XVIII, Nº 427 (octubre 1, 1909), pág. 534.

POEMA 76

Cuando hagas una estrofa, hazla tan rara,
que sirva luego al porvenir de ejemplo,
con perfiles de mármol de carrara
y solideces de frontón de templo.

NOTA DEL POEMA 76

Estos versos están citados en dos artículos de Daniel Arias Argáez: "Cincuentenario", pág. 249; y "Recuerdos", pág. 946. Arias Argáez nota que encontró el poema, "de puño y letra de José Asunción en un álbum del poeta manizaleño Samuel Velásquez".

POEMAS 77 y 77A

¿Para qué quieres versos cuando en ti misma
Encontrarás raudales de poesía?
¿Sabes mis opiniones sobre poemas?
Mejor es un buen cuento que una elegía,
Y mejor que los cantos de vagos temas
Una boca rosada que se sonría.

Mas quieres versos ¡Vayan mis pobres versos!
Cuando los leas,
Mis estrofas oscuras, que nada dicen,
Tendrán la lumbre diáfana de tus ideas.

NOTA DE LOS POEMAS 77 y 77A

Estas dos estrofas (sin una clara afirmación si son o no divisiones de un solo poema) fueron incluidas en un artículo de Roberto Liévano, "José Asunción Silva", *Revista Chilena*, Santiago, Chile (julio, 1922), pág. 296. El autor asegura que fueron encontradas entre un grupo de poemas que Silva había escrito durante su adolescencia, intitulado "Intimidades", los cuales reunió "como obsequio a una gentilísima dama". El mismo artículo fue incorporado más tarde en una colección de artículos del mismo autor, intitulada: *En torno a Silva; selección de estudios e investigaciones sobre la obra y la vida íntima del poeta* (Bogotá: *El Gráfico*, 1946), pág. 15. Rufino Blanco Fombona, en "Silva y Rubén", *El Espectador*, Bogotá (mayo 31, 1929), Suplemento, pág. 3, citó los versos cuatro a seis de este poema.

POEMA 78

De los rosados labios de hermosas bogotanas
Siempre propicio el cielo los votos escuchó:
Hoy esos votos vagos no son quimeras vanas,
Que todas ellas quieren y miran como hermanas
A la que de esta fiesta las horas les brindó.
Como una flor de mayo la dicha fugaz pasa...
Puesto que reina ahora franca alegría aquí,
La copa de champaña que el labio fresco abraza

Tomemos, de la dueña y el dueño de la casa,
Por las tranquilas horas de un porvenir feliz.

NOTA DEL POEMA 78

Este poema se cita como una improvisación de Silva durante una fiesta, en los artículos de Daniel Arias Argáez: "Cincuentenario", pág. 251; y "Recuerdos", pág. 949.

POEMA 79

¡Señor! ¡Mirad las almas que en busca de lo eterno,
en el amor humano se detuvieron locas,
cruzar como las sombras del Dante en el infierno,
unidas de los brazos y unidas de las bocas.

¡Oh Padre! Perdonadlos por el martirio santo
del Salvador Divino, del Gólgota en la cumbre.
Haced que se conviertan los gritos en un canto
y que una luz remota su largo viaje alumbre.

Y dadnos fuerza ¡oh Padre! para cruzar la vida,
para luchar de lleno por la contraria suerte,
para domar, severos, la carne corrompida,
¡para esperar, tranquilos, las sombras de la muerte!

NOTA DEL POEMA 79

Este poema está reproducido, en los dos artículos de Daniel Arias Argáez: "Cincuentenario", pág. 252; y "Recuerdos", pág. 950. El autor advierte que fue escrito en los últimos años de la vida de Silva, durante un corto período de fervor religioso. Arias Argáez indica que lo encontró en los archivos literarios de Arturo Malo O'Leary.

POEMA 80

¿Que por qué no publico versos
en revistas de actualidad,
si en lugar de correr dispersos
halagaran mi vanidad?

Los pareceres son diversos...
Así, pues, con fina bondad,
perdono a esos labios adversos
su exquisita malignidad.

Temo mucho que coleccionen
mis poemas, que me coronen
en una velada teatral;

y que me dedique un gran diario
el suplemento literario
de su edición dominical.

NOTA DEL POEMA 80

Este poema fue publicado sin título, bajo la rúbrica de "Gotas Amargas", en *El Cojo Ilustrado*, Caracas, Vol. XIX, Nº 454 (noviembre 5, 1910), pág. 645. De todos modos, aunque el mismo poema está citado completamente por Daniel Arias Argáez en los artículos: "Cincuentenario", pág. 263; y "Recuerdos", pág. 962; asegura que el poema "...no es más que una travesura del poeta Delio Seraville [Ricardo Sarmiento], quien así me lo dijo en más de una ocasión". Puesto que no hemos podido comprobar esta aseveración, concluimos tentativamente que sea un poema de Silva de "Gotas amargas".

APENDICE II

FRECUENCIA DE USO

Para facilitar el trabajo en los temas del poeta José Asunción Silva, hemos resumido la concordancia según la frecuencia del uso de palabras. Estas listas están incluidas en este apéndice. Hemos dividido los términos en sustantivos, adjetivos, verbos y verbos usados nominalmente. Se han catalogado las palabras según el número de veces que aparecieron, empezando con los vocablos repetidos con más frecuencia y finalizando con los términos empleados una sola vez.

Sustantivos

51. vida. 49. voz. 46. sombra. 41. noche. 40. alma. 39. luz. 30. hora. 28. ojo. 26. cielo: luna: mano. 24. beso: día. 23. amor. 22. recuerdo: tierra. 21. siglo: tiempo. 20. rayo. 19. labio: olor: poeta: sueño. 18. campana. 17. ala: año. 16. flor: niño. 15. boca: cosa: fin: hombre: lágrima. 14. brazo: bronce: fondo: mal: mirada: muerto: nota. 13. canto: cuerpo: estrofa: frente: lucha: mundo: niebla: niña: paso: sol: tarde: tristeza: verso. 12. aire: angustia: camino: color: forma: frío: historia: poema: valle. 11. espacio: grito: melancolía: muerte: música: oro: placer: rama: vez. 10. alegría: brisa: espíritu: estatua: gloria: golondrina: memoria: pasado: pie: son: ventana: viento. 9. amargura: estrella: fiesta: futuro: gota: madre: momento: nido: pasión: señor (S—): silencio. 8. agua: cuento: dios (D—): distancia: follaje: mariposa: oído: paisaje: palabra: patria: ser: ternura: tumba. 7. abuelo: acento: amigo: baile: bosque: calma: copa: coro: cuna: deseo: ensueño: espermatozoide: hermano: lugar: mar: mes: murmullo: oración: padre: porvenir: ritmo: sepulcro: sonrisa: visión. 6. abismo: aposento: aroma: batalla: bruma: cabeza: calle: cansancio: cariño: desengaño: dicha: esencia: existencia: fantasma: fosa: germen: idea: infancia: instante: lumbre: mejilla: mujer: nube: obra: olvido: paz: pedestal: pena: pupila: ruido: seda: suspiro: velo. 5. alcoba: alfombra: altura: arpa: aurora: cabello: carne: convento: cristal: cuerda: desierto: dolor: edad: espejo: esperanza: estancia: estudio: frescura: fuerza: goce: hada: hermana: hierro: hilo: hoja: horizonte: huella: imagen: infinito: jardín: Juan, don: lámpara: mañana: nieto: nieve: nombre: pensamiento: perfume: perspectiva: reja: rosa: sangre: sentimiento: soledad:

turba: vacío: viaje: vuelo. 4. afán: altar: América: astro: atmósfera: bien: cadáver: campo: cápsula: causa: ciudad: concierto: confín: crepúsculo: cuarto: cumbre: dedo: ejemplo: entusiasmo: época: escarcha: exceso: filósofo: frase: fuego: generación: helecho: hijo: horror: humo: idilio: incienso: lecho: libro: lira: lirio: llanto: llanura: mayo: monte: movimiento: negrura: orilla: pecho: perfil: piedra: plata: playa: polvo: primavera: prior: prisión: pueblo: ramo: recluta: reina: reposo: rezo: rincón: rodilla: secreto: selva: senda: sentido: sitio: tesoro: tumulto: vestido: vidrio: vista. 3. adiós: ansiedad: árbol: arena: armonía: ataúd: bandada: barrote: brillo: calavera: cañón: celosía: cementerio: cirio: combate: conciencia: concha: contorno: corcel: corona: corte: Covadonga, Juan de: crucifijo: cruz: champaña: desaliento: diamante: difunto (dij—): Dios, Juan de: doctor: duende: dueño: emoción: encaje: encanto: escena: esfuerzo: esmero: espuma: expresión: éxtasis: fe: fraile: fronda: fuente: grama: guerra: guitarra: hondo: infierno: inocencia: joven: Lanas, Juan: laúd: Lázaro: leche: letra: lienzo: majestad: marcha: médico: medio: miseria: misterio: modo: monumento: mozo: mueble: nación: naturaleza: Occidente: ola: onda: orgullo: orquesta: paciente: página: pájaro: poder: poesía: prado: profesor: puñado: quietud: raso: reseda: rey: ribera: rima: río: risa: roca: rocío: ruina: savia: seno: sepultura: serenata: sonido: suerte: sugestión: surtidor: taller: tecla: temor: tomo: tono: tul: vals (—e): vejez: Venus: vibración: Werther: yerba. 2. abrazo: actitud: Adriana: agonía: águila: alar: aldea: alto: animal: arma: armiño: arte: artista: ave: azul: balcón: bambuco: bandera: Barba Azul: bienestar: boscaje: burbuja: caballero: cabecita: cabellera: cáliz: calor: Caperucita: carácter: carbón: carcajada: caricia: carmín: carta: casa: catedral: celda: ceniza: césped: clientela: compañero: contento: continente: corazón: cosecha: cráneo: crespón: crisálida: cromo: cruzada: culto: China: choque: dama: Dante: decepción: delicia: descanso: desprecio: diálogo: digestión: drama: duelo: Duval, Armando: eco: emperador: engaño: enjambre: enseñanza: epopeya: esbozo: escudo: escuela: espalda: España: espina: esquilón: esquina: estómago: fatiga: faz: fibra: figura: filosofía: frasco: fulgor: genio: giro: gola: grande: grandeza: grieta: grupo: guerrero: Hamburgo: Hernando: héroe: hígado: hija: himeneo: himno: honor: hospital: hueso: ignorado: ilusión: in-folio: inspiración: íntimo: invierno: jirón: Juan: Juana: juego: juramento: juventud: laca: ladrido: lago: Liepzig: lenguaje: Leopordi: leyenda: libertad: libertino: lila: liquen: loco: locura: luciérnaga: lupanar: luto: llovizna: magìa: magín: manta: manto: Margarita: metal: metralla: microscopio: millón: mirra: monograma: montón: morada: muchedumbre: multitud: neblina: néctar: negro: nervio: niñez: nobleza: norma: novia: obrera: océano: odio: orador: paje Abril: paloma: pared: pareja: parte: paseo: pausa: pedazo: peregrino: perla: piano: pintura: pobre: pompa: poniente: portal: presunción: Princesa Verde: profilaxia: punto: quimera: rato: Ratoncito Pérez: raza: razón: recodo: reflejo: régimen: región: religión: resplandor: respuesta: retintín: revista: reló (—j): riñón: rubia: rudo: sabio: sala: Salvador: santo: Schopenhauer: semblante: señal: soñador: suavidad: suelo: tañido: tapicería: teclado: techo: tema: templo: tentación: tez: título: torbellino: traje: tronco: tropa: Van Kerrinken, Cornelius: vaso: velada: vencedor: verdad: verde: vergüenza: vía: vicio: victoria: Vilorte, duquesa de: vino: vivo: voto: zoospermo. 1. abedul: abdicación: aborto: absurdo: Abudelo, Juan: abuso: acción: acero: ácido: actualidad: ademán: adolescencia: adoración: afecto: agitación: agonizante: agosto: agujero: alacena: alambre: albergue: albura: alcalde: algarabía: aliento: alivio: amado: amatista: ambición: ámbito: amistad: Ana: análisis: anciana: Andalucía: Andes: angustioso: anhelo: ánima: ansia: arabesco: araña: Aras: árbitro: arca: arco iris: archiduquesa: arenal: arista: armadura: armario: arnés: ars: arsénico: artista: Arya: arrepentido: arroyo: arruga: asombro: aspecto: asunto: ataxia: atención: aura: ausencia: autoridad: avant-propos: aventurero: avispa: ayuno: azahar: azalea: azogue: azufre: babel: bajel: bala: balance: bálsamo: bamboleo: bandola: bandolina: barba: barra: barro: batallón: batista: bayeta: bayetón: bestia: biberón: Biblia: bisabuela: bizantino: bizarría: blancura: blasón: blenorragia: blusa: bogotana: bohío: bondad: borde: bosquejo: Bottom: Boulanger, Rodolfo: Bovary, madama: bozo: brasa: breva: bridón: brío: brocado: brocatel: broche: bromuro: broquel: bullicio: buque: busca: busto: caballete: caballo: cabaña: cable: cadena: cadencia: cajón: Cakia-Muni: cal: calabaza: calado: callo: camelia: camisa: camita: campanilleo: campaña: campiña: camposanto: canción: cántiga: Cantón: cantor: caña: cañada: caos: capilla: capricho: capullo: cara: cárcel: careta: carga: cartilla: carrara: carril: carroza: casada: cascada: casita: caso: castellana: castillo: Cauca: cauterio: cavidad: cedro: cendal: Cenicentilla: centella: ceño: cepo: cerebro: cerezo; cerro: cicuta: Cid: cifra: cilicio: cima: ciprés: cisne: cita: ciudadano: clamoreo: claridad: clarín: claustro: Clertán: cocina: coche: codo: colibrí: colina: colonia: coloso: columna: collado: cometa: comida: compañía: compás: compatriota: complicación: comunión: conde: conductor: confidencia: conjuro: conseja: constelación: consuelo: contacto: contienda: Contreras, Aniceta: convención: convenio: convicción: copaiba: copetón: coquetería: coral: coraza: cordal: cordillera: Córdoba: cortejo: cortesana: cortesano: cortina: cortinaje: corredor: corriente: crápula: creyente: crimen: cripta: crisis: Cristo: crítico: crónica: cuaderno: cuartel: cuchara: cuello: cuerno: cuestión: cuita: cúpula: curación: cutis:

chancro: chicuela: chicuelo: chillido: chispa: Choachí: choza: chupo: *Dame aux camelias:* derrota: desagravio: descaro: descendencia: descendiente: desgaire: designio: despabilidera: despecho: desventura: detención: devaneo: diario: dibujo: dieta: dispepsia: dispéptico: disputa: divisa: doble: Dombasle: dominio: donaire: dosel: dosis: dragón: *dream:* driada: Droz, Gustavo: ducado: duda: dueña: Dujardin-Beaumetz: dulce: Dumas hijo: edén: edición: efluvio: *égalité:* Egipto: ejército: elegía: embate: emblema: empeño: empresa: enagua: encantamiento: enemigo: enfermedad: enfermera: enfermo: enorme: enredadera: entelechia: entraña: epístola: erudito: escudero: escultura: esmalte: espadín: espasmo: espira: esposa: esposo: estación: estampido: estanque: estepa: estilo: estuche: éter: eternidad: eterno: Eva: evangelio: explosión: extensión: faceta: facultativo: Fallón, Diego: fama: familia: fanático: fantasía: Fausto: felicidad: fervor: ficción: Fichte: fiebre: fiestecita: fila: firmeza: Flaubert, Gustavo: florero: fragancia: fragor: fragua: Francfort: Francia: freno: fresa: frontón: fruto: fundador: fusil: futura: garganta: gas: gasa: Gato con Botas: Gautier, Margarita: gema: gemido: general en jefe: gente: gesta: Giralda: girón: gnomo: gobierno: Gólgota: golpe: Gonesa: gracia: grada: gramo: grano: grasa: Gretchen: grey: grotesco: grumete: Guadalquivir: guirnalda: Gulliver: halago: hambre: Hanstaengel, Karl: hazaña: hecho: Hegel: Helios: heliotropo: heredero: herida: herido: Hermosa Durmiente del Bosque: heroísmo: hidalgo: hiel: hipo: hogar: hombro: Horacio: hueco: huerta: huésped: hueste: huida: humano: humillación: humus: hurí: hurra: ideal: idealismo: iglesia: ignoto: imaginación: imitación: imperio: ímpetu: imposible: impulso: incierto: indio: influencia: ingratitud: inicial: inmenso: insecto: instinto: instrumento: invasión: iris: ironía: Isaías: isla: Japón: jarabe: jarrón: jazmín: jefe: Jerusalén: Juan, San: Julia: Julieta: juncal: Junio: Júpiter: Kant: labor: lama: Lamartine: lance: languidez: lanza: lápida: lascivia: laurel: Lavallière: lazo: lector: lectura: lego: lejanía: lejos: lente: lepra: ley: lidia: Liliputiense: Lima: límite: líquido: Liverpool: liza: lobo: loción: locomotora: locutorio: lodo: Londoño, capitán: Londres: Luis: Luisa: lujo: llama: lluvia: madero: madrigal: madrina: madrugada: maestra: maestro: magnate: magnolia: mago: malestar: maleza: malignidad: mama: mancebo: mancha: mandarina: mandato: mandolina: manes: Manfredo: mansión: mañanita: maraña: marco: marfil: margen: mármol: martirio: máscara: mata: materia: matrimonio: Maure: mayúscula: medalla: media noche: mejor: melenita: memo: mentira: mesa: metro: miembro: mies milímetro: Mill, Stuart: mina: miniatura: minuto: miosotys: miraje: misa: misal: misión: mitin: moda: moldura: momia: momo: montaña: moribundo: Muffat: muñeca: muro: Musa: músculo: nácar: nada: nardo: natural: nihilista: Niño-Dios: Nirvana: noción: nocturno: nodriza: norte: noticia: novela: novio: nudo: Núñez de Arce: nupcias: oasis: oda: oficio: oidor: ombligo: opinión: óptico: orden: orgía: Oriente: orín: Orión: ósculo: oscuridad: oscuro: otero: otoño: oyente: pajarillo: paje: paladín: palenque: Palestina: palestra: paleta: palma: palmatoria: Pan: panorama: pantalón: Panza, Sancho: pañal: pañuelo: papá: parecer: parque: partida: pavesa: pavor: pecado: pelaje: Pelayo: pelo: péndola: pequeñez: pequeñísimo: perdurable: peregrinaje: pergamino: personaje: perro: pesebre: pesimista: peso: pestaña: pico: picrato: pío pío: piquete: piragua: pisada: plácido: plan: planazo: plancha: planeta: plato: plaza: plenilunio: plomo: poderoso: Poestum: polilla: popa: porcelana: portería: posada: postura: potentado: precursor: premio: preocupación: presentimiento: presión: prez: Príapo: Príncipe Rubio: principio: prisa: problema: profundo: progreso: prontitud: psicopatía: psicoterapéutica: Psiquis: puesto: punta: puñal: pureza: púrpura: queja: quejumbre: querella: quilla: Rafael: raíz: ramaje: ramazón: ramillete: rana: rancho: rapidez: ratón: raudal: realidad: Redentor: regalo: regla: reino: remanso: remedio: resistencia: resto: resultado: resurrección: retablo: retiro: reunión: revelación: reverbero: rienda: Rimac: Rin Rin Renacuajo: riqueza: rival: rodeo: Rolla: Roma: Romeo: ronda: rondel: rubí: Ruiz, José Antonio: rumor: Rusia: ruta: sábana: sabor: sacerdote: sacrificio: sacristía: salón: salud: Sándalo Midy: sauce: Secchis: sed: seductor: Selene: sello: semidiós: semi-Naná: sendero: sensiblería: septiembre: servil: servilleta: Sevilla: Shakespeare: sien: sífilis: sílaba: Sileno: silo: sillón: sinfonía: sistemas: Smith y Wesson: sociedad: soldado: solidez: soltera: sollozo: sombrío: soneto: soplo: sortija: Spencer: *spleen:* sudario: sufrimiento: suicidio: superficie: suplemento: Sur: tabla: Talavera: talco: Tanagra: tapiz: tarea: teatro: techumbre: tela: telaraña: telegrama: telón: Téllez, don Sancho de: tempestad: terceto: terciopelo: término: *tête-à-tête:* texto: tijera: tila: timbre: tiniebla: tinta: tiquismiquis: titán: tizona: toga: tónico: tortura: trabajo: trama: tren: Triptolemo: triste: tristura: tritón: triunfador: triunfo: trivial: trompa: trono: tulipán: Tunja: unión: Universo: Urdimalas: urna: usurero: vainilla: valor: vanidad: vara: vasija: vela: velador: vena: ventura: verano: verdadero: verdura: veredicto: vieja: vigilia: vigor: vil: violín: virgen: virtud: vítor: vitrina: viudo: vocecilla: vocerío: Vogt: vuelta: vulgo: Wagner: Wundt: yedra: yegua: yelmo: yogui: zapatico: zarzal: Zola, Emilio: zona.

ADJETIVOS

30. triste. 28. oscuro. 23. pálido: vago. 21. grave. 20. negro. 19. blanco: viejo. 18. grande: pobre. 15. dulce: húmedo: perdido: sombrío. 14. humano. 13. hondo. 12. incierto: mudo: puro: santo. 11. frío:

largo: loco: misterioso. 10. extraño: marchito: místico: muerto: supremo: sutil: último. 9. fantástico: hermoso: inmenso: leve: profundo: risueño: silencioso: sonoro: suave: tranquilo: trémulo: vivo. 8. claro: dormido: eterno: fresco: ignorado: ignoto: lejano: noble: olvidado: raro: rítmico: rojo: rosado. 7. ágil: alto: antiguo: ardiente: errante: feliz: fino: frágil: gris: infantil: melancólico: peregrino: primero: rubio: rudo: tibio: vano. 6. abierto: alegre: amante: azul: breve: brillante: cansado: diáfano: dorado: lírico: sonrosado: tenebroso: trágico: verde. 5. abandonado: borroso: bueno: cariñoso: cierto: confuso: desierto: enorme: fijo: infinito: inquieto: íntimo: junto: mustio: nuevo: oculto: potente: roto: soberano: sonriente. 4. agitado: amargo: amoroso: amplio: audaz: áureo: blando: divino: duro: escondido: fatigado: fuerte: hecho: imposible: infame: lento: ligero: matinal: mejor: monótono: nupcial: opaco: pensativo: perfumado: plácido: postrero: rápido: remoto: rico: sabio: secreto: sencillo: serio: severo: solemne: transparente: único: velado: verdoso: yerto. 3. agonizante: alabastrino: alado: bello: bendito: callado: cerrado: coronado: desprestigiado: desteñido: distante: enamorado: encarnado: español: espeso: fatal: fúnebre: grato: grisoso: helado: hispano: idolatrado: igual: infeliz: intenso: inútil: latino: maldito: marino: mísero: níveo: pasado: pasajero: pequeño: piadoso: poderoso: postrimero: querido: rígido: sagrado: seco: secular: sereno: soñador: tembloroso: terrible: tupida: unido: vacío: vestido: vil. 2. absoluto: adorable: aéreo: agudo: angustioso: ansioso: añejo: apoyado: argentado: augusto: azuloso: blondo: borrado: bullicioso: cadencioso: cálido: carnal: caro: ceñido: cincelado: colgado: colonial: colosal: complicado: conmovido: conocido: corrompido: cuidadoso: dado: débil: dejativo: desconocido: descuidado: deshecho: desnudo: difunto (dij—): digno: encendido: enclenque: enfermizo: enfermo: enternecido: entreabierto: envuelto: escaso: escrito: estrecho: excepcional: fatuo: formidable: franco: fugitivo: furtivo: futuro: gigante: grueso: guerrero: heráldico: hirviente: histórico: ideal: ido: imponente: incansable: incomprensible: indiferente: inerte: inocente: interior: joven: juvenil: lácteo: lánguido: letal: levantado: libre: lilial: lindo: literario: lujoso: luminoso: mágico: majestuoso: maniático: maternal: mayor: mirrino: mortal: mortuorio: mullido: naciente: nublado: patrio: penoso: pesado: plañidero: polícromo: proyectado: quedo: recio: reñido: rizoso: róseo: rubendariaco: sacrosanto: sedoso: sentimental: separado: sexual: sonoroso: sosegado: sublime: tallado: teatral: tenaz: tendido: tenue: tristísimo: turbio: venidero: venusino: vibrante: vívido. 1. abundante: acero: acompañado: actual: adolorido: adorado: adormecedor: adornado: adverso: airado: airoso: ajado: ajeno: alborotado: aldeano: alzado: ameno: americano: amigo: ancho: andaluz: angosto: anticuado: argentífero: aristocrático: aromado: artificial: arrepentido: arrodillado: asado: asido: asqueroso: atento: aterrador: atronador: austero: bajo: bárbaro: bélico: bendecido: bestial: Bizancio: bizantino: blanquecino: blasonado: bonachón: borrascoso: bronco: brutal: burlador: cabal: caduca: calado: calmado: campesino: campestre: cándido: cantor: caótico: cárdeno: cargado: carmesí: cercano: cesáreo: ciego: científico: clásico: clavado: cobarde: codiciado: colocado: complacido: consagrado: consolador: constelado: contagioso: continuo: contrario: conventual: corroído: crepuscular: creyente: crisodino: crispado: cristiano: cruel: cubierto: cumplido: chino: chipriota: decadente: decidido: decisivo: dedicado: definitivo: delicado: delicioso: demasiado: denso: derruido: descompuesto: desdichado: desencantado: desgarrador: desplegado: desprendido: destrozado: difuso: discreto: disperso: displicente: diverso: dolorido: doloroso: dominical: dulcero: durable: durísimo: ebúrneo: edenal: efímero: ejemplar: eléctrico: elevado: embalsamado: empapado: empinado: encantador: encorvado: enemigo: enervante: enlazado: enlutado: ennegrecido: entero: entremezclado: enturbiado: envenenado: eolio: épico: esbelto: escéptico: esclavo: escolástico: espacioso: espesísimo: estancado: estéril: estremecido: estupendo: estúpido: etéreo: expuesto: exquisito: extremo: fecundo: femenil: fénico: feral: feraz: feroz: férreo: fiel: final: firme: florecido: florido: fogoso: fratricida: frondoso: garzo: gélido: gentil: glauco: gomoso: gótico: grácil: grandioso: gratísimo: grotesco: guardado: halagüeño: hambreado: hambriento: herido: heroico: hervido: hirsuta: histérico: hojoso: homicida: horrible: horrísono: hoyuelado: hueco: huesoso: huido: humilde: iluso: ilustre: imaginado: impasible: imperceptible: impertérrito: importuno: inarmónico: incesante: ínclito: inculto: indecible: indeciso: indócil: infando: infecto: ingrato: inmóvil: inseguro: insigne: instable: interno: intrépido: invicto: invisible: irónico: jocoserio: justo: limpio: lívido: lóbrego: lúbrico: lúgubre: macilento: maestro: magno: maldecido: manchado: manso: marfilino: marmóreo: matador: medicinal: medio: medioeval: melódico: menguado: mezclado: *midnight:* miserable: moderno: mohino: movible: móvil: muelle: múltiple: mundano: municipal: musgoso: nacarado: nacarino: nacional: nebuloso: nervioso: nocturno: oído: opalino: ópalo: opimo: oprimido: opulento: pardo: pasmoso: pausado: peligroso: penetrado: penetrante: perlado: pertinaz: perverso: pobrecito: poético: popular: portador: posible: preciso: presuntuoso: presuroso: primaveral: primitivo: prolongado: propicio: pueril: puesto: pulido: purpurado: quieto: raudo: recogido: reconcentrado: recostado: regio: religioso: rémington: rendido: repetido: retejido: retirado: riente: rizado: robusto: rodeado: rojizo: roso: rotulado: rural: rústico: salobre: sangriento: sano: santificado: satánico: saturado: sazonado: sedeño: sediento: seguro: semi-romántico: senil: sensible: señorial:

sepultado: sibilino: sideral: silvestre: sincero: siniestro: sobrehumano: solar: solitario: soñoliento: súbito: suelto: suicida: superior: suprimido: suspendido: taciturno: tempestuoso: tentador: terso: tetro: tierno: tísico: titánico: torcido: torvo: tosco: tradicional: transitorio: translúcido: triunfal: trivial: tropical: ulterior: umbrío: umbroso: universal: vagoroso: valiente: vario: vasto: vecino: vendido: ventripotente: venturoso: verdadero: verdecino: verdeoscuro: vespertino: vetusto: virgen: virgíneo: viril: viscoso: vislumbrado: viviente: voluptuoso.

VERBOS

118. ser. 48 ir(se). 44. decir. 42. hacer(se). 41. estar. 40. tener, 30. dar: ver. 28. mirar. 21. dejar. 20. cantar: pasar. 19. cruzar: seguir: sentir. 18. dormir(se): vibrar. 17. hablar: oír(se): venir. 16. guardar: huir. 15. haber. 14. pensar: sonar: volver(se). 13 alzar(se): llorar: soñar. 12. llegar: temblar. 11. buscar: llamar: llevar: morir(se): perder(se): querer: reír(se). 10. brillar: encontrar(se): forjar: nacer: sonreír(se). 9. abrir(se): bajar: escuchar: llenar: marcar: parecer: saber: tomar: volar. 8. alumbrar: amar: contar: flotar: gritar: marchar: poblar(se). 7. acercarse: agitar(se): beber: curar(se): esperar: leer: levantar(se): poner: subir: tornar(se): traer: verter. 6. caminar: cansar: correr: descansar: detener(se): encerrar: formar(se): mover(se): poder: tender. 5. bañar(se): caer: casar(se): conocer: contemplar: crecer: cubrir: evocar: lograr: murmurar: narrar: perfumar(se): recordar: sufrir: tocar(se). 4. adivinar(se): arder: arrancar: arrojar: besar: bullir: callar: convertir: despertar(se): existir: expirar: extender(se): filtrar(se): gozar: juntar(se): luchar: matar: medir: mezclar: ofrecer: quedar(se): recorrer: rogar: romper: semejar: surgir. 3. abandonar(se): adorar: alcanzar: alegrar: ansiar: asombrar: aterrar: atravesar: colocar: comer(se): conservar: creer: derramar: deshacerse: entrar: escoger: esparcir: fijar: iluminar(se): interrumpir: irisar(se): meditar: ocultar(se): orar: palpitar: pedir: preguntar: recoger(se): resonar: respirar: revestir: soler: vagar: vivir. 2. acompañar: aconsejar: acordarse: adornar: agonizar: agotar: aguardar: alejarse: anidar(se): anudar(se): apagarse: aparecer(se): aprisionar: aumentarse: balancearse: borrar: brindar: brotar: causar: cavar: celebrar: centellear: cerrar: clamar: clarear: comenzar: comparar: conmoverse: conseguir: contestar: conversar: cortar: cuidar(se): destacar(se): dilatarse: disfrutar: domar: dominar: encender(se): ensayar: entregarse: envolver: escapar: escribir: estallar: estremecer(se): evitar: excitar: fascinar: girar: herir: humedecer(se): hundir(se): idolatrar: inspirar: irradiar: lanzar: limpiarse: mojar: nublar: oler: olvidar(se): palpar: penetrar: perdonar:

perseguir: posarse: prestar: proclamar: prometer: quejarse: quemar (se): reclamar: redimir: reflejar(se): renegar: reposar: resucitar(se): retratarse: rezar: salir: servir(se): silbar: sollozar: sondear: sudar: suscitar: suspirar: trabajar: trocarse: yacer. 1. abrasar: abrazar: abrevar: acabar: adormecer: adquirir: aglomerarse: agobiar: agrandarse: aguijonear: ajar: aletear: amanecer: amortiguar: andar: animar: aniquilar: anublar: apartar: aplaudir: aplicar: apoyarse: apuntar: aquietarse: arraigarse: arreglar: arribar: arruinarse: asaltar: asegurar: asemejar: asesinar: asirse: asomarse: atacar: atar: atesorar: avanzar: avecinarse: avivar: bastar: batallar: batir: bordar: cabrillear: calar: ceder: cesar: ceñirse: circular: circundar: cocinar: coger: colorar: columbrarse: coleccionar: combatir: combinar: complacerse: completar: componer: comprar: comprender: conducir: confiar: confortar: confundirse: conjurar: conmemorar: consagrar: considerar: contener: continuar: copiar: coronar, costar: currucuquear: dañar: declinar: dedicar: desafiar: descomponerse: descubrir: desear: desechar: desfilar: deshojar: deslizarse: despeinar: despreciar: desteñir: desterrar: desviar: devolver: dirigir: disipar: disminuir: dispersar: doblar: doblegarse: dorar: dudar: elevarse: embalsamarse: embargar: embellecer: embotar: empañar: emprender: encaminar: endulzar: endurecer: enervar: enflaquecerse: enflorar: englaucarse: engrandecerse: ensoñar: entablar: entender: entenebrecer: entrañar: entrever: envidiar: esbozar: escandir: esconder: esculpir: esfumarse: eslabonarse: espernancarse: espumar: estimular: estragarse: estrechar: estrenar: exaltar: exclamar: expiar: extremar: faltar: fatigar: forcejear: fortificar: fraguar: fundir: germinar: grabar: guiar: habitar: halagar: hallar: hollar: honrar: ignorar: impedir: impetrar: implorar: improvisar: inclinar: inmortalizar: invadir: invertir: invocar: jugar: labrar: ladrar: laudar: legar: libar: lidiar: machacar: maldecir: mandar: mecer: mejorarse: meterse: mostrar: nombrar: notar: obligar: obtener: odiar: ofrendar: ondular: oprimirse: organizar: osar: ostentar: padecer: pagar: palidecer: partir: pasearse: pasmar: pegar: perecer: perfilar: picar: pisar: poetizarse: practicar: preferir: prescribir: presentarse: presidir: prevenir: producir: prohibir: prolongarse: pronunciar: proseguir: prosternar: provocar: publicar: pulir: purificar: quebrarse: rebosar: recibir: recobrar: recubrir: reducir: regar: reinar: rendir: repetir: resistirse: responder: retornar: revolar: rimar: rodear: sacar: saciar: sacrificarse: sacudir: saltar: sanar: sellar: sembrar: sentarse: sepultar: sobrar: sorprender: sugerir: suicidarse: sujetar: suprimir: surcar: suspender: tapar: tascar: temer: teñir: tiritar: trazar: triunfar: tumbar: unir: vacilar: vencer: vender: vengar.

VERBOS USADOS NOMINALMENTE

5. pasar. 4. ver. 3. llegar. 2. caer: conmoverse: decir: dejar: girar: ir(se): morir: nacer: pensar: tocar. 1. agitarse: apagarse: asomar: bajar: batallar: besar: brotar: comenzar: convertirse: cruzar: deshacerse: doblar: entrar: envolver: extenderse: galopar: inspirarse: levantarse: mirar: oír: perderse: ponerse: querer: regresar: renegar: resonar: salir: sonar: soplar: sufrir: terminar: venir: vivir: volver.

APENDICE III

SELECCION DE ARTICULOS CRITICOS

Entre los artículos que son una contribución definitiva para los trabajos de investigación sobre el modernista colombiano, hemos escogido tres para acompañar a este estudio del arte de José Asunción Silva. Por ser de fácil obtención, no hemos incluido algunos de los varios artículos distinguidos, limitándonos solamente a aquellos más difíciles de adquirir. Los presentamos sin cambios ni retoques. Las fuentes de estos artículos se encuentran en nuestra bibliografía.

1. RUFINO BLANCO FOMBONA: "JOSE ASUNCION SILVA"

Otros poetas de América han sido más populares que José Asunción Silva. Para que el gran público, y aun la mayoría de los escritores tuviese, dentro y fuera de Colombia, su patria, noticias más o menos claras de él ha sido menester todo el ruido que se ha hecho en torno del modernismo y que el poeta se ausentara de la vida, abriéndose la tumba por su propia mano.

Esta obscuridad que rodeaba al nombre del poeta, mientras el poeta vivió, proviene de múltiples causas. Primera el público de América no estaba preparado a las novedades mentales de José Asunción Silva, máxime cuando éste floreció, y sólo fue habituándose a las de estilo, más tarde, merced al movimiento modernista; segunda, por el pudor de aquel espíritu selecto y de orgullo que le impedía los procedimientos ruidosos de la añagaza y del campaneo reclamista; tercera, el que la prensa de Bogotá, en donde comenzó a estampar, es demasiado localista y sale poco de Colombia; cuarta, que publicaba por rareza, escéptico como era y desdeñaba los sufragios de la muchedumbre literaria; quinta, que su obra, conservada en casi su totalidad inédita, hundióse en el mar cuando el naufragio de "l'Amérique", en las costas de Colombia, en 1895; sexta, última y principal causa, que la hermosura de ese poeta no consiste principalmente en el encanto de la forma, sino en la distinción y sin paridad del espíritu.

A Rubén Darío lo admiraron fácilmente, sobre todo aquellas personas que tenían una cierta iniciación de literatura, un ligero barniz de letras, como que los poemas de Darío seducen y halagan por la forma. Son la obra de un sensual, de un pagano, de un orfebre, sin grandes complicaciones intelectuales: los temperamentos artísticos, los voluptuosos, los amigos de novedades formales, los snobs, podían comprenderlo, gustarlo, aplaudirlo. Lugones era el poeta de un país simpático a la América, de un país de resonancia; era un poeta ruidoso, fuerte, imaginativo, de cal y canto; era seguro que iba a deslumbrar a los violentos, a los instintivos, a los tropicales de imaginación enfiebrada y amorosos de las sólidas construcciones verbales. Díaz Mirón hablaba el lenguaje de la rebeldía a gente rebelde; Chocano el de todo el mundo, a gente vulgar.

José Asunción Silva era otra cosa. Con dificultad poeta como éste hará eco y encontrará espíritus fraternos en nuestras democracias. La belleza de José Asunción Silva no consiste en la mera galanura de la forma; su belleza está por dentro. Sus versos no son por lo común, tan novedosos; lo raro es su espíritu. La forma literaria de que él se sirve, ya en prosa, ya en verso, puede rivalizar con la de otros artistas; lo que no se parece a nadie en América es su alma. Por eso, en América, iba a ser incomprendido.

Señoritas histéricas que se contorsionan leyendo versos llameantes de sensualismo; estudiantes de espíritus mal desbastados; periodistas de mentes pesadas que se dejan mecer por el ritmo como dentro de una isócrona hamaca: políticos escépticos, que leen un poema, si es corto, como una noticia escandalosa, por pasatiempo; groseros comerciantes, sudados y prácticos; agricultores que entretienen la noche de los desiertos campos con la hoja periódica de la ciudad vecina o con el volumen, aunque sea de poemas, que la casualidad, disfrazada a ocasiones de hija, deja caer en sus callosas manos las incontables legiones de la mediocridad borlada y presuntuosa, que pululan en profesiones llamadas liberales: todo ese público americano, por lo común cerrado a la comprensión del arte, ese público de agricultores, comerciantes, politicastros, repórteres, ingenieros sorbidos por el cálculo, médicos que no han estudiado sino sus textos, abogados que no conocen sino el código, universitarios petulantes y mujeres con el alma en el clítoris, ¿cómo iban a comprender esa alma de selección, ese corazón atormentado, ese espíritu en angustia? Porque en Silva se aliaban el instrumento corporal, extremadamente sensible, receptor maravilloso de emociones, y el espíritu curioso e insatisfecho, el pensamiento enfermo de interrogaciones, con el anhelo del más allá y la peor de las angustias, la angustia metafísica.

No. Nada de común había entre las democracias americanas que viven de absolutismo, de afirmaciones y negaciones, y esa mente crepuscular y titubeante. No. Nada había de común entre la fronda literaria del trópico lujurioso y este páramo helado que tenía el fuego en las entrañas como los volcanes andinos, encapuchonados de nieve. No. Nada había de común entre esos atareados países de compra-ventas y este contemplativo; entre esas tierras de sufragio universal y este aristócrata; entre esas repúblicas de charlatanes y este silencioso; entre esos paraísos de la mediocridad y este ser de excepción. No. José Asunción Silva no podía ser popular en América y no lo fue. En Alemania o en Francia lo hubieran admirado.

Hadas propicias asistieron a su nacimiento y lo colmaron de dones. Lo tenía todo: la alcurnia clara, el patrimonio hereditario, la hermosura física, la selección de la mente y la pluma de oro. Sino que Caberosa, jorobada y maligna, transportó la cuna de Alcibíades a un medio inadecuado.

* * *

Lo que era su alma pueden comprenderlo aquellos hombres capacitados para alcanzar estas cúspides, con la lectura de sus poemas salvados, aunque, a la verdad, juzgarlo por semejantes fragmentos vale como reconstruir un megaterio con un hueso y rehacer o imaginar una ciudad desaparecida por la estatua de alguno de sus dioses.

Su desinterés, su desamor de la política lucrativa, de las especulaciones bursátiles, de las triquiñuelas de pulpería, del éxito que se cotiza, lo prueba su vida entera y lo expresó él bien a las claras en carta a una artista. Allí expuso:

"Usted y yo, más felices que los otros que pusieron esperanzas en el ferrocarril inconcluso, en el ministerio incapaz, en la sementera malograda, o en el papel-moneda que pierde de su valor, en todo eso que interesa a los espíritus prácticos, tenemos la llave de oro con que se abre la puerta de un mundo que muchos no sospechan y que desprecian otros..."

Silva continúa hablando con su corresponsal. Nosotros sorprenderemos briznas de esa charla epistolaria para descubrir la psicología del poeta:

"Ya ve usted cómo al cabo de dos años nosotros adoramos con más fervor lo que queríamos entonces, y ellos han perdido sus ilusiones... Los dos hemos escogido en la vida la mejor parte, la parte del ideal, la parte de María; y mientras que Marta prepara el banquete y lava las ánforas, nosotros, sentados a los pies del Maestro, nos embelesamos oyendo las parábolas."

El poeta se acusa ante su amiga de haber sentido también las tentaciones vertiginosas del oro.

Y agrega:

"Aconsejado, en esas horas de aridez espiritual por mi confesor laico, un viejo psicólogo que tiene en su celda, por todo adorno, una copia de la «Melancolía», de Alberto Dürer, y que posee a fondo los secretos sutiles de la dirección de las almas, he alcanzado grandes consuelos; y he restablecido la paz interior leyendo y meditando mucho aquellos versículos suavísimos de la «Imitación»":

> Excedunt enim spirituales consolationes, omnes
> mundi delicias, et carnis voluptates.
> Nam omnes deliciae mundanae aut vanae sunt, aut
> turpes.
> (De Imitat., lib. II, cap. X.)

No hago a humo de pajas la transcripción. La hago para que se adviertan el modo de prosar de Silva, su cultura literaria, que era enorme, su delicadeza de expresión, la coquetería de citar a Kempis en latín, y sobre todo la actitud de su espíritu, en guardia contra la vulgaridad, y amparándose contra la vida en las consolaciones morales. Pero, ¿era un creyente? No. Era un escéptico, un espíritu el menos dogmático. Idealista, no quiere, sin embargo, dejarse sorprender por mentidos apóstoles de idealismo; y sabe que la naturaleza clama en el fondo del ser, como un león en un antro:

> No tiene la verdad, límites, hijo,
> Del gran Pan, dios bestial, la hirsuta barba
> Y los cuernos torcidos se columbran
> Del ideal tras de la frente pálida.

Este hombre que mira hacia el azur, no olvida la tierra materna.

Si Jesús predica que se dé al César lo que es del César y a Dios lo que es de Dios, el bardo quiere para el espíritu lo que es del espíritu: la meditación, y para la juventud lo que es de la juventud: el amor.

> ¿Por qué de los cálidos besos,
> De las dulces idolatradas
> En noches jamás olvidadas
> Nos matan los locos excesos?
>
> ¿Son sabios los místicos rezos.
> Y las humildes madrugadas
> En las celdas sólo adornadas
> Con una cruz y cuatro huesos?
>
> No, soñadores de infinito,
> De la carne el supremo grito
> Hondas vibraciones encierra;
>
> Dejadla gozar de la vida
> Antes de caer, corrompida,
> En las negruras de la tierra.

Este idealista se enraiza, como se advierte, en la tierra potente y creadora; y saca de los jugos nutricios de la vida la savia que corre por sus cantos, e hincha los tallos y lustra de verdegay o de verdeobscuro las hojas trémulas de su poesía. La actitud más constante de su pensamiento, enfrente de la naturaleza, es la del interrogador; pero la respuesta de la esfinge no satisface al demandante y el pesimismo lo ensombrece:

> Estrellas, luces pensativas,
> Estrellas, pupilas inciertas,
> ¿Por qué os calláis si estáis vivas,
> Y por qué alumbráis si estáis muertas?

Y como no puede resolver todos los problemas que se propone su espíritu inquieto y pesimista, Silva a veces se angustia y a veces rompe en amarga y dolorosa sonrisa de impotente ironía. El poeta pregunta a la Tierra:

> ¿Por qué la vida inútil y triste recibimos?
> ¿Hay un oasis húmedo después de estos desiertos?
> ¿Por qué nacemos, madre, dime, por qué morimos?
> ¿Por qué? Mi angustia sacia y a mi ansiedad contesta.
> Yo, sacerdote tuyo, arrodillado y trémulo,
> En estas soledades aguardo la respuesta.
> La tierra, como siempre, displicente y callada,
> Al gran poeta lírico no le contestó nada.

El jugo filosófico que se exprime de las meditaciones de este poeta es semejante a aquel que amargó a Salomón en su felicidad y a Leopardi en su infortunio; pero mezclado con un terrón de ironía que le presta nuevo sabor. La vida es un mal, un mal incurable. ("Lázaro".) La naturaleza permanece muda ante las interrogaciones y devora, en su crueldad de esfinge, a los que no saben interpretarla. Pensar mata. ("La respuesta de la tierra" y "Psicopatía".) Todo es uno y todo es lo mismo. ("Realidad.") Lo aqueja, dice:

> El mal del siglo, el mismo mal de Werther,
> De Rolla, de Manfredo y de Leopardi:
> Un cansancio de todo, un absoluto
> Desprecio por lo humano, un incesante
> Renegar de lo vil de la existencia,
> Digno de mi maestro Schopenhauer;
> Un malestar profundo que se aumenta
> Con todas las torturas del análisis.

La ironía pone una sonrisa, más dolorosa que una lágrima, en el rostro del poeta. A ese hombre que padece torturas morales, a ese neurópata que se lamenta de sufrir el mal de Leopardi y que terminará sus días como Rolla y como Werther, el mundo no lo comprende. Consulta al médico, en vez de consultar al psicólogo.

Silva sonríe melancólicamente con la respuesta materialista y obtusa:

> Eso es cuestión de régimen: camine
> De mañanita; duerma largo; báñese;
> Beba bien; coma bien; cuídese mucho.
> Lo que usted tiene es hambre.

Este poeta que tiene hambre, un hambre desconocida para el vulgo, aunque sea vulgo doctorado, hambre de infinito, prevé su fin. Su caso es grave; lo acosa el anhelo de alzar, con el cañón de una pistola, el velo de Isis. De él dice otro médico más sagaz (los médicos abundan en Silva): está enfermo,

> Y no se curará sino hasta el día
> En que duerma a sus anchas
> En una angosta sepultura fría.
> Lejos del mundo y de la vida loca,
> Entre un negro ataúd de cuatro planchas,
> Con un montón de tierra entre la boca.

La forma de su poesía se acuerda con el pensamiento del cual es ropaje. Una expresión clara, elegante por las líneas, no por perendengues y arrequives, sirve de trasunto a los graves pensares de este poeta, pariente espiritual de Sully Prudhomme, de Campoamor y de Rafael Núñez, magno éste como pensador, como poeta, como estadista, escéptico como Silva, poeta como Silva y como Silva nacido en esa próvida tierra de Colombia.

Los versos de Silva, que él no recogió siquiera en volumen, que ni siquiera bautizó con un nombre, que más bien quería, según cuentan, quemarlos; los versos de Silva son lo menos niagarescos posible, lo menos vacuos y sonorosos, lo menos "divino Herrera" que puede imaginarse; lo menos españoles, en sentido oratorio y declamador. El tribunicio Chocano no los comprendería y el crítico madrileño, aunque de Asturias, don Andrés González Blanco, hoy mi amigo, aseguraría que son mera y vil prosa. Los versos de Silva no son tampoco filigranas líricas más o menos inconsistentes. Audacias de forma iniciaron entre nosotros esos poemas, sin embargo. El mejor "Nocturno" de Silva, su "Nocturno" divino, azorado y añorante, deleitaba a los jóvenes caraqueños de 1894, no por la gota de acíbar y la gota de infinito que resbalan por él, sino merced a las audacias métricas que recordaban hexámetros de Poe, conocido entre nosotros por las magníficas versiones de Pérez Bonalde y el versolibrismo de los simbolistas franceses, que iniciaron Rimbaud y Laforgue en 1886, y que apenas conocíamos. Aplaudían ese "Nocturno" del gran poeta los jóvenes caraqueños de 1894, y lo aplaudían hasta romperse las manos, más por ser un dechado de versolibrismo que por ser una elegía suprema, más por la hermosura y oriente de la perla que por ser la perla una lágrima:

Y mi sombra
Por los rayos de la luna proyectada,
Iba sola,
Iba sola,
Iba sola por la estepa solitaria;
Y tu sombra esbelta y ágil,
Fina y lánguida,
Como en esa noche tibia de la muerta primavera
Como en esa noche llena de murmullos, de perfumes y de músicas
[de alas,
Se acercó y marchó con ella,
Se acercó y marchó con ella,

Se acercó y marchó con ella... ¡Oh, las sombras enlazadas!
¡Oh, las sombras de los cuerpos que se juntan con las sombras de las
[almas!
¡Oh, las sombras que se buscan en las noches de tristezas y de
[lágrimas!

* * *

Poemas de Silva, como "Día de difuntos" y el titulado "Al pie de la estatua", son meditaciones. Estas meditaciones sugieren la imagen de un hombre, las sienes en las manos, la mente en lo infinito. Algunos de estos poemas, precisamente por el tono cogitabundo, evocan lejanos acentos de la poesía inglesa, si descontamos aquellas limitaciones propias del carácter y del espíritu ingleses, de un positivismo presente, por lo común, hasta en los raptos de mayor devaneo; aunque a estas limitaciones las llamarían otros virtualidades, y a ellas se debe acaso el que en Inglaterra haya nacido Bacón, el Bautista de la verdad moderna. Roberto Browning y Elizabeth Barret Browning, por ejemplo, y uno más alto, Shelley, que cuentan entre los más puros idealistas británicos, meditan en verso. Silva también medita. Pero Silva se distancia de Browning hasta por la perspicuidad y precisión del genio latino; de Elizabeth, aunque no fuera sino por la disparidad de sentir y de pensar que se revelan entre una mujer que después de los cuarenta años piensa en casarse y se casa y un hombre que, antes de los cuarenta años, piensa en matarse y se mata. Shelley, personalmente, es más fogoso que Silva. Este, de temperamento suave, aunque hombre altivo, jamás hubiera embestido a la gazmoñería con aquel panfleto célebre: "On the necessity of atheism". Cuanto poeta, para Shelley la civilización es un mal, como obra del hombre al fin. Para Silva el mal es la vida misma.

José Asunción Silva se vincula más bien a poetas latinos como Antero de Quental y Leopardi. Sea como sea, y aunque de la obra de Silva no resten sino fragmentos descalabrados, trozos inconclusos y bocetos —lo que también impide el compararlo con poetas de obra definitiva— Silva medita en algunos de sus poemas y este meditar le imprime un sello peculiarísimo que lo distingue entre todos los poetas modernistas de América. Esas meditaciones en verso no son filosofía rimada, ni el Eclesiastés en endecasílabos, ni la sociología con consonantes, sino el monólogo de un poeta ante el espectáculo de la vida y de la muerte. Este género de poesía no es muy común en castellano; porque no debemos confundirla con las rotundas y prosaicas negaciones de Bartrina, con los salmos rimados del católico Pesado, con la duda retórica y fingida de Núñez de Arce, con el escepticismo sonriente de Campoamor. Quizás su más distante abuelo en lengua española sea aquel escéptico elegista llamado Jorge Manrique y su antecesor último el poeta de "Que sais-je", con Rafael Núñez, el presidente de Colombia, a quien juzgó sin comprender y con irrespeto aquel delicioso don Juan Valera que fue toda su vida el más constante ejemplo de como pueden aliarse el buen humor, la erudición y el don de escribir, con la más absoluta incomprensión de las obras y las almas ajenas.

Respecto a Silva, para hacer comprender su manera de reflexionar en verso, escojamos el poema "Ante la estatua", por ser uno de los mejores y más luengos que de él se conservan; por no tratarse allí de abstracciones sino de un hombre y una vida que el público de América conoce de memoria; por no ser un arranque o "boutade", sino larga meditación sostenida con aliento y singular nobleza. Se trata de la estatua de Bolívar por Tenerani, erigida en Bogotá. Unos niños juegan al pie del bronce. El poeta lo observa, sin antítesis a lo Víctor Hugo, sino con lengua reposada y maestra; y agrega:

> Nada la escena dice
> Al que pasa a su lado indiferente,
> Sin que la poetice
> En su alma el patrio sentimiento...

En cambio el poeta fija en tal escena sus miradas y piensa, ante el espectáculo de la vida, en lo que dice el alma de las cosas. El poeta escucha en su interior una voz que le habla del héroe, de la manera menos heroica:

El viento de los siglos
Que al tornar al través de las edades
Va tornando en pavesa
Tronos, imperios, pueblos y ciudades,
Se trueca en brisa mansa
Cuando su frente pensativa besa.

El poeta recuerda las somnolentes generaciones coloniales y cómo una sola generación, por su voluntad de sacrificio, se empinó sobre todas ellas y pudo redimirlas. Ve erguirse la figura del Padre de la patria y quiere rememorar y rememora, no las horas de felicidad y de triunfo, sino las de infinita amargura en que se abrevó aquella alma selecta:

Di tú las hieles,
Tú que sabes la magia soberana
Que tienen las ruinas,
Y el placer huyes y su pompa vana,
Y en la tristeza complacerte sueles;
Di en tus versos, con frases peregrinas,
La corona de espinas
Que colocó la ingratitud humana
En su frente, ceñida de laureles.

Silva quiere un canto encendido y purificador, vivaz y purificador como una llama, un canto que abrase los labios. Es necesario redimirnos por el dolor. El genio y el martirio tienen derecho a homenajes.

Hazlo un grano de incienso
Que arda, en desagravio
A su grandeza, que a la tierra asombra,
Y al levantarse al cielo un humo denso
Trueque en sonrisa blanda
El ceño grave de su augusta sombra.

Lógico parece que si un poeta de la estirpe intelectual de Silva cantase a Bolívar cuya vida entera, según la expresión de Unamuno, "rezuma poesía", se fijara de preferencia, no en el lado brillante y epopéyico, sino en el segmento sombrío, en la amargura que devoró, más que por obra de los hombres, por su propia naturaleza de sensitivo y de neurópata. Porque Bolívar tuvo de veras, la tristeza salomónica, la tristeza del fuerte, la tristeza del sabio, la tristeza en medio de las prosperidades. En la cima del poder y de la gloria, sintiendo la inanidad del triunfo y la infinita vanidad de todo, escribe al marqués de Toro una carta melancólica y exclama en ella: "Mis tristezas provienen de mi filosofía". Es la amargura del Eclesiastés la que corre desde ese año por su pluma, antes de ilusión, y áloe lo que fluye de su espíritu, antes optimista. ¿Qué mucho que Silva, cuya mente tuvo concomitancias con la mente, ya desilusa, del Libertador simpatizara con las angustias espirituales del héroe? Tanto más simpatiza con ellas cuanto el gran poeta las atribuye a la corona de espinas,

Que colocó la ingratitud humana
En su frente, ceñida de laureles.

Esa misma corona de espinas, en aquellos mismos países y por obra de aquella misma gente, incomprendedora y perversa, la estaba advirtiendo el poeta sobre su propia frente. ¿Cómo no iba a sentirse movido a pensar en aquel dolor que comprendía? Pero el poeta no abandona la serenidad. Su meditación es grave.

El grito no descompone las líneas del rostro a su musa pensativa ni el movimiento desordenado altera los pliegues del peplo. Cuando va a terminar el poeta su meditación advierte de nuevo el correteo de la muchedumbre infantil en torno y al pie de aquel bronce,

alzado de los hombres para ejemplo.

El poeta, como el héroe, también cree en la inanidad del esfuerzo y exclama, conversando de pensamiento, con el Libertador:

Te sobran nuestros cantos...

Entretanto la vida, efímera y bulliciosa, en forma de niños, retoza en torno del bloque inerte que se levanta hacia el espacio, como una aspiración a lo infinito.

Tal es la manera como encara la musa de José Asunción Silva temas que son pábulo a comentarios generosos, a solemnes y amenas divagaciones.

*

* *

José Asunción Silva ha ejercido influencia, si no ética, estética en algunos de los más resonantes poetas americanos: Darío, por ejemplo. Sólo que la falta de crítica en castellano contribuye a que esto se ignore.

Paul Groussac sorprendió a Darío en sus ágiles labores de calco y enseñó al atareado poeta con el dedo, no sin delectación, para que sirviese de escarnio a los transeúntes. Yo también lo sorprendí luego calcando a Moréas. Rubén quería,

Ser en la flauta Pan como Apolo en la lira;

deseo ambicioso, aunque digno de un poeta; sólo que al nicaragüense no le salía tanta arrogancia del corazón sino de la memoria. Ya Moréas, en su "Offrande à l'Amour" había también soñado con ser

Apollon sur la lire et Pan dans les pipeaux.

Pero pongamos de lado a los poetas simbolistas de Francia, cuya influencia nadie desconoce en Rubén Darío. Recordemos, sí, a poetas americanos como José Asunción Silva, a quien silencia deliberadamente Darío, y a quien sin embargo debe monedas líricas acuñadas con la efigie de este infortunado y altísimo citarista.

Darío escribió un soneto lindo, titulado "Parsifal", del que transcribo los cuartetos y el primer terceto:

Violines de los ángeles divinos,
Sones de las sagradas catedrales,
Incensarios en que arden nuestros males,
Sacrificio inmortal de hostias y vinos;

Túnica de los más cándidos linos,
Para cubrir a niños virginales,
Cáliz de oro, mágicos cristales,
Coros llenos de rezos y de trinos;

Bandera del cordero, azul y blanca,
Tallo de amor de donde el lirio arranca,
Rosa sacra y sin par del santo Graal...

¿No recuerda esa enumeración la enumeración de "Vejeces", del grande y malogrado poeta de Colombia?

Colores de anticuada miniatura
Hoy de algún mueble en el cajón, dormida,
Cincelado puñal, carta borrosa,
Tabla en que se deshace la pintura
Por el tiempo y el polvo ennegrecida...
....
Sortija que adornaste el dedo fino
De algún hidalgo de espadín y gola,
Mayúsculas del viejo pergamino,

Batista tenue que a vainilla hueles,
Seda que te deshaces en la trama
Confusa de los viejos brocateles;
Arpa olvidada que al sonar te quejas,
Barrotes que formáis un monograma
Incomprensible en las antiguas rejas...

La imitación se acentúa más en otros poemas, en donde el metro adquiere en Darío la propia música de Silva.

¿Quién no recuerda aquel maravilloso "Aire Suave", de Rubén?

Era un aire suave, de pausados giros,
El Hada Armonía ritmaba su vuelo
E iban frases vagas y tenues suspiros
Entre los sollozos de los violoncelos.

Ese poema de Rubén es, no sólo uno de los mejores que hizo en sus buenos tiempos, sino uno de los mejores que existen en lengua castellana. Mucho y con justicia celébrase en tales versos "el aire efectivamente acariciador", como escribe el maestro Rodó, "que simula en ellos el ritmo". Pues bien, ese "aire" ya se había insinuado, suave y acariciador, en versos de Silva. El poeta, en "Crepúsculo", recuerda los divinos cuentos infantiles que todos aprendimos de boca de nuestra madre, o de nuestra abuela, y por donde pasan Barba Azul, Ratoncito Pérez, Caperucita Encarnada y la Cenicienta. De esta última, abandonada en la cocina, mientras los demás parten al baile, refiere Silva, por medio de una vocecilla "argentina y pura" que súbito se le presentó el hada, su madrina, y le dio:

Unos zapatitos de vidrio, brillantes,
Y de un solo golpe de la vara mágica
Las cenizas grises convirtió en diamantes.

Después, el poeta suspira, añorando:

Cuentos más durables que las convicciones
De graves filósofos y sabias escuelas,
Y que rodeasteis con vuestras ficciones
Las cunas doradas de las bisabuelas...

En el mismo aire que Rodó aplaudía, por suave y acariciador, en aquella noche de fiesta versallesca en que reía la divina Eulalia entre el vizconde de los desafíos y el abate de los madrigales.

Lo que conozco de la vida de José Asunción Silva es poco; pero lo poco que sé compagina a maravilla con la historia de su inteligencia. Era un hombre apuesto, pálido, el perfil ático, la corrida barba castaña. Vestía con elegancia. Paseaba por Bogotá en un corcel todo armiño. Fué diplomático ocasional: sirvió la Secretaría de la Legación de Colombia en Caracas durante corto tiempo, en 1893. Fue querido por las mujeres, y envidiado por los hombres. Una hermana suya, la más linda mujer de Bogotá, según cuentan, viéndolo hermoso e infeliz, lo amó de amor (¿hasta más allá de donde debía?) como Lucila a Chateaubriand. En Caracas los envidiosos y los "ratés" lo apodaron "la casta Susana"; en Bogotá toda la canalla de pluma y toda la muchedumbre de levita se conjuró en contra del poeta y del mundano, al punto de que Max Grillo, crítico de letras compatriota de Silva, señala entre las circunstancias que concurrieron a la muerte de éste: "La discrepancia entre el medio social en que vivió y la naturaleza de su temperamento". Era soberbio. Conocía su mérito. Buscando pretextos a la vida, dedicóse, ocasionalmente, al comercio; y se arruinó llevando a Bogotá sedas de Jiriganor, tíbores de China, perfumes de Atckinson, ediciones de Elzevir, cristales de Murano y joyas de Lalique.

Cuando lo acosaban acreedores o enemigos solía exclamar: "A mí me verán muerto, nunca pálido". Tenía como se ve, por soberbia, por hastío, por curiosidad enfermiza, la obsesión de la muerte.

Un día murió la hermana bella y amada. Poco después, la mañana de un domingo —el 24 de abril de 1896—, le encontraron muerto en su cama. Se había partido el corazón con una bala.

La víspera, la noche del sábado, estuvo tertuliando en la sala de su hogar con su familia y varias personas amigas que llegaron de visita. Se tomó té, a las diez como es costumbre en Bogotá; platicóse hasta las once, o poco más, y cada quien se retiró. Antes de media noche Silva estaba en su dormitorio. Al día siguiente, a las ocho de la mañana, lo encontraron muerto en su lecho.

¿Se había matado en la noche o al amanecer? Cuando arribó el médico, a las ocho y media de la mañana, el cadáver estaba yerto y rígido, lo que inclina a creer que el suicidio ocurrió en la noche. La cabeza, ladeada sobre el hombro, ya no pudo ser enderezada. Hubo que cortar un tendón del cuello para que el cuerpo entrase en la urna.

Silva, elegante hasta en sus últimos momentos, se mató con tan estudiadas precauciones que su lecho, el lecho en que acababa de expirar, no estaba desarreglado. La bala cumplió su estrago con eficacia. La detonación ahogóla entre las frazadas con que envolvió el revólver antes de disparar. Se evitó lágrimas fraternas y maternales sobre su agonía y curiosidad o aspavientos de servidumbre. Murió como había vivido: en medio de todos, solo.

Del corazón herido, había brotado un arroyo que empurpuró las blancas sábanas. Un hilo de sangre, como una culebrita roja, serpenteaba en el suelo. ¡Ay! En ese arroyo bermejo se ahogaba una juventud; ese hilo rojo ataba una juventud; ese hilo rojo ataba una vida a la tumba.

Desaparecía el último descendiente de Oberman y de René; el último poeta que sintió, sin fingimiento, aquel mal que llamaron los latinos "taedium vitae".

Mal ejemplo el de su arte y de su vida —necesario es confesarlo—, para pueblos del trópico, paralíticos, casi todos, de voluntad, que necesitan maestros de energía y doctores del ideal práctico. Mal ejemplo sobre todo porque, poeta ilustre como fue aquel desconocido, la luz empieza a hacerse, aunque tarde, en torno de su nombre y de su obra; las nuevas generaciones se darán a estudiarlo y no sería extraño que, en su tardío entusiasmo, y por reacción, extremen el culto que se le negó en vida, en la peor de las formas admirativas: la imitación.

Mientras pasan y caen paulatinamente en descrédito y olvido poetas afiligranados y reclamistas que encantaron las noches de los colegios con sus sátiros, las veladas de villorrios democráticos con sus pálidas princesas, los ocios de los trapiches con absurdos de este jaez:

El cisne, en la sombra, parece de nieve,

José Asunción Silva, que escribió con la sangre de su corazón, como quería Nietzsche que se escribiese, cobra más arraigo en los espíritus selectos y alcanza la única influencia pasada por crisoles, la influencia que se ejerce desde el sepulcro.

(*La Revista de América*, París, Vol. I [i. e., III] febrero, 1913, págs. 191-209.)

2. NICOLAS BAYONA POSADA: "JOSE ASUNCION SILVA"

Aunque la noche está fría; aunque sobre los cerros de Monserrate y Guadalupe hay nubes oscuras que amenazan llovizna, y aunque el ambiente mismo de esta ciudad conventual invita más al recogimiento en los lechos que a la holganza en los salones, han ido llegando los invitados uno a uno y en la casona vetusta de don Ricardo Silva se nota ahora inusitado movimiento.

Allí, en la amplia sala —sala extraña en la que alterna la estera de chingalé con el tapiz persiano y contrastan los cuadros de Millet con los dibujos de Durero— se han ido reuniendo, como en los mejores tiempos de "El Mosaico", hombres de diferentes edades y de diversos credos, a quienes, sin embargo, anima idéntico amor a la belleza y una sed igual de goce estético.

Cerca del castizo costumbrista de los "Apuntes de ranchería", evocador en su "Don Alvaro" de todo el encanto colonial, ha tomado asiento esta noche el fundador ilustre del "Liceo de la Infancia", corazón bondadoso que lo mismo retoza en la letrilla festiva que se entusiasma ante los soldados de la patria; con el campesino de "Puerta Grande", embellecedor de la realidad en novela que hizo famoso un nombre de mujer, charla animadamente el creador inmortal de María, la romántica novia de todos los colombianos; el poeta de "La luna" y de "La palma del desierto" se ha colocado en un sofá, a la derecha del mago de los "Cuentos pintados" y de "El bambuco"; el castellano de Yerbabuena echa a correr sus gracejos, como perrillas retozonas, para regocijo del chispeante narrador de "Mi primer caballo" y del genial observador de "Las tres tazas", sus interlocutores, y hasta el severo traductor de Virgilio ha abandonado su mansión de Las Nieves para asistir a este ágape y, menos serio que otras veces, comenta con el dueño de la casa el último libro llegado de España a la ciudad.

De aquí para allá, de la sala al corredor y del corredor a la sala, atendiéndolos a todos, hablando con todos, un joven va y viene con andar nervioso, con movimientos ágiles. Negros los cabellos, ovalado el rostro, pálida la faz, las manos casi femeniles, en él se adivina al primer golpe de vista al individuo cuyo cuerpo es sólo el sustentáculo de una lámpara insomne que adentro le arde... Es el hijo mayor, el hombre único en la familia de don Ricardo Silva. Muy poco asistió a los bancos escolares, porque en el almacén del padre se hacía indispensable su presencia. Pero allí, tras el mostrador, en las largas horas sin clientes, el joven aquel ha logrado formarse una completa educación. Lee sin descanso, estudia a toda hora, analiza, compara, y manifiesta, de manera especial, una afición invencible a la literatura. No pocas veces le ha reprendido severamente su madre al encontrarle ensimismado dando los últimos toques a un poema...

Ya Carrasquilla y Marroquín, Fallón y Pombo, Isaacs y Caro leyeron sus más recientes producciones. Flotan todavía en el ambiente las letrillas salerosas, los cuartetos sonoros, el soneto impecable, la dulce evocación. Ha tocado el turno al novel poeta y éste no se hace de rogar.

Está enfrente de la puerta abierta, delante de la cual se extiende el ancho patio de la mansión. Un viejo cerezo la enseñorea, un brevo acompaña al cerezo y al pie de los dos árboles medran los novios y los cachacos. Golondrinas errantes han formado su nido bajo los aleros del tejado musgoso. La redonda tinaja ocupa el rincón del corredor, adornado con añejas vitelas. Un viento leve hace ondular las matas de geranio y como que lleva a la sala aquel aroma inconfundible de las casonas santafereñas, mezcla de alhucema y de papaya.

Y en la sala en silencio sigue sonando la voz rítmica:

> En alas de la brisa
> del luminoso agosto, blanca, inquieta
> a la región de las errantes nubes
> hacer que se levante la cometa
> en húmeda mañana;
> con el vestido nuevo hecho jirones
> en las ramas gomosas del cerezo
> el nido sorprender de copetones;
> escuchar de la abuela
> las sencillas historias peregrinas;
> perseguir las errantes golondrinas,
> abandonar la escuela
> y organizar horrísona batalla
> en donde hacen las piedras de metralla
> y el ajado pañuelo de bandera;
> componer el pesebre
> de los silos del monte levantado;
> tras del largo paseo bullicioso
> traer la grama leve,
> los corales, el musgo codiciado.
> Y en extraños paisajes peregrinos
> y perspectivas nunca imaginadas,
> hacer de áureas arenas los caminos
> y de talco brillante las cascadas.

Y sigue vibrando la voz de José Asunción. Emocionado termina su poesía y el auditorio, entonces, solicita ahincadamente que la repita. El joven recomienza:

> Con el encanto vago de las cosas
> que embellecen el tiempo y la distancia
> retornan a las almas cariñosas
> cual bandada de blancas mariposas
> los plácidos recuerdos de la infancia.
>
> Caperucita, Barba Azul, pequeños
> liliputienses; Gulliver gigante
> que flotáis en las brumas de los sueños.
> aquí tened las alas,
> que yo con alegría

llamaré para haceros compañía
al ratoncito Pérez y a Urdimalas!

La emoción de los oyentes es cada vez más honda. Poetas todos que acatan la métrica tradicional y la poesía sin afeites, autores los más de lindos cuadros de costumbres, hechos a base de realismo y sentimentalidad, no pueden menos de encantarse con aquellos versos sencillísimos, auténticamente clásicos, delicadamente sentidos, y que, en último análisis, constituyen un primoroso cuadro de costumbres. José Asunción Silva —piensan— ha sabido esquivar ese romanticismo llorón que empieza ya a ponerse en boga y, dentro del exquisito buen gusto que constituye la esencia misma de su poesía, llegará muy alto en el Parnaso de su patria.

Así lo manifiestan todos, tanto a don Ricardo como a José Asunción, cuando, reposado un rato el chocolate con bizcochos y el dulce de breva con barquillos, van dirigiéndose aquellos hombres a sus casas, como fantasmas que surgieran de pronto en las calles apenas iluminadas de esa Bogotá que era todavía Santafé. Y acaso el señor Caro, ya en el portón empedrado, pone la mano sobre el hombro del joven soñador a tiempo que le dice con su poeta favorito: "Tu Marcellus eris!"

*

* *

Pero confesémoslo sin reticencias... En los ensayos que Silva acaba de recitar ante un grupo de literatos eminentes, el joven poeta no aparece tal como es en ese instante. Tuvo miedo acaso, tímido como es, a la severidad de Caro, a la austeridad de Marroquín, a la sátira bondadosa de Carrasquilla. Les recitó los poemas que, a no dudarlo serían del agrado de letrados como ellos; pero reservó otros que, en versos de una factura no diversa pero sí diferente, llevan más acentuada la vibración de su alma atormentada y extraña...

Alma atormentada y extraña... Todo, en esos momentos, sonríe en torno de José Asunción Silva. La fortuna le es próspera, sus padres se desviven por él, sus dos hermanas le miran con orgullo, posee un talento superior y hasta la apostura gallarda que constituye la admiración de todos. Y, sin embargo, en el interior de ese espíritu se desarrolla ya una lucha tormentosa.

José Asunción mismo, tal vez, ha investigado la causa muchas veces. ¿Herencia?... Es posible... En la sociedad de entonces, pacata y gazmoña, su tío abuelo, don Antonio María, fue casi reputado como un demente peligroso. Tenía gustos contrarios a la época, se complacía con lo exótico, se envolvía con frecuencia en el silencio de una hacienda lejana para mejor oír la voz profunda de su propio yo... Y más refinado y extraño fue su abuelo paterno, don José Asunción, enamorado ferviente de la Muerte, amigo como el que más de las mujeres bellas, buen músico, jugador en ocasiones, y quien una noche oscura de Hato Grande, había rendido la vida al puñal asesino de unos embozados, acaso enloquecidos por los celos...

Como las leyes de la herencia se cumplen fatalmente, con Ricardo fue un hijo total de su padre. Refinado hasta el extremo, tiene caprichos que desconciertan y aficiones que asustan; se embelesa con lo nuevo y extraño; recibe de continuo las últimas novedades bibliográficas; conoce a fondo numerosos sistemas filosóficos; es tan extravagante que tiene en la ciudad más austera y tradicional del Nuevo Mundo un almacén de artículos de lujo... La educación y el medio ambiente, con todo, han encerrado su espíritu en jaulas que no puede romper, y, como para comprobar aquello de que cada cual busca lo que le falta, él, tan derrochador, tan idealista, tan meditativo, se ha unido en matrimonio con doña Vicenta Gómez, una dama de cepa antioqueña, práctica, austera, económica, brava, un tanto dominante, buscadora de ese elemento que Papini llamó "estiércol de Satanás", pero que, como ella lo piensa con gran seso, asegurará mejor el porvenir de la familia que todos los cuadros de costumbres de su marido y que todas las poesías de su hijo.

Es indispensable recordar estos hechos (desconocidos por muchos biógrafos de José Asunción Silva o callados por otros); porque, sin ellos, no pueden explicarse sino a medias la vida atormentada y la obra, más atormentada todavía, del auténtico renovador de la poesía castellana. Por herencia paterna es un refinado como ninguno; por herencia materna, un ser humano, anhelante siempre de comodidades. Y a través de esta charla mal urdida vamos a ver cómo toda la obra de Silva, trasunto claro de su vida, es un mundo que gira sobre dos polos inmutables: refinamiento y dinero.

Pero volvamos al punto de partida...

*

* *

Aunque posee José Asunción un refinamiento exacerbado y una loca ansiedad espiritual, no ha podido libertarse, hasta el momento, de la influencia del medio ambiente que le rodea. La literatura de los mosaicos ha encontrado en él el más ilustre de los continuadores:

> Con el encanto vago de las cosas
> que embellecen el tiempo y la distancia,
> retornan a las almas cariñosas,
> cual bandada de blancas mariposas,

los plácidos recuerdos de la infancia.
Caperucita, Barba Azul, pequeños
Liliputienses, Gulliver gigante...

Pero ¿a qué continuar con la cita? Nada más acorde con el gusto de la época que esos poemas deliciosos, oliendo a helecho, en que los recuerdos son plácidos, las almas cariñosas, los Liliputienses pequeños, gigante Gulliver y las mariposas muy blancas. ¿Quedará satisfecha la conciencia artística del bardo con esa adjetivación poco diciente con el empleo de la sencillísima silva, con ese comparar los recuerdos con una bandada de mariposas o de palomas?

Sus continuas lecturas le han llevado a estrechísima fraternidad espiritual con poetas para quienes el mundo exterior es apenas la consonancia vaga de otro mundo más bello y más grande: el de adentro. Bécquer, el sevillano germanizante, le cautiva de manera especial. Su vaguedad, su delicadeza, la sensación de misterio que en él alienta, encuentran en el espíritu de Silva un eco dulcísimo que resuena a toda hora... Y no es extraño. ¿No era acaso Silva, como el personaje de Bécquer, como Bécquer mismo, un loco que ambulaba a toda hora en persecución de un rayo pálido de luna?

Son los escritos bajo esa influencia los versos que Silva oculta aun a las miradas indiscretas de los críticos. La evolución, aunque no completa, es acentuada. Al consonante sonoro ha reemplazado el asonante asordinado; al tono mayor, el menor; la realidad comienza a vestirse de ensueño; el alma atormentada principia a golpear en el portalón del enigma:

¡Bajad a la pobre niña,
bajadla con mano trémula,
y con cuidadoso esmero
entre la fosa ponedla
y arrojad sobre su tumba
fríos puñados de tierra!
Cavad ahora otra fosa,
cavadla con mano trémula
de la sonriente niña
del triste sepulcro cerca,
para que lejos del mundo
su sueño postrero duerman
mis recuerdos de cariño
y mis memorias más tiernas!
Bajadlos desde mi alma,
bajadlos con mano trémula,
y arrojad sobre su fosa
fríos puñados de tierra.

Las reminiscencias becquerianas son clarísimas. Pero no se trata de una simple imitación en el procedimiento y en el tema, como sucede con la mayor parte de las imitaciones que se han hecho de las "Rimas", sino que ella resulta en Silva de la compenetración de esas dos almas hipersensibles. Poco a poco el bogotano se va haciendo más personal, dentro de su becquerianismo de entonces, y logra sin esfuerzo superar al maestro:

Cuando enferma la niña todavía
salió cierta mañana,
y recorrió con inseguro paso
la vecina montaña,
trajo entre un ramo de silvestres flores
oculta una crisálida
que en su aposento colocó, muy cerca
de la camita blanca.
Unos días después, en el momento
en que ella expiraba
y todos la veían, con los ojos
nublados por las lágrimas,
en el instante en que murió, sentimos
leve rumor de alas,
y vimos escapar, tender el vuelo
por la antigua ventana
que da sobre el jardín, una pequeña
mariposa dorada...
La prisión, ya vacía, del insecto
busqué con vista rápida;
entonces vi de la difunta niña
la frente mustia y pálida
y pensé: si al dejar su cárcel triste
la mariposa alada
la luz encuentra, y el espacio inmenso,
y las campestres auras,
al dejar la prisión que las encierra
¿qué encontrarán las almas?...

Estamos ya en presencia de Silva, del Silva inconfundible. Analicemos, siquiera sea superficialmente, este lindísimo poema, y encontraremos en él los mismos rasgos característicos del "Nocturno", de "Los Maderos de San Juan", de "Psicopatía", de "Don Juan de Covadonga", de todas las grandes obras del bardo que, a fuerza de emoción, creó una poesía que durará indudablemente mucho más que la muy pulida y elegante, pero esencialmente epidérmica, de Rubén Darío y sus seguidores. La saeta se clava en el corazón y queda allí vibrando, en tanto que el leve abanico apenas sirve para refrescarnos un momento...

"Crisálidas" es, ante todo, una poesía de semitono, de matiz, de vaguedad. Es, además, una obra en que treme la sed de infinito, la obsesión de la muerte. Y es, por último (cosa que en Silva demuestra una vez más la influencia del medio ambiente en lucha continua con el temperamento del poeta), una poesía en que se ha partido de la contemplación de una imagen esencialmente objetiva para ascender poco a poco a las esferas más altas y enfrentarse resueltamente con lo inescrutable.

Como quien dice: la esencia misma de la poesía de Silva. Ya nunca dejará ese tono asordinado, mezcla de precisión e imprecisión; ya la muerte será para él tema favorito, casi único, de sus canciones; ya siempre, como el avión, correrá un instante sobre la tierra, las alas extendidas, para elevarse luego con rapidez creciente y perderse majestuoso tras los encajes traslúcidos de las nubes.

*
* *

Pero de la alcoba en que todas las noches se entrega al placer doloroso de dialogar con su propio yo, pasa Silva todas las mañanas al almacén a que acude la aristocracia bogotana en busca del objeto elegante para la cuelga, del perfume delicioso para la tertulia y el baile. El poeta ve entonces que la vida ofrece también alegrías, que las mujeres son hermosas, que los niños embellecen el mundo, que la realidad —por mezquina que sea— tiene también sus atractivos. La lucha se encarniza entonces ferozmente entre el idealismo heredado de don Ricardo y el practicismo que le legó doña Vicenta. Es el momento en que encuentra que está mirando las cosas con demasiado pesimismo, que "hay demasiada sombra en sus visiones", y que exclama con las propias palabras de un comerciante en artículos de lujo:

> Vale más un buen beso que una elegía,
> y es mejor que los versos de vagos temas
> un boca rosada que nos sonría...

¿Qué hacer entonces?... Sencillamente cantar la realidad, la bella realidad, como la cantaron Marroquín, y Vergara, y Díaz, y tantos otros... Vuelve a mirar en torno suyo y un cuadro ingenuo se copia en su retina: es la abuelita cariñosa que balancea al nieto en las rodillas mientras le canta un airecillo popular... Y el poeta entona la dulce canción:

Aserrín, Aserrán,
los maderos de San Juan
piden queso,
piden pan;
los de Roque,
alfandoque;
los de Rique,
alfeñique;
Los de Trique
triquitrán,
triqui, triqui, triqui, tran!
triqui, triqui, triqui, tran!
Y en las rodillas duras y firmes de la abuela
con movimiento rítmico se balancea el niño,
y entrambos agitados y trémulos están...

Es la tradición, la deliciosa acuarela que hubieran convertido otras plumas en un delicioso cuadro de costumbres. Pero José Asunción no puede traicionarse a sí mismo. La obsesión de la muerte lo persigue; el avión, impulsado ya, necesita levantarse de la tierra:

La abuela se sonríe con maternal cariño,
mas cruza por su espíritu como un temor extraño
por lo que en el futuro de angustia y desengaño
los días ignorados del nieto guardarán...
Mañana, cuando duerma la abuela yerta y muda
lejos del mundo vivo, bajo la oscura tierra
donde otros, en la sombra, desde hace tiempo están,
del nieto a la memoria con grave voz que encierra
todo el poema triste de la remota infancia,
pasando por las sombras del tiempo y la distancia,
de aquella voz querida las notas volverán...

La lucha entre el medio ambiente, que quiere esclavizar el poeta, y el refinamiento del espíritu, que lo encumbra a otras regiones y lo lleva de lo tangible a lo intangible y de lo alegre a lo triste, es manifiesto ya, aun para los ojos menos avezados a escudriñar en las almas. Y el ejemplo no está únicamente en "Los maderos de San Juan". ¿No recordáis, para no hablar del "Crepúsculo" o de "Vejeces", aquel delicioso poemita intitulado "La ventana"?... Nada más realista, más bellamente realista:

Al frente de un balcón, blanco y dorado,
obra de nuestro siglo diez y nueve,
hay en la estrecha calle una muy vieja

ventana colonial. Bendita rama
adorna la gran reja
de barrotes de hierro colosales
que tiene en lo más alto un monograma
hecho de incomprensibles iniciales...

Pero cuando se espera que, para ser fiel con la verdad, el poeta haga asomar a la ventana la hermosa doncella de crinolina o el viejo oidor de la peluca empolvada, el espíritu de Silva se está deleitando en otras cosas que le cautivan con más fuerza:

No guarda su memoria
de la ventana la vetusta historia,
y sólo en ella fija
la atención el poeta
para quien tienen una voz secreta
los líquenes grisosos
que al nacer en la estatua alabastrina
del beso de los siglos son señales,
y a quien narran poemas misteriosos
las sombras de las viejas catedrales...

Es porque Silva está sintiendo sobre la carne débil el peso fatídico del alma. Está aprendiendo a mirar en los caminos las galerías del recuerdo y en las cosas el alma de la soledad. Ha comprendido que el yo consiste únicamente en la memoria, y que el pasado no es sino el torvo centinela que guarda los palacios del porvenir... El desequilibrio entre el medio y el poeta es ya completo.

Y ahora bien. Si hechos de todos conocidos no explicaran claramente la causa de este cambio completo en la poesía de Silva (quien de la precisión ha evolucionado a la imprecisión y de ofrecer a sus lectores agua fresca ha pasado a embriagarlos con un licor diabólico, al par dulce y amargo), si hechos conocidos, digo, no bastaran para explicar ese cambio, sería suficiente un ligero estudio de la construcción sintáxica de sus versos y de las sensaciones que en ellos aparecen, para encontrar, sin esfuerzo, la clave del secreto,

Comparemos brevemente:

¡Infancia, valle ameno
de calma y de frescura bendecida,
donde es suave el rayo
de sol que abrasa el resto de la vida!
¡Cómo es de santa tu inocencia pura,
cómo tus breves dichas transitorias,
cómo es de dulce en horas de amargura

dirigir al pasado la mirada
y evocar tus memorias!

Es la cláusula amplia, el período rotundo que heredó el castellano del latín; es el llamar las cosas por su nombre, y aun a riesgo de incurrir en pleonasmos, por el afán de expresar la idea con claridad completa; es —si me permite la expresión— el poner la tienda toda sobre el mostrador, sin dejar ni por un instante el placer íntimo de adivinar lo oculto o completar lo incompleto.

La influencia becqueriana llevó al poeta por caminos diferentes; pero hay ahora algo más hondo que esa influencia:

¡Poeta, di paso
los furtivos versos!...
¡La sombra! ¡Los recuerdos! La luna no vertía
Allí ni un solo rayo... Temblabas y eras mía.
Temblabas y eras mía bajo el follaje espeso;
Una errante luciérnaga alumbró nuestro beso,
El contacto furtivo de tus labios de seda...
La selva negra y mística fue cámara sombría;
En aquel sitio el musgo tiene olor de reseda...
Filtró luz por las ramas cual si llegara el día;
Entre las nieblas pálidas la luna aparecía...

El cambio no puede ser más completo. La cláusula es ahora cortada, cortadísima al estilo de los poetas franceses; la adjetivación se torna diciente en extremo; un erotismo extraño circula por las estrofas aterciopeladas; la sensación visual es menos importante que la auditiva y ésta se completa con la olfativa, sugeridora y recordante. Es, sencillamente, porque Silva, antena sensibilísima lista a recibir las ondas emitidas por espíritus afines del suyo, para devolverlas amplificadas por el condensador maravilloso de su corazón, ha aprendido de Rimbaud el arte de la frase en que hay más ideas que palabras, de Verlaine la sugerencia vaga por medio de epítetos musicales, de D' Annunzio la fiebre pasional envuelta en seda, de Poe el misterio poblado de fantasmas, y del poeta loco de "Las flores del mal" el sortilegio enervante de los aromas...

*
* *

En este período de la evolución de Silva, del Silva que ya es en Bogotá un anacronismo de lugar y de tiempo, acontece un hecho de suma trascendencia en su vida: le es menester marcharse a Europa, ya que el negocio de su padre, enfermo y cansado, exige la renovación de los créditos y el aumento de los surtidos.

El ave encerrada en la jaula suspira por los aires diáfanos, por las florestas amenas, por el árbol en donde pueda colgar el nido fabricado por ella misma; logra burlar su prisión y es entonces el embriagarse de éter azul, el retozar en los jardines, el sumergirse en las fontanas, el entonar cánticos de libertad a toda hora.

Ese es el caso de Silva. Europa es para él lo mismo que la libertad para un ave cautiva. Había ya comenzado ese "cultivo intelectual emprendido sin método y con locas pretensiones al universalismo", y llegaba al país de sus anhelos en el instante preciso en que todo era un caos y las nuevas tendencias, como el protestantismo, tenían tantas sectas como adeptos. Y lo mismo que el ave que pasa del árbol protector al arbusto emponzoñado, de la fontana pura a la charca maléfica, del jardín a la roca. Silva recorre todas las gamas del pensamiento y del sentir de esa época atormentada, no sin que la corriente de ideas y sensaciones deje de filtrar en su alma un sedimento heterogéneo y confuso. El desequilibrio, iniciado en él tiempo antes, llega entonces al máximo.

Cuando, dos años después, regresa a Bogotá sin grandes surtidos para el almacén pero con grandes maletas llenas de libros estrafalarios, y, más que todo, con el cerebro pletórico de teorías extrañas y el alma acibarada por jugos quintaesenciados, es ya un ser que no excita, como antes, una sonrisa irónica sino que inspira a los bogotanos lo más duro y más cruel que puede sentirse hacia alguien: ¡lástima!... Es entonces cuando, loco, interroga a la tierra con preguntas angustiosas, y al no escuchar la respuesta de la tierra, callada e impasible, dirige su amargo interrogante a las nebulosas que arden en el infinito; es entonces cuando, obsesionado más que nunca por la muerte, pide a la voz de los difuntos que lo llamen hacia la "gélida negrura"; es entonces cuando, como su "Don Juan de Covadonga", busca la paz en torno suyo y encuentra, con los ojos brillantes de lágrimas, que la única paz no turbada es la del reino de los que fueron...

Oíd, oíd... El mismo nos lo dice... Todo es alegría en su alrededor, todo lo invita al movimiento y al ensueño. Pero él no mira en torno, porque los pensamientos tienen en su cerebro la pesadumbre de mil mundos:

El parque se despierta, ríe y canta
en la frescura matinal... La niebla
donde saltan aéreos surtidores
    del arco iris se puebla
y en luminosos vuelos se levanta.
Su olor esparcen entreabiertas flores,
suena en las verdes ramas el pío-pío

de los alados huéspedes cantores,
brilla en el césped húmedo rocío.
¡Azul el cielo, azul! Y la süave
brisa que pasa, dice:
¡Reíd! ¡Cantad! ¡Amad! ¡La vida es fiesta,
es calor, es pasión, es movimiento!
Y forjando en las ramas una orquesta,
con voz grave lo mismo dice el viento,
y por entre el sutil encantamiento
de la mañana sonrosada y fresca,
de la luz, de las yerbas y las flores,
pálido, descuidado, soñoliento,
sin tener en la boca una sonrisa,
y de negro vestido
un filósofo joven se pasea;
olvida luz y olor primaverales
e impertérrito sigue en la tarea
de pensar en la muerte, en la conciencia
y en las causas finales...
Lo sacuden las ramas de azalea,
dándole al aire el aromado aliento
de las rosadas flores;
le llaman unos pájaros del nido
do cantan sus amores,
y los cantos risueños
van por entre el follaje estremecido
a suscitar voluptüosos sueños,
y él sigue su camino triste, serio,
pensando en Fichte, en Kant, en Vogt, en Hegel
y del yo complicado en el misterio...

La autobiografía no puede ser más clara. Pero, ya en el camino de las confidencias, Silva pone en boca de una niña, sin escrúpulos, lo que se pensaba entonces de él en Bogotá, y todo con el fin de que el padre de la niña —un viejo galeno por cuya boca habla Silva mismo, quizá doña Vicenta— le haga el diagnóstico y le indique el remedio:

La chicuela del médico que pasa,
una rubia adorable cuyos ojos
arden como una brasa,
abre los labios húmedos y rojos
y le pregunta al padre, enternecida:
—Aquel señor, papá, ¿de qué está enfermo?
¿Qué tristeza le nubla así la vida?
Cuando va a casa a verle a usted, me duermo.

Tan silencioso y triste... ¿Qué mal sufre?
Una sonrisa el profesor contiene,
mira luego una flor, color de azufre,
oye la voz de un pájaro que viene,
y comienza de pronto, con descaro:
—Ese señor padece un mal muy raro
que ataca rara vez a las mujeres
y pocas a los hombres, hija mía...
Sufre este mal: pensar... Esa es la causa
de su grave y sutil melancolía.
El profesor después hace una pausa
y sigue: —En las edades
de bárbaras naciones,
serias autoridades
curaban ese mal dando cicuta,
encerrando al enfermo en las prisiones
o quemándolo vivo... ¡Buen remedio!...
Curación decisiva y absoluta
que cortaba de lleno la disputa
y sanaba al paciente... mira el medio...
El mal, gracias a Dios, no es contagioso
y lo adquieren muy pocos; en mi vida
sólo he curado a dos. Les dije: —Mozo,
váyase usted a trabajar de lleno
en una fragua negra y encendida
o en un bosque espesísimo y sereno;
machaque hierro hasta arrancarle chispas,
o tumbe viejos troncos seculares
y logre que lo piquen las avispas;
si lo prefiere usted, cruce los mares
de grumete en un buque; duerma, coma,
muévase, grite, forcejee y sude,
mire la tempestad cuando se asoma
y los cables de popa ate y anude
hasta hacerse diez callos en las manos
y limpiarse de ideas el cerebro.
Ellos lo hicieron, y volvieron sanos...
—Estoy tan bien, doctor... —Pues lo celebro...

El pobre Silva comprende muy bien que está enfermo de mentalismo y que sólo un régimen así puede curarlo. Más todavía: acaso desea iniciar cuanto antes el tratamiento... Pero, con todo, su ojo avizor le hace comprender claramente que la enfermedad ha avanzado demasiado y la curación es imposible... Y otra vez la obsesión de la muerte:

> Pero el joven aquel es caso grave
> como conozco pocos:
> más que cuantos nacieron piensa y sabe;
> irá a pasar diez años con los locos,
> y no se curará sino hasta el día
> en que duerma a sus anchas
> en una angosta sepultura fría,
> lejos del mundo y de la vida loca,
> en un negro ataúd de cuatro planchas,
> con un montón de cal entre la boca!

La tragedia, es claro, se está aproximando por momentos. El alma de Silva es ahora como un cauce enorme en el que se agitan, encrespadas, las olas acerbas del dolor. Horas interminables de meditación y de lucha interior le deprimen hasta lo increíble, le desencantan de todo y le van arrancando poco a poco las últimas esperanzas que le quedan... El idealismo y el materialismo pugnan en su corazón con más fuerza que nunca... Y, como si todo fuera poco, sobre el hogar que tanto quiere se cierne la catástrofe: don Ricardo fallece, y le es preciso ponerse al frente de un negocio en quiebra...

*
* *

La muerte de don Ricardo obliga a la familia Silva a retirarse por algún tiempo a una hacienda solitaria, situada en pleno corazón de nuestra sabana. Y este hecho, quizá baladí, habrá de ejercer en José Asunción una influencia extraordinaria, y habrá de darle ocasión para la obra maestra de sus obras maestras.

Es bien sabido que, por aquel tiempo, el luto se guardaba con un aislamiento completo de las actividades sociales y con una como concentración de la familia en torno al recuerdo de la persona desaparecida... A Silva, pues, aquella pena extrema trae también, por una paradoja curiosa, consuelos dulcísimos: puede permanecer muchos días lejos del comercio humano, restableciendo su salud quebrantada, restaurando sus nervios fatigados, estudiando pacientemente la manera de solventar el problema pecuniario que se le ha planteado...

Es imposible, sin embargo, arrancar al hombre lo que constituye su esencia misma. El hijo de doña Vicenta estudia facturas, hace balances, planea aplazamientos de letras vencidas; pero el hijo de don Ricardo, el nieto de José Asunción, se escapa furtivamente de ese lodo en que tiene los pies, y en su cerebro en llamas da cabida a otros pensamientos, menos productivos pero más bellos. Y tanto más cuanto que cuenta ya con la intimidad de la persona que mejor le comprendió, y se halla encantado con el hallazgo...

¡Elvira Silva, sí! En el espíritu de José Asunción no puede caber el amor, tal como lo comprenden la mayoría de los hombres. El amor, para la casi totalidad de los mortales, no es otra cosa que esa mezcla de espiritualismo y de materialismo que lleva al ser en busca de otro ser que le proporcionará, es cierto, goces inefables de los que sólo gusta el alma, pero que será también, y no pocas veces, la carne tentadora y placentera... Temperamento artístico de un refinamiento enfermizo, tiene Silva una completa aversión a todo lo que no sea en la mujer, y de manera constante, espiritualidad y gracia, inteligencia y armonía... Ama las flores olorosas, las vasos casi intangibles, las gemas en que se quiebra el iris; le causan aversión horrible, en cambio, los reverberos olientes, los chupos hervidos, los pañales deshechos... Ha charlado con muchas mujeres, acaso ha sorprendido fragmentos de su propia alma en algunas; pero, cansado de no encontrar lo que anhela, ha acabado por formarse, para amarla en silencio, una mujer inmaterial, hecha de la propia sustancia de sus sueños, que tiene algo de la Bashkirtseff, que tiene algo también de aquella dama para quien escribió su "Carta abierta", que se asemeja a muchas heroínas de novelas que le han cautivado, pero que no son ellas sino, más bien, una mezcla ideal de todas ellas. Y ahora, en la intimidad familiar, con el corazón de todos a flor de piel a causa del dolor que los tortura, José Asunción ha encontrado en Elvira una alma gemela de la suya, un ser en el que se copia su propio ser como en espejo fidelísimo, un interrogante como él, tendido sobre el abismo de la eternidad y del misterio.

Es, sobre todo, en las noches. Cuando apagada la luz ofuscante y hecho, como en la tierra, un silencio inefable dentro del alma, se abren sedeñas —por conjuro del sitio y de la hora— las puertas amables de la confidencia y el recuerdo, los dos hermanos se dan a vagar, cogida ella del brazo de él, por la senda que corta la llanura esmaltada de florecillas campesinas. Hay en el ambiente murmullos apagados, huele a campo, las luciérnagas encienden entre la oscuridad del saucedal su llama intermitente y, como en el "Booz endormi", que Silva recita de memoria, es la sombra nupcial y pasan en la noche visiones azules que producen el susurro de un ala...

Entre estas noches una... Una que deja en el corazón del poeta huella que no puede borrarse. Ella estaba más triste que nunca, él sentía que aquella tristeza se mezclaba con la suya para hacerla más honda, y, entre tanto, por virtud de la luna, la sombra de Elvira y la de su propio cuerpo se juntaban también hasta hacerse una sola que, inasible, intangible, enigmática, corría sobre la sabana interminable:

Una noche,
una noche toda llena de murmullos, de perfumes
[y de músicas de alas,
una noche
en que ardían en la sombra nupcial y húmeda las
[luciérnagas fantásticas,
a mi lado lentamente, contra mí ceñida toda,
muda y pálida
como si un presentimiento de amarguras infinitas,
hasta el más secreto fondo de las fibras te agitara,
por la senda florecida que atraviesa la llanura
caminabas,
y la luna llena
por los cielos azulosos, infinitos y profundos
[esparcía su luz blanca;
y tu sombra
fina y lánguida,
y mi sombra
por los rayos de la luna proyectadas,
sobre las arenas tristes
de la senda se juntaban,
y eran una,
y eran una,
y eran una sola sombra larga,
y eran una sola sombra larga,
y eran una sola sombra larga...

Pero otra noche, tiempo después, José Asunción Silva recorrerá la misma senda... Cuando aquella noche primaveral, recordará, el brazo de ella se anudaba al brazo de él dulcemente; había en el espíritu de la que fue su hermana por la carne y por el alma, presentimientos de una amargura infinita... Los ojos oscuros se clavaban en el cielo como si el fulgor de las estrellas le estuviera haciendo señales enigmáticas... Y al amanecer de un día inolvidable saltó del lecho, porque una estrella la llamaba con su luz... Y la hirió la estrella con sus puñales argentinos, y volvió a las gasas azules de su lecho, para dormirse entre ellas para siempre, como se duerme un lucero en un celaje...

Y es su sombra adorable la que viene esta noche de angustia, de entre las profundidades del misterio, para unirse a la sombra doliente que divaga por el sendero solitario... ¿No la estáis viendo?... Miradla:

Esta noche
solo; el alma
llena de las infinitas amarguras y agonías de
[tu muerte;
separado de ti misma por el tiempo, por la tumba
[y la distancia,
por el infinito negro
donde nuestra voz no alcanza,
mudo y solo
por la senda caminaba...
Y se oían los ladridos de los perros a la luna,
a la luna pálida,
y el chirrido
de las ranas...
Sentí frío. Era el frío que tenían en tu alcoba
tus mejillas, y tus sienes, y tus manos adoradas
entre las blancuras níveas
de las mortuorias sábanas.
Era el frío del sepulcro, era el hielo de la muerte,
era el frío de la nada.
Y mi sombra,
por los rayos de la luna proyectada,
iba sola,
iba sola,
iba sola por la estepa solitaria.
Y tu sombra esbelta y ágil,
fina y lánguida,
como en esa noche tibia de la muerta primavera,
como en esa noche llena de murmullos, de per-
[fumes y de músicas de alas,
se acercó y marchó con ella,
se acercó y marchó con ella,
se acercó y marchó con ella... ¡Oh las som-
[bras enlazadas!
¡Oh las sombras de los cuerpos que se juntan
[con las sombras de las almas!
¡Oh las sombras que se buscan en las noches
[de tristezas y de lágrimas!

Silencio un momento... No profanemos, ni siquiera con un comentario, la celeste música de pensamientos y palabras de estos versos, arco toral de la moderna poesía castellana... "El arte no hace sino estrofas, sólo el corazón es poeta", dijo alguna vez Andrés Chénier. "Hiérete el corazón, que ahí está el genio", agregó Alfredo de

Musset. Y Silva, no contento con herirse el corazón, nos lo entrega todo en el "Nocturno", y aquí está en nuestras manos, adolorido y sangriento...

Es menester, desgraciadamente, que descendamos...

*

* *

Tras de algún tiempo de permanencia en la hacienda sabanera, Silva regresa a Bogotá y se pone al frente de los negocios paternos. El albatros —como en el poema de Baudelaire, el poeta entonces preferido por Silva— está fuera de su elemento esencial.

¿Para qué detallar esta época de la vida de José Asunción? ¿Para qué dar cuenta, pues que las penas tienen su pudor, del choque brutal que a cada instante se empeña entre el refinado que desea soñar a toda hora y gozar de un lujo asiático, y el negociante fracasado que necesita dinero para sostener su propia casa y para satisfacer a los acreedores? ¿Para qué decir que, en manos del poeta de "Psicopatía", el negocio va de mal en peor, y que un día le es preciso al orgulloso, al aristócrata, al independiente, cerrar apresuradamente su comercio y acogerse al amparo prosaico del presupuesto nacional?

La secretaría de nuestra legación en Caracas, puesto que acepta a regañadientes y sólo en vista de necesidades apremiantes, hace operar en él una transformación que puede parecer definitiva... Sigue en Caracas estudiando, sigue leyendo, hasta compone algunos poemas como el intitulado "Al pie de la estatua", obra de corte clásico, que acusa una regresión en el innovador; pero, ante todo y por sobre todo, se preocupa a toda hora por el porvenir de su familia. Es porque el hijo de doña Vicenta ha triunfado sobre el de don Ricardo en la pugna brutal.

Fracasa en algunas gestiones prosaicas encaminadas a conseguir un cambio de moneda que aumente la cuantía de su sueldo —sueldo que cobra con puntualidad matemática— y solicita ahincadamente una licencia. Ha visto el auge que ha tomado en Caracas el negocio de baldosines, desconocido entonces en Bogotá, y desea estudiar personalmente la manera de establecerlo aquí.

Un golpe crudelísimo le espera. Naufraga en aguas colombianas el barco en que hace la travesía, pierde sus manuscritos que después no reconstruye; y sólo después de penalidades sin cuento logra volver a su ciudad natal.

El Silva que entonces ven los bogotanos es el polo opuesto del que habían visto, años antes, regresar de Europa en traje de snob. Caballero en una mula, con la ruana al hombro y el sombrero jipijapa sobre los cabellos undosos, se le mira ahora atravesar gran parte de la ciudad y encaminarse a la vecina población en que ha instalado su fábrica. Y el hombre delicadísimo, tan delicado que el calcetín de hilo le produce lastimaduras dolorosas, ayuda a los obreros a revolver las mezclas, a escoger los ingredientes, a fijar los colores. Será muy pronto rico y podrá entonces resarcirse con creces de los días empleados en menesteres tan ruines.

Pero el negocio que años después habría de hacer acaudalados a muchos, resulta para José Asunción Silva el más resonante de los fracasos. Contrae deudas crecidas que no puede satisfacer, los acreedores le apremian, se mira envuelto en groseros juicios ejecutivos, y es tenido hasta por un tramposo para quien deben abrirse las puertas de la cárcel. Todo el pavor de una tragedia esquiliana para temperamento como el suyo todo honradez, todo delicadeza, todo hipersensibilidad.

¿Qué hacer?... La pregunta está por demás en este caso. Ahí está la colección de las "Gotas amargas", para explicar, hasta con minucias insignificantes, lo que acontece en el alma de Silva. Busca consuelos en el placer carnal y encuentra, cual Mallarmé, que la carne es triste; se entrega a la lectura, y, como su pobre Juan de Dios, acaba por comprender que la vida no es la que aparece a través de los libros; busca amistades, y bajo la coraza de Don Quijote encuentra a Sancho, ventripotente y bonachón; se da al estudio de las ciencias, y halla que las ciencias sólo le convertirán en otro Cornelio Van Kerrinken; se aísla en su torre de marfil, para creerse superior a los demás, y descubre que el Emperador de la China y Juan Lanas son iguales; hasta, en un momento de angustia suprema, echa a correr los dados sobre el tapete verde y ve que hasta en eso la suerte le es adversa. Es ya el hombre absolutamente desengañado de todo. Ha perdido lo único que hubiera podido salvarle: la fe en lo sobrenatural y la esperanza de una existencia mejor.

Y...

*

* *

En la tarde del 25 de mayo de 1896 el sirviente de la hacienda de Tena golpea afanosamente a la puerta de la casa en donde pasa el señor Caro una temporada de descanso. Acaba de llegar de Bogotá y trae una noticia sensacional que, sin duda, impresionará hondamente al humanista ilustre; en la mañana de ese día fue encontrado José Asunción Silva en su lecho, a medio vestir, las sábanas teñidas de sangre, un revólver en la mano derecha y el corazón atravesado por una bala. Sobre la mesa de noche un ejemplar de "El triunfo de la muerte" y tres monedas de a cuartillo.

El señor Caro escucha de labios del asustado campesino la relación de la tragedia, sin que ni aun los detalles espeluznantes le arranquen un gesto de asombro, y luego, por comentario único, pronuncia dos palabras más dicientes que mil:

—Lo sabía...

Calla, calla, acaso recordando muchas cosas. Y cuando, un instante después, resuenan las campanas con el toque del Angelus, ocupa el puesto que se le ha señalado en el presbiterio y ora con fervor durante un rato.

¿Qué plegaria sube entonces al cielo desde el propio corazón del poeta clásico que tanto admiró al modernista? Acaso la misma que, años después, elevaría en alejandrinos armoniosos otro insigne mimado de las Musas:

> ¡Oh, Señor Jesucristo, por tu herida del pecho
> perdónalo, perdónalo! Desciende hasta su lecho
> de piedra a despertarlo. ¡Con tus manos divinas
> enjuga de su sangre las gotas purpurinas!

¡Sí, Jesús mío, perdónalo! A tus plantas llegó una vez, ebria de angustia, una mujer que había caminado largos años por los senderos del mal y cuyos labios habían probado la miel amarga de todas las copas vedadas. Y Tú la miraste enternecido y escuchaste la relación de sus tristezas, y sondeaste lo más profundo de su corazón, y más misericordioso que nunca la perdonaste para siempre, sólo porque había amado mucho...

¡Jesús mío, perdónalo! ¡También él amó mucho!

(*Senderos*, Bogotá, Vol. IV, Nos. 21, 22, 23, octubre-diciembre, 1935, págs. 237-247.)

3. BALDOMERO SANIN CANO: "UNA CONSAGRACION"

El cariño fraternal, originado en una comunidad inexplicable de ideas y sentimientos, el respeto a la memoria de una inteligencia casi genial, de grande influjo en mi propia formación, y el temor de que al hablar de su vida y de su obra me viese forzado a hablar de mí mismo, me han disuadido más de una vez del arduo empeño de explicar a las generaciones nuevas el significado de la vida y la obra de José Asunción Silva. No el significado moral e intelectual, sobre cuyos aspectos acaso las generaciones de hoy tienen mejor entendimiento que nosotros, los contemporáneos de Silva. Los pocos jóvenes de hasta treinta años, los hombres que no habían nacido a la muerte del poeta, tienen de aquella obra una comprensión más amplia que los hombres de treinta años en la época del "Nocturno". Silva fue un precursor y está escrito con sangre que la incomprensión es el más digno homenaje rendido al genio innovador por los hombres de su época.

Parece una exageración decir que había mucho de genio en la inteligencia temeraria, eminentemente comprensiva, completa en sus numerosas ramificaciones y fastuosa en su ornamentación interior, de José Asunción Silva. Hubo sin duda fasto en la naturaleza cuando propuso crear la personalidad de Silva. Derramó sus dones con tan estupenda liberalidad que hizo de él una criatura demasiado sensible a las pequeñas miserias cotidianas y le inhabilitó para desenvolver todas sus cualidades en el medio donde le hizo nacer. Toda la tragedia de su vida se explica en una imposibilidad matemática de adaptación. El puritanismo liberal que se prolongaba con la tenacidad de las vidas endebles en un ambiente nuevo de hipocresía y de fraude moral y este ambiente mismo se oponían con vigor de fenómenos telúricos a aceptar en su seno una inteligencia vigilante, capaz de comprenderlo todo, impermeable al engaño, finamente organizada para percibir los contrastes de la vida, disocian las ideas básicas de un medio espiritual en que la suposición tenía méritos de realidad y la farsa se entronizaba como imperativo social, político y económico.

A esta distancia los que no fueron sus contemporáneos apenas alcanzan a verle como un excelso poeta, a lo sumo como un autor de pequeños bocetos en que la vida aparece con todas sus contrariedades, encubriendo lampos de belleza inmarcesible. Sus contemporáneos, capaces de comprenderle, veían en él una inteligencia de innumerables facetas, un talento incoercible nacido para vivir en lucha constante y desesperada con el ambiente físico y moral de su tiempo, con la historia de su raza y las preocupaciones de sus más conspicuos contemporáneos. En una bella poesía necrológica Víctor Londoño le señaló como ambiente propicio los tiempos de la antigua Grecia. Fue una adivinación. Los vicios fundamentales de la cultura apolínea, sin ninguna de sus grandes virtudes, hacían de la capital de Colombia un simulacro en pequeño de aquella vida ateniense, en que la emulación sorda, la envidia convertida en régimen social, producía hombres como Sócrates y Alcibíades para destruirlos complacientemente. En opinión de Burckhardt, el penetrante observador de la vida griega, fue la envidia, elemento destructor por excelencia de aquella inolvidable cultura no sobrepasada desde entonces en la historia del humano florecimiento.

Silva fue el tipo avanzado de la cultura fáustica, en un medio donde apenas se tenían vagas sospechas del concepto apolíneo de la vida. Era la inteligencia completa, que aspiraba a lo infinito y comprendía lo ilimitado, sumergida en un medio estrecho, circular y ufano de su carácter reentrante. Era la infinitud de la parábola, obligada a expresarse con la ecuación limitada del círculo.

Le conocí, diré más bien que le escuché por vez primera, en dos horas de admiración silenciosa, una noche de las postrimerías melancólicas de 1886 en casa de Antonio José Restrepo, en la entonces aldea destartalada y remota que llevaba el nombre de Chapinero. Llegaba Silva de Europa. Su inteligencia había recibido en uno o dos años de permanencia en París, en Londres, en Suiza, todas las influencias de que era susceptible una sensibilidad refinada y riquísima y una capacidad receptiva de alcances ilimitados. En su conversación ágil y abundante, recamada de frases pintorescas y de palabras luminosas como piedras talladas, iban pasando visiones precisas y fascinadoras del bulevar endomingado; del Strand suntuoso, iluminado por la luz argentina del verano londinense; del "silencio blanco" del ventisquero suizo o la abundancia cromática de las playas de moda en las costas de Francia. Como su auditorio, en donde figuraba enhiestamente su hermana, parecía capaz de seguirle en sus apreciaciones de arte, de cuando en cuando la pintura de los impresionistas, la novela de los naturalistas, las conferencias de algún filósofo, la crítica literaria de Taine, la crítica histórica de Renán, aparecían en ese panorama que para mí era la revelación de un mundo nuevo.

Se ha dicho que mi amistad con Silva ejerció sobre él determinadas influencias. No puedo lisonjearme de tanto: es la recíproca la que resulta evidente. Desde la noche a que me he referido no volví a tratarle hasta pasado mucho tiempo, acaso uno o dos años. Mis preocupaciones de esa época estaban muy lejos de la literatura y el arte. Mi formación intelectual de la escuela y del colegio fue por desgracia, falsamente científica. Me interesaban las ciencias físicas y naturales, las matemáticas ejercían sobre mí fascinaciones irresistibles. Desdeñaba la novela; la poesía me parecía labor superflua de espíritus descentrados, y no me habría acercado a la una y a la otra a no haber sido por el contacto forzoso que me imponían los estudios lingüísticos a que era muy aficionado. Leí los clásicos españoles tediosamente para profundizar el conocimiento de mi propia lengua. Recorrí los ensayos de Macaulay en el original buscando modelos de buen decir inglés. Interpretaba las poesías de Heine, las de Schiller y sus dramas para aprender alemán. Nunca pensé, ni aun leyendo esos modelos, que la inteligencia humana tuviera digno empleo en hacer versos, en imaginar novelas, o en combinar sucesos y sentimientos para componer un drama.

He tenido que hablar de mí mismo para desvanecer una leyenda y reparar una injusticia. No puedo lisonjearme de haber influido sobre la formación intelectual de Silva. En cambio, cuando empezó la amistad estrecha entre los dos mi concepto de la vida se modificó substancialmente. De Silva recibí la iniciación en las corrientes literarias de la época. Stendhal, Flaubert, los Goncourt, Bourget, Lemaitre, Zola, me fueron conocidos, en volúmenes graciosamente encuadernados que él trajera de París. La iniciación prendió con la rapidez del incendio. No había gran diferencia en nuestras ideas. Parecía yo mucho más maduro, porque mi juventud y mi adolescencia habían sido obscuras y melancólicas. Un concepto puritánico y profundamente triste de la existencia me hizo conocer el frío de la vejez antes de llegar a la plenitud de la edad madura. Pero la noción plácida de la vida de Silva, su alegría de vivir, el concepto fáustico de las relaciones humanas y del fin de la inteligencia, trastornaron absolutamente mi tabla de valores. El hombre frío, melancólico, exento de interés en las cosas del arte, se fue apasionando insensiblemente por los aspectos bellos de la existencia. Fue la obra de Silva. Nunca podré expresar la gratitud que me inspiraba el haber experimentado por su causa aquella transformación.

Nuestra apasionada amistad tuvo su base en el estudio. Recuerdo con un placer sobrehumano la voracidad con que nos lanzamos uno y otro a la tarea de atesorar conocimientos. Mientras Silva me ofrecía liberalmente el caudal de nociones y de ideas para mí enteramente nuevas que encerraban los libros de Taine y de Renán, yo le procuraba algunos filósofos ingleses contemporáneos. Nuestras conversaciones eran orgías ideológicas en que se ensanchaba considerablemente el horizonte sensible. El empeñado en ingratas labores de comercio, yo en la prosaica tarea de administrar un tranvía de sangre y llevar cuentas por partida doble, volvíamos a la realidad en ágapes modestos o en perambulaciones nocturnas a la luz de la luna, hablando de Verlaine o de Mallarmé, comentando a Gran Allen, o haciendo esfuerzos temerarios para reducir los aforismos de Nietzsche a una filosofía sistemática.

Su espíritu capaz de todas las nociones y de reducir a un claro diagrama las teorías más abstrusas, se completaba a mi vista con aquellos estudios, como una bella obra arquitectónica. Convertía en substancia intelectual propia las ideas ajenas mediante un poder asimilativo de que hay pocos ejemplos en los anales de la producción literaria y del pensamiento colombiano. Con todo su saber, Marco Fidel Suárez daba siempre la impresión del expositor no del hombre de pensamiento propio. Su estructura mental se negaba a recibir las ideas que pugnaban con doctrinas aceptadas por él sinceramente o por una convención acogida en contra de la razón. Era un erudito, no un pensador. De artista no tenía sino un vago presentimiento nacido de las armonías de la frase en algunos autores de los muchos que frecuentaba.

En Silva, las ideas, la forma, la armonía entre las unas y la otra, eran un pretexto para sentir la belleza y para crearla. Los sistemas abstrusos en él tomaban apariencias de claridad y armonía sin perder el fondo de verdad que contuviesen. Más de una vez le oirían los frecuentadores de su pensamiento decir que no hay distancia ni siquiera separación entre la idea y la forma, la idea tiene una sola forma adecuada y cuando no se expresa en la que le complete, la belleza queda sin realización. De este concepto irrefutable son testimonio luminoso sus mejores poemas. "El día de difuntos", "Un poema", "La respuesta de la tierra", "Egalité", "El Nocturno" que empieza "Una noche, toda llena", tienen el valor imperecedero de aquella concordancia, hasta en los más sutiles detalles, de la idea con la forma.

Nunca hizo poemas para hacer poemas. La idea poética surgía completa, orgánica, armoniosa, con su natural estructura. De aquí proviene la sensación de laconismo que experimentaban algunos de sus contemporáneos, cultivadores del verso, ante algunos poemas de Silva. En su tiempo los poetas colombianos, chapoleaban complacidos en el tembladal del romanticismo, con su tendencia insoportable al exceso de desarrollo.

Poseyó en alto grado el sentido irónico de la vida, nacido, no como en Heine, de una disposición morbosa, de un desequilibrio entre el espíritu y el cuerpo, sino de una comprensión entera de la vida, de sus infinitas posibilidades y de las tristes limitaciones que el hombre le impone. Pero su ironía es sana, fuerte y muy a menudo tonificante. A veces llega a las alturas casi inaccesibles del grande humor, según lo ha analizado con visión de artista y de filósofo el octogenario profesor de Copenhague.

Al estudiar la obra de Silva el crítico no puede substraerse a una sugestión torturante. Su talento no llegó a darnos cuanto podían ofrendar a los amantes del arte literario. Terminando la lectura del único volumen preparado por él antes de su muerte, se experimenta la sensación de estar en presencia de un hermoso fragmento de estatua, completo como fragmento, pero apenas indicativo de las infinitas capacidades del autor. En efecto, Silva nos dio apenas un símbolo de lo que hubiera podido ser su obra de madurez y de sereno empeño. El ambiente nos privó de esa obra definitiva. Bogotá no es campo favorable al desenvolvimiento total de la inteligencia. Hay influencias de carácter físico que se oponen a la función sana y completa de la más amplia de las potencias del alma; pero tales influencias son menos poderosas que las otras de carácter moral, cuya presión impide el curso natural de las altas capacidades artísticas o de pensamiento. En los grandes centros culturales como Londres, París, Viena, y aun en algunos focos intelectuales de nuestra América, entre los cuales puedo citar a Buenos Aires, hay una cierta actitud de reverencia o simpatía para con el verdadero talento. En Bogotá la actitud más extendida, no sólo en las cavernas de la mediocridad sino también entre las gentes colocadas en los altos peldaños de la ciencia y de la filosofía, es una de sospechosa indiferencia para el talento que surge, especialmente si da señales de candor e independencia. Un régimen semisecular se apoya en la estudiada desconfianza ante las manifestaciones del talento superior a las medidas aprobadas por el concepto general, y se complica con una ternura, estudiada por las medianías acomodaticias.

La desconfianza es mayor y toma actitudes de agresividad si el talento se muestra independiente con tendencias a la innovación. El talento juvenil, exento de impulsos renovadores, carece de su razón de ser fundamental y se sacrifica a sí mismo. La vida, la civilización son una serie de renovaciones y no hay nada tan propenso a renovar y a renovarse continuamente como el verdadero talento. Bogotá existe por su temor a la renovación. El régimen que desde esta altura se impone al resto de la nación se mantiene en perpetuo estado de reacción contra las manifestaciones de la vida que son fenómenos de renovación. En esta dolorosa inconsecuencia, se encierra la tragedia vital de José Asunción Silva. Pagó su bella y audaz inteligencia al medio en que le tocó desenvolverse. La ciudad es escéptica y burlona. Desconfía de toda superioridad y ríe cuando no entiende o cuando entiende demasiado. Silva, a pesar de su talento irónico, o tal vez por eso mismo, le pagó tributo a su ciudad natal. Sin creerlo, aceptó que la actividad literaria y las preocupaciones artísticas envolvían en el ambiente donde él se agitaba una inferioridad. Pensó vengarse del medio, dedicándose a labores materiales, como para demostrar que también en esa esfera del humano obrar era superior a sus conciudadanos. Cualquiera de las ideas que tuvo en mira habría fructificado económicamente (han fructificado después), si hubiera encontrado el apoyo a que tenía derecho. Pero la animadversión que inspira el sumo talento literario crece cuando ese talento trata de aplicarse a otras labores, y en sus tentativas industriales Silva encontró la indiferencia, así como sus obras de soberana distinción literaria suscitaban la ironía baja de los menesterosos intelectuales y la sospecha hostil de quienes podían comprenderlo. Es tiempo de reparar la injusticia. Ya el medio obró sobre el poeta viviente su acción deletérea. Ahora el poeta muerto puede exaltar a sus sobrevivientes ofreciéndoles la ocasión de que muestren la veneración a su memoria en una forma perdurable.

("Una consagración", *Universidad*, Bogotá, Nº 106, noviembre 8. 1928, págs. 533-536.)

BIBLIOGRAFIA

I. OBRAS DE JOSE ASUNCION SILVA

1. LIBROS

Poesías. Barcelona: Imprenta de Pedro Ortega. Casa Editorial Maucci. 1908.

Esta es la primera edición, de 159 páginas, editada por Hernando Martínez. El frontispicio nota que las poesías están "Precedidas de un prólogo por D. Miguel de Unamuno", págs. v-xiv. El prólogo está fechado en marzo de 1908. Hay una sección intitulada "Prosas", págs. 133-144; y artículos y poemas por varios autores respecto a Silva están agrupados bajo el título "Plumas ajenas", págs. 145-149.

Poesías. Barcelona: Casa Editorial Maucci [1910].

Esta edición de 190 páginas se titula "Nueva edición" en la portada, donde se encuentra la información siguiente: "Gran medalla de oro en las Exposiciones de Viena de 1903, Madrid, 1907, Budapest, 1907, y gran premio en la de Buenos Aires, 1910". El contenido es exactamente igual y los poemas están arreglados en el mismo orden como en la edición de la prensa de Pedro Ortega.

Los mejores poemas. México: Cultura, 1917.

Este grupo de treinta y cuatro poemas, págs. 1-58, con los comentarios de Manuel Toussaint, "El poeta y su vida", págs. v-xx, está en el Vol. V, Nº 5 de una serie llamada Cultura.

Poesías. Barcelona: Casa Editorial Maucci [1918].

Esta edición es aparentemente la tercera de la casa Maucci. El texto, de 236 páginas es el mismo que el de la edición de 1910, con una adición: un artículo escrito por Eduardo Zamacois, fechado julio, 1918, en las págs. 231-236. El mismo prólogo por Unamuno que lleva la fecha 1908, está incluido con un solo cambio: la fecha del nacimiento de Silva ha sido agregada. El frontispicio nos advierte que es la "Nueva edición aumentada", y reproduce la misma lista de premios, terminando con el de Buenos Aires de 1910.

Poesías. Barcelona: Casa Editorial Maucci [1918?].

En esta edición, la "Nueva edición corregida", las 239 páginas incluyen el mismo prólogo por Unamuno, los mismos poemas, prosa y artículos como en la "Nueva edición aumentada". Hay cambios textuales en varios poemas de Silva y el título del artículo por Eduardo Zamacois ha sido cambiado a "Epílogo".

Prosas. San José, Costa Rica: Falcó y Borrasé, 1921. 64 págs.

En este volumen encontramos el poema "Leyendo a Silva", de Guillermo Valencia; el pasaje de *De sobremesa* intitulado "¡Poeta yo!"; y también "Dos libros" de la misma obra (aunque el editor no indica su fuente para las dos selecciones); "Carta abierta"; "La protesta de la Musa"; "El paraguas del padre León"; y un fragmento sin título sacado de *De sobremesa,* un pasaje a menudo llamado "¿Terror de qué?"

Prosas. Bogotá: Ediciones Colombia, 1926. 105 págs.

Además del pasaje "¡Poeta yo!" de *De sobremesa*, se compone esta edición de "Dos libros"; "La vida real"; y el mismo fragmento del volumen de 1921 arriba anotado ahora intitulado "La locura". Conjuntamente con "La protesta de la Musa", "Trasposiciones" y "El paraguas del padre León", encontramos "Suspiros", "El doctor Rafael Núñez", "Anatole France", "Pierre Loti", "El conde León Tolstoy", "Prólogo al poema 'Bienaventurados los que lloran' de Federico Rivas Frade", y dos cartas: "Carta a Sanín Cano" y "Carta a Pedro Emilio Coll".

Poesías. Edición definitiva. Prólogo de Unamuno y notas de Baldomero Sanín Cano. París: Sociedad de Ediciones Louis Michaud, 1923. 251 págs.

Poesías. Edición definitiva. Estudio de Baldomero Sanín Cano. Santiago, Chile: Editorial Cóndor, 1923. 123 págs.

Esta edición tiene los mismos poemas y en el mismo orden como aparecen en la edición Michaud. No obstante, no han sido incluidas las notas de Baldomero Sanín Cano, mientras que su estudio intitulado "José Asunción Silva", págs. 7-28 precede a los poemas, reemplazando el prólogo por Unamuno.

De sobremesa, 1887-1896. Primera edición. Bogotá: Cromos, 1925, 235 págs.

De sobremesa, 1887-1896. Segunda edición. Bogotá: Cromos [1928]. 235 págs.

El libro de versos, 1883-1896. Bogotá: Cromos [1928]. 182 págs.

Este volumen sin fecha aparentemente es la única edición de esta obra publicada por Cromos, aunque se le ha dado la fecha 1923, así como 1938.

Poesías completas. Primera edición. Buenos Aires: Sopena, 1941, 124 págs.

Poesías completas. Segunda edición. Buenos Aires: Sopena, 1943. 124 págs.

Poesías completas. Tercera edición. Buenos Aires: Sopena, 1945, 124 págs.

Poesías completas. Cuarta edición. Buenos Aires: Sopena, 1950. 126 págs.

Esta edición utiliza la misma selección que en las tres anteriores, y el mismo orden. Se han añadido cuatro poemas al final de la sección llamada "Poesías inéditas": "El recluta", "A Diego Fallón", "El alma de la rosa" y "Sinfonía color de fresa con leche". Las selecciones de prosa "La protesta de la Musa" y "Suspiros", que se encuentran en las primeras tres ediciones, en "Prosas líricas", págs. 119-124, se han omitido.

Prosas y versos. Primera edición. Introducción, selecciones y notas de Carlos García Prada. México: Editorial Cultura, 1942. 215 págs.

Prosas y versos. Segunda edición. Introducción, selecciones y notas de Carlos García Prada. Madrid: Ediciones Iberoamericanas, 1960. 233 págs.

La introducción en este volumen es textualmente la misma que la de la edición Cultura, excepto por la omisión de los primeros siete párrafos. El editor ha agrupado los poemas esencialmente en el mismo orden como en la edición anterior. Los cambios más notables son la supresión de cinco poemas que fueron incluidos en la sección intitulada "De los primeros versos": "A ti", que empieza "Tú no lo sabes..."; "La calavera"; "Notas perdidas"; "El alma de la rosa", y "Mariposas". Un poema intitulado "Nupcial", que no se encuentra en la edición anterior se incluye en esta sección. La división llamada "Gotas amargas", contiene un poema, "Lentes ajenos", que no fue incorporado en la edición previa. Luego, solamente el título de la última división está cambiado; de "De los mejores versos" a "El libro de versos".

José Asunción Silva: sus mejores versos. Edición Simón Latino. (Cuadernillos de poesía, 3). Bogotá: La Gran Colombia, 1943, 93-144 págs.

Poesías completas y sus mejores páginas en prosa. Primera edición. Prólogo de Arturo Capdevila. Buenos Aires: Editorial Elevación, 1944, 231 págs.

Poesías completas y sus mejores páginas en prosa. Segunda edición. Prólogo de Arturo Capdevila. Buenos Aires: Editorial Elevación, 1955. 231 págs.

Poesías. Primera edición. Selección y prólogo de Francisca Chica Salas. Buenos Aires: Estrada, 1945. xv, 118 págs.

Poesías. Segunda edición. Selección y prólogo de Francisca Chica Salas. Buenos Aires: Estrada, 1958. xv, 118 págs.

El libro de versos. Edición facsímil del manuscrito, sin paginación. Bogotá: Editorial Horizonte, 1945 [68 págs.].

La tabla de materias de este manuscrito facsímil del puño y letra de Silva registra cuarenta y un poemas, pero solamente veintiuno están incluidos en el texto. El poeta ha colocado "Nocturnos", como el título de una división y bajo esta rúbrica encontramos los títulos "A veces cuando en alta noche", "Poeta, di paso", y "Una noche", en el mismo orden. Luego, en el texto, aparecen no con el título de la tabla de materias sino con la palabra "Nocturno", encabezando cada uno de los tres poemas. De todos modos, el poema que empieza "Poeta, di paso", está incluido en dos versiones textualmente variadas y la segunda, también de puño y letra del poeta, se intitula "Ronda".

El libro de versos. Bogotá: Publicaciones del Ministerio de Educación de Colombia, 1946. 188 págs.

...Poesías. Primera edición. Buenos Aires: Espasa-Calpe, 1948. 147 págs.

...Poesías. Segunda edición. Buenos Aires: Espasa-Calpe, 1948, 147 págs.

Poesías completas seguidas de prosas selectas. Primera edición. Madrid: Aguilar, 1951. 209 págs.

Poesías completas seguidas de prosas selectas. Segunda edición .Madrid: Aguilar, 1952, 207 págs.

Poesías completas seguidas de prosas selectas. Tercera edición. Madrid: Aguilar, 1963, 209 págs.

Estas tres ediciones son idénticas excepto que un poema por Diógenes A. Arrieta, "A ti", que empieza "De luto está vestida...", erróneamente atribuido a Silva e incluido en la primera edición, es omitido en los dos volúmenes posteriores. Las tres ediciones tienen el mismo prólogo por Unamuno que es textualmente el mismo que el de la edición de 1908. De cualquier modo, el artículo aparece con la fecha equivocada de marzo, 1918, en las tres ediciones.

Poesías. A cura di Franco Meregalli. Milano: Cisalpino, 1950. 133 págs.

El libro de versos y otras poesías. Madrid: Ediciones Guadarrama, 1954, 158 págs.

Obra completa (prosa y verso), Bogotá: Editorial Santafé, 1955, 490 págs.

Obra completa (prosa y verso). Bogotá: Ediciones de la Revista *Bolívar,* 1956. 490 págs.

Los mejores versos de José Asunción Silva. Buenos Aires: Editorial Nuestra América, 1957. 40 págs.

Obras completas. Bogotá: Banco de la República, 1965.

2. POEMAS Y PROSA PUBLICADOS, ANTES DE LA MUERTE DE SILVA, EN ANTOLOGIAS Y COLECCIONES

La lira nueva. Edición y prólogo por José Rivas Groot. Bogotá: Imprenta de Medardo Rivas, 1886.

Los siguientes poemas de Silva están incluidos en las págs. 373-392 de la antología: "Estrofas", más tarde denominada "Ars"; "Voz de marcha"; "Estrellas fijas"; "El recluta"; "Resurrecciones"; "Obra humana"; "La calavera"; y "A Diego Fallón".

Parnaso colombiano. Vol. I. Bogotá: Camacho Roldán y Tamayo, 1886.
En las páginas 158-160 de esta antología encontramos el poema intitulado "Las crisálidas" y la versión de un poema por Pierre Jean de Béranger, "Las golondrinas".

Biblioteca popular: *Colección de grandes escritores*. Vol. II. Bogotá: Librería Nueva, 1893.
La sección (págs. 93-119) intitulada "El cofre de nácar", contiene una "Noticia biográfica y literaria", que versa sobre Anatole France y que también se encuentra en las traducciones por Silva de dos de los cuentos de *L'Etui de nacre*: "La misa de las sombras" y "El saltimbanqui de Nuestra Señora". En adición, bajo la misma rúbrica se hallan tres cuentos del volumen *Balthasar*: "Baltasar", "La reseda del cura" y "Loeta Acilia".

3. PROSA PUBLICADA, ANTES DE LA MUERTE DE SILVA, EN PERIODICOS

"La protesta de la musa", *Revista Literaria*, Bogotá, Vol. II (diciembre 14, 1890), págs. 133-135.
"Doctor Rafael Núñez", *El Cojo Ilustrado*, Caracas, Vol. III, N° 67 (diciembre 1, 1894), págs. 379-380.
"Anatole France", *Cosmópolis*, Caracas, Vol. II, N° 9 (octubre 31, 1894), págs. 125-128.

4. POEMAS EN PERIODICOS *

"Taller moderno", *Papel Periódico Ilustrado*, Bogotá, Vol. V, N° 110 (febrero 15, 1887), pág. 226.
"Los maderos de San Juan", *Revista Literaria*, Bogotá, Vol. III (noviembre, 1892), págs. 462-463.
"Don Juan de Covadonga", *El Cojo Ilustrado*, Caracas, Vol. VII, N° 162 (septiembre 15, 1898), pág. 650.
"...?..." ("Estrellas que entre..."), *Repertorio Colombiano*, Bogotá, Vol. XVII, N° 5 (marzo, 1898), pág. 353.
"Luz de luna", *Repertorio Colombiano*, Bogotá, Vol. XVII, N° 5 (marzo, 1898), págs. 358-360.
"Midnight Dreams", *Repertorio Colombiano*, Bogotá, Vol. XVII, N° 5 (marzo, 1898), pág. 352.
"Muertos", *Repertorio Colombiano*, Bogotá, Vol. XVII, N° 5 (marzo, 1898), pág. 354.
"Nocturno" ("Poeta, di paso..."), *Repertorio Colombiano*, Bogotá, Vol. XVII, N° 5 (marzo, 1898), pág. 358.
"Nocturno" ("A veces cuando en alta noche...") *Repertorio Colombiano*, Bogotá, Vol. XVII, N° 5 (marzo, 1898), págs. 353-354.
"Nupcial", *Repertorio Colombiano*, Bogotá, XVII, N° 5 (marzo, 1898), págs. 351-352.
"Paisaje tropical", *Repertorio Colombiano*, Bogotá, XVII, N° 5 (marzo, 1898), pág. 361.
"Al pie de la estatua", *El Cojo Ilustrado*, Caracas, Vol. VII, N° 166 (noviembre 15, 1898), págs. 780-781.

* Esta sección contiene tan sólo la primera aparición de los poemas publicados en periódicos. Entre los poemas catalogados aquí, varios nunca han sido incluidos en las colecciones. Otras de sus composiciones no aparecen en esta sección porque circularon o bien en forma manuscrita o bien fueron publicados solamente en algunas de las ediciones.

"Un poema", *Repertorio Colombiano*, Bogotá, Vol. XVII, Nº 5 (marzo, 1898), págs. 360-361.
"Psicopatía", *Repertorio Colombiano*, Bogotá, Vol. XVII, Nº 5 (marzo, 1898), págs. 362-364.
"Triste", *Repertorio Colombiano*, Bogotá, Vol. XVII, Nº 5 (marzo, 1898), págs. 354-355.
"Vejeces", *Repertorio Colombiano*, Bogotá, Vol. XVII, Nº 5 (marzo, 1898), págs. 355-356.
"Nocturno" ("Una noche,..."),* *Revista Moderna de México*, Primera serie, Vol. III, Nº 7 (abril, 1900), pág. 111.
"Obra humana", *El Cojo Ilustrado*, Caracas, Vol. IX, Nº 197 (marzo, 1900), pág. 166, con el título "Pasó".
"Taller moderno", *El Cojo Ilustrado*, Caracas, Vol. XII, Nº 268 (febrero 15, 1903), pág. 112.
"Las crisálidas", *Revista Moderna de México*, Primera serie, Vol. IV, No. 15 (agosto 15, 1901), pág. 241.
"Día de difuntos", *Revista Moderna de México*, Primera serie, Vol. V, Nº 21 (noviembre, 1902), págs. 328-330.
"Serenata", *El Cojo Ilustrado*, Caracas, Vol. XI, Nº 244 (febrero 15, 1902), pág. 119.
"Sus dos mesas", *Revista Moderna de México*, Primera serie, Vol. VI, Nº 10 (mayo, 1903), pág. 158.
"Estrellas fijas", *Revista Moderna de México*, Segunda serie, Vol. VII, Nº 2 (octubre, 1906), pág. 84.
"El mal del siglo", *El Cojo Ilustrado*, Caracas, Vol. XVII, Nº 400 (agosto 15, 1908), pág. 484.
"La ventana", *El Cojo Ilustrado*, Caracas, Vol. XVIII, Nº 419 (junio 1, 1909), pág. 298.
"Rien du tout", *El Cojo Ilustrado*, Caracas, Vol. XVIII, Nº 427 (octubre, 1909), pág. 534.
"Crepúsculo", *El Cojo Ilustrado*, Caracas, Vol. XVIII, Nº 419 (junio 1, 1909), pág. 299.
"A un pesimista", *El Cojo Ilustrado*, Caracas, Vol. XVIII, Nº 419 (junio 1, 1909), pág. 298.
"Juntos los dos", *El Cojo Ilustrado*, Caracas, Vol. XIX, Nº 454 (noviembre 15, 1910), pág. 644 (con el título "Risa y llanto").
"Resurrecciones", *El Cojo Ilustrado*, Caracas, Vol. XIX, Nº 454 (noviembre 15, 1910), pág. 645.
"Que por qué no publico versos...," *El Cojo Ilustrado*, Caracas, Vol. XIX, Nº 454 (noviembre 15, 1910), pág. 645 (con el título "De 'Gotas amargas' ").
"Primera comunión", *Revista Moderna de México*, Segunda serie, Vol. XVI, Nº 1 (marzo, 1911), pág. 12.
"Nocturno" ("Oh dulce niña pálida..."), *El Cojo Ilustrado*, Caracas, Vol. XIX, Nº 454 (noviembre 15, 1910), pág. 644.
"Vida aldeana", *Revista Chilena*, Santiago, Chile, Vol. II, Nº 7 (octubre, 1917), págs. 191-192.
"Para que quieres versos...", seguida por la estrofa que empieza "Mas quieres

* La primera publicación del renombrado "Nocturno" según Carlos García Prada, en una nota en la página 195 de *Prosas y versos* (Madrid: Ediciones Iberoamericanas, 1960), fue en *La Lectura* de Cartagena, Colombia, durante el año de 1894. No hemos podido conseguir el número en el cual apareció; dificultad con que tropezó también García Prada.

versos...", en "José Asunción Silva", de Roberto Liévano, *Revista Chilena*, Santiago, Chile, Vol. XLVI-LV (julio, 1922), pág. 296.

"A ti" ("Tú no lo sabes,..."), *Lecturas Dominicales* de *El Tiempo*, Bogotá, Vol. III, Nº 55 (mayo 25, 1924), pág. 72.

"Sinfonía color de fresa con leche, a los colibríes decadentes", en "Silva y Darío", por Roberto Liévano, *Cromos*, Bogotá (mayo 24, 1924), pág. 363 (con el título "Sinfonía color de fresas en leche, a los colibríes decadentes").

"El alma de la rosa", *Lecturas Dominicales* de *El Tiempo*, Bogotá, Vol. III, Nº 55 (mayo 25, 1924), pág. 73.

"La voz de las cosas", *Lecturas Dominicales* de *El Tiempo*, Bogotá, Vol. III, Nº 55 (mayo 25, 1924), pág. 73.

"Suspiro", en "Los poemas inéditos de José Asunción Silva", *Universidad*, Bogotá, Nº 106 (noviembre 8, 1928), pág. 538.

"Las arpas", en "Los poemas inéditos de José Asunción Silva", *Universidad*, Bogotá, Nº 106 (noviembre 8, 1928), pág. 538.

"Perdida", en "Los poemas inéditos de José Asunción Silva, *Universidad*, Bogotá, Nº 106 (noviembre 8, 1928), págs. 538-539.

"La noche en que al dulce beso...," en "Notas perdidas (inédito)", *Universidad*, Bogotá, Nº 106 (noviembre 8, 1928), pág. 540.

"A Natalia Tanco A[rmero]" ("Has visto cuando amanece..."), en "Notas perdidas (inédito)", *Universidad*, Bogotá, Nº 106 (noviembre 8, 1928), pág. 540.

"Es media noche...," en "Notas perdidas (inédito)", *Universidad*, Bogotá, Nº 106 (noviembre 8, 1928), pág. 540.

"Idilio", en "Gotas amargas", *Repertorio Americano*, San José, Costa Rica, Vol. XXIV, Nº 5 (febrero 6, 1932), pág. 80.

"Lázaro", en "Gotas amargas", *Repertorio Americano*, San José, Costa Rica, Vol. XXIV, Nº 5 (febrero 6, 1932), pág. 80.

"Convenio", en "Cincuentenario de la muerte de José Asunción Silva", de Daniel Arias Argáez, *Registro Municipal*, Bogotá (junio 30, 1946), pág. 245.

"Cuando hagas una estrofa, hazla tan rara...," en "Cincuentenario de la muerte de José Asunción Silva", de Daniel Arias Argáez, *Registro Municipal*, Bogotá (junio 30, 1946), pág. 249.

"De los rosados labios...," en "Cincuentenario de la muerte de José Asunción Silva", de Daniel Arias Argáez, *Registro Municipal*, Bogotá (junio 30, 1946), pág. 251.

"Paseo", en "Cincuentenario de la muerte de José Asunción Silva", de Daniel Arias Argáez, *Registro Municipal*, Bogotá (junio 30, 1946), págs. 246-247.

"¡Señor! Mirad las almas...", en "Cincuentenario de la muerte de José Asunción Silva", de Daniel Arias Argáez, *Registro Municipal*, Bogotá (junio 30, 1946), pág. 252.

"Poesía viva", *La Revista de América*, París, Vol. I [i. e., Vol. VI] (enero, 1914), Suplemento, pág. 14.

"Voz de marcha" (fragmento que se compone de las estrofas 1, 2, 5, 12, 13 y 16), *La Revista de América*, París, Vol. I [i.e., Vol. VI] (enero, 1914), Suplemento, pág. 14.

5. VERSIONES EN PERIODICOS

"Las golondrinas", Pierre Jean de Béranger, *Papel Periódico Ilustrado*, Bogotá, Vol. II, Nº 31 (diciembre 16, 1882), pág. 108.

"Imitación", Maurice de Guérin, *Papel Periódico Ilustrado*, Bogotá, Vol. III, Nº 50 (agosto 20, 1883), pág. 28.

"Realidad", Víctor Hugo, *Papel Periódico Ilustrado*, Bogotá, Vol. IV (julio 24, 1885), pág. 370.

"Las voces silenciosas", Alfred Lord Tennyson, *El Cojo Ilustrado*, Caracas, Vol. XVIII, Nº 419 (junio 1, 1909), pág. 299.

II. ESTUDIOS SOBRE SILVA

Andrade, Raúl. "Camafeo romántico de Silva", *El Tiempo*, Bogotá, mayo 23, 1946, pág. 16.

Arango, Jorge Luis. "José Asunción Silva" (Cuadernillos de poesía colombiana, 14), *Universidad Católica Bolivariana*, Medellín, Vol. VIII, Nos. 27, 28 (agosto-noviembre, 1942), Suplemento, págs. 1-3.

——."José Asunción Silva y el Modernismo", *Revista de las Indias*, Bogotá, Vol. XXVIII, Nº 90 (junio, 1946), págs. 367-385.

Arango Ferrer, Javier. "Gabriel y Galán imitó a Silva", *Universidad de Antioquia*, Medellín, Nº 118 (agosto, septiembre, octubre, 1954), págs. 403-407.

Arciniegas, Germán. "José Asunción Silva y la pintura", *Universidad*, Bogotá, Nº 104 (octubre 20, 1928), págs. 486-488.

——."Los primeros poemas de Silva", *Universidad*, Bogotá Nº 106 (noviembre 8, 1928), págs. 531-532.

Arguedas, Alcides. "La muerte de José Asunción Silva", *Repertorio Americano*, San José, Costa Rica, Vol. XXVIII, Nº 11 (marzo 17, 1934), págs, 168, 172-173; *Ibid., Atenea*, Concepción, Chile, Vol. XXVI, Nº 106 (abril, 1934), págs. 188-198; *Ibid.*, en *La danza de las sombras*. Vol. I. *Obras completas*, Madrid: Aguilar, 1959. págs. 855-861. (Con algunas revisiones.)

Argüello, Santiago. "José Asunción Silva [Parte primera], *Boletín de la Biblioteca Nacional*, Guatemala, Vol. I, Nº 7 (agosto, 1933), págs. 201-205; "José Asunción Silva" [Parte segunda], *Boletín de la Biblioteca Nacional*, Guatemala, Vol. I, Nº 8 (febrero, 1934), págs. 243-248; *Ibid.*, "El anunciador José Asunción Silva", en *Modernismo y modernistas*. Vol. I, Guatemala: Tipografía Nacional, 1934, págs. 137-183. (Con las dos partes.); *Ibid., La Revista Americana*, Buenos Aires, Vol. XII, Nº. 138 (octubre, 1935), págs. 109-119 (Fragmentos del capítulo sobre Silva).

Arias, Alejandro C. ...*Ensayos*: *Goethe, José Asunción Silva, Stefan Zweig*. Salto, Uruguay: Tipografía Mazzara, 1936. págs. 89-110.

Arias Argáez, Daniel. "Cincuentenario de la muerte de José Asunción Silva", *Registro Municipal*, Bogotá (junio 30, 1946), págs. 242-265; *Ibid.*, "Recuerdos de José Asunción Silva", *Bolívar*, Bogotá, Vol. V (noviembre-diciembre, 1951), págs. 939-964.

——."La última noche de José Asunción Silva", *Registro Municipal*, Bogotá (junio 30, 1946), págs. 272-274.

Bar-Lewaw, Itzshak. "José Asunción Silva, apuntes sobre su obra", en *Temas literarios iberoamericanos*. México: B. Costa-Amic, 1961. págs. 49-77; *Ibid.*, en *Humanitas*, Universidad de Nuevo León, México, Vol. III (1962), págs. 279-298.

Bayona Posada, Nicolás. "José Asunción Silva", *Senderos*, Bogotá, Vol. IV, Nos. 21, 22, 23 (octubre-diciembre, 1935), págs. 237-247.

Bengoechea, Alfredo de. "José Asunción Silva, 1865-1896", *Mercure de France*, Vol. XLVI (mayo, 1903), págs. 562-572.

——."A propósito de una edición de los poemas de Silva", *La Revista de América*, París, Vol. I [i. e., III] (enero, 1914), págs. 94-102.

——.*et al.* "Opiniones sobre Silva", *La Revista de América*, París, Vol. I [i. e., VI] (enero, 1914), Suplemento, pág. 4.

Blanco Fombona, Rufino. "José Asunción Silva", *La Revista de América*, París, Vol. I [i. e., III] (febrero, 1913), págs. 191-209.
——."José Asunción Silva", en *El modernismo y los poetas modernistas*. Madrid: Editorial El Mundo Latino, 1929, págs. 103-145.
——."La filosofía en la poesía de Silva", *El Espectador*, Bogotá, junio 6, 1929, Suplemento literario, pág. 3.
——."Silva: Elvira y el poeta.—El suicidio", *El Espectador*, Bogotá, junio 13, 1929, Suplemento literario, pág. 3.
——."Silva y Rubén", *El Espectador*, Bogotá, mayo 31, 1929. Suplemento literario, pág. 3.
Botero, Ebel. *5 [i. e., Cinco] poetas colombianos, estudios sobre Silva, Valencia, Luis Carlos López, Rivera y Maya*. Manizales, Colombia: Imprenta Departamental, 1964. págs. 15-40.
Botero, Francisco. "Algo relativo a Silva". *Cromos*, Bogotá (noviembre, 1928), págs. 2-3.
Botero Isaza, Horacio. *José Asunción Silva*. Imprenta Jorge Luis Arango, Medellín, 1919.
Brigard Silva, Camilo de. "El infortunio comercial de Silva", Parte I, *Revista de América*, Bogotá, Vol. VI, Nº 17 (mayo, 1946), págs. 281-288.
——."El infortunio comercial de Silva", Parte II, *Revista de América*, Bogotá, Vol. VI, Nº 18 (junio, 1946), págs. 289-300.
——."El poeta y el hombre", *El Tiempo*, Bogotá, junio 20, 1946, pág. 3.
——."Noticia biográfica", en *Poesías completas seguidas de prosas selectas*. Primera edición. Madrid: Aguilar, 1951. págs. 11-14; *Ibid.*, en *Poesías completas seguidas de prosas selectas*. Segunda edición. Madrid: Aguilar, 1952. págs. 11-14; *Ibid.*, en *Poesías completas seguidas de prosas selectas*. Tercera edición. Madrid: Aguilar, 1963. págs. 11-14.
——."Silva y sus acreedores", *El Tiempo*, Bogotá, mayo 30, 1946, pág. 3.
Buitrago, Jaime. "José Asunción Silva, 1896-1946", *Cromos*, Bogotá (mayo 25, 1946), págs. 4-5; 64-65.
Caparroso, Carlos Arturo. "Dos vidas, Silva y Valencia", *El Siglo*, Bogotá, noviembre 28, 1948, Suplemento literario, págs. 1, 2.
——.*Silva*. Primera edición, Bogotá: Librería Nueva, 1931; Segunda edición. Buenos Aires: Gráficas Ellacuria, 1954.
——."Silva y Julián del Casal", *Nivel*, México, Segunda serie, Nº 34 (octubre 25, 1965), págs. 6, 7.
——."Silva y su obra poética", *Cromos*, Bogotá, Vol. XXVI, Nº 621 (agosto 11, 1928), pág. 1.
Capdevila, Arturo. "José Asunción Silva, el aristócrata", Prólogo en *Poesías completas y sus mejores páginas en prosa*. Buenos Aires: Elevación, 1944. págs. 9-22; *Ibid.*, en *Rubén Darío, "un bardo rei"*. México: Austral, 1946. págs. 33-44.
Carbonell, Miguel Angel. "José Asunción Silva", en *Hombres de nuestra América*. Habana: Imprenta "La Prueba", 1915. págs. 225-231.
Carranza, Eduardo. "Melodía de fondo para un retrato de Silva", en *El libro de versos y otras poesías*. Madrid: Ediciones Guadarrama, 1954. págs. 9-20.
Carrasquilla, Tomás. "Por el poeta", en *Obras completas*. Vol. II. Editorial Bedout: Medellín, 1963. págs. 702-704.
Carreño, Eduardo. "Silva contra Darío", *Revista Nacional de Cultura*, Caracas, Nº 26 (marzo-abril, 1941), págs. 107-113; *Ibid.*, en *Ariel*, San José, Costa Rica, Nº 93 (junio 1, 1941), págs. 2302-2304; *Ibid.*, *en Repertorio Americano*, San José, Costa Rica, Vol. XXXVIII, Nº 12 (junio 19, 1941), págs. 187-188.
Carrera Andrade, Jorge. "José Asunción Silva, el novio de la muerte", *Cuader-*

nos del Congreso por la Libertad de la Cultura, México, Nº 98 (1965), págs. 374, 379.

Carrier, Warren. "Baudelaire and Silva", *Revista Iberoamericana*, Vol. VII, Nº 13 (noviembre, 1943), págs. 39-48.

Castillo, Eduardo. "Los precursores del modernismo", *Lecturas Dominicales* de *El Tiempo*, Bogotá, Vol. V (septiembre 20, 1925), pág. 359.

——."Un juicio sobre Silva", *Cromos*, Bogotá, Vol. XIII, Nº 312 (julio 1, 1922), págs. 374-379.

Castillo, Homero. "Función del tiempo en 'Los maderos de San Juan'", *Hispania*, Vol. XLVII, Nº 4 (diciembre, 1964), págs. 703-704.

Cobb, Carl W. "José Asunción Silva and Oscar Wilde", *Hispania*, Vol. XLV, Nº 4 (diciembre, 1962), págs. 658-661.

Coester, Alfred. Traductor, Diego Mendoza. "El movimiento modernista", *Revista Nueva*, Santiago, Chile, Vol. VI, Nº 2 (febrero, 1919), págs. 126-135.

Colunje, Guillermo. "José Asunción Silva, humorista", *Estudios*, Panamá, Vol. II (1923), págs. 638-643.

Coll, Pedro Emilio. "José Asunción Silva", *El Cojo Ilustrado*, Caracas, Vol. V, Nº 108 (junio 15, 1896), págs. 500-501; *Ibid.*, en *Revista de América*, Bogotá, Vol. VI (junio, 1946), págs. 414-415.

——."Vejeces", *Repertorio Americano*, San José, Costa Rica, Vol. XI, Nº 2 (septiembre 14, 1925), págs. 29-30 (con una carta de Silva a Coll, fechada septiembre 1, 1893); *Ibid.*, *Revista de América*, Bogotá, Vol. III, Nº 9 (septiembre, 1945), págs. 446-449 (sin la carta y con el título "José Asunción Silva".)

Cortina Aravena, Augusto. "José Asunción Silva (tres aspectos de su obra)", *Humanidades*, La Plata, Argentina, Vol. X (1925), págs. 439-451.

Crema, Edoardo. "El poeta de los contrastes, emociones e ideas en José Asunción Silva", *Papel Literario* de *El Nacional*, Caracas, mayo 27, 1951. págs. 1, 3.

——."El poeta de los contrastes, naturaleza y ambiente en José Asunción Silva", *Bolívar*, Bogotá, Vol. X, Nº 48 (octubre, 1957), págs. 439-447.

Cross, Leland W. "Poe y Silva: unas palabras de disensión", *Hispania*, Vol. XLIV, Nº 4 (diciembre, 1961), págs. 647-651.

Cuervo Marquez, Emilio. *José Asunción Silva, su vida y su obra*. Amsterdam: Editorial "De Faam", 1925. *Ibid.*, en *El Tiempo*, Bogotá, noviembre 17, 1934, Segunda sección, págs. 1, 20; *Ibid.*, en *Ensayos y conferencias*, Bogotá: *Cromos*, 1937, págs. 190-229; *Ibid.*, [Parte I], en *Atenea*, San José, Costa Rica, Vol. XXIX, Nº 115 (enero, 1935), págs. 84-97; [Parte II], en *Atenea*, San José, Costa Rica, Vol. XXIX, Nº 116 (febrero, 1935), págs. 245-264.

——."La muerte de Silva", *Revista de América*, Bogotá, Vol. VI, Nº 18 (junio, 1946), pág. 300.

Curry, Eula Marie. "Charles Baudelaire and José Asunción Silva". Tesis inédita. La Universidad de Washington, Seattle, 1943.

Charry Lara, Fernando. "Silva y el modernismo", *Estaciones*, México, Vol. III, Nº 9 (primavera, 1958), págs. 15-17.

——."Divagación sobre Silva", *Eco*, Bogotá, Tomo XII, diciembre de 1965, págs. 113-132.

Chaves, Julio César. "José Asunción Silva", en "Homenaje a la poesía colombiana", *Tercer congreso de academias de lengua española*. Bogotá: Academia Colombiana de la Lengua, 1960. págs. 136-146.

Chica Salas, Francisca. "José Asunción Silva", en *Poesías*. Primera edición. Buenos Aires: Estrada, 1945, págs. vii-xv; *Ibid.*, en *Poesías*. Segunda edición. Buenos Aires: Estrada, 1958. págs. vii-xv.

Diego, Celia de. "La jornada postrera de José Asunción Silva", *Atlántida*, Buenos Aires (noviembre, 1945), pág. 34.

Díez Canedo, Enrique. "José Asunción Silva, *Poesías*", *La Lectura*, Madrid, Vol. II (1909), pág. 259.

Dominici, Pedro César. "José Asunción Silva", en *Tronos vacantes, arte y crítica*, Buenos Aires: Librería "La Facultad", 1924. págs. 35-48.

——."Silva en Caracas", *El Tiempo*, Bogotá, abril 6, 1941, pág. 2; *Ibid.*, en *Colombia*, San Salvador, Vol. II, Nº 8 (junio, 1941), págs. 17-19.

Dougherty, John M. "José Asunción Silva's *De sobremesa*". Tesis inédita. La Universidad de Oregon, Eugene, Oregon, 1952.

Esténger, Rafael A. "José Asunción Silva, el hombre y su influencia literaria", *Cuba Contemporánea*, La Habana, Vol. XXIII, Nº 4 (mayo, 1920), págs. 31-44; *Ibid.*, *Interamerica*, New York, Vol. IV (diciembre, 1920), págs. 108-116 (Con el título "José Asunción Silva, The Man and his Literary Influence".)

Farina, Abel. "Prefacio epistolar", en *José Asunción Silva*, de Horacio Botero Isaza. Medellín: Imprenta Jorge Luis Arango, 1919. págs. 9-13.

Finlayson, Clarence. "La poesía nocturna de José Asunción Silva", *Universidad de Antioquia*, Medellín, Nº 77 (abril-mayo, 1946), págs. 75-82.

Fogelquist, Donald F. "José Asunción Silva y Heinrich Heine", *Revista Hispánica Moderna*, New York, Vol. XX, Nº 4 (octubre, 1954), págs. 282-294.

——."The Silva Darío Controversy", *Hispania*, Vol. XLII, Nº 3 (septiembre, 1960), págs. 341-346.

——."More about Silva, Darío, and García Prada", *Hispania*, Vol. XLIII, Nº 4 (diciembre, 1960), págs. 572-574.

García Calderón, Ventura. "José Asunción Silva", *Revista de Revistas*, México, Nº 257 (marzo 28, 1915), pág. 11; *Ibid.*, en *Semblanzas de América*. Madrid: Imprenta G. Hernández y Galo Saez, 1920. págs. 29-34.

García Prada, Carlos. "Introducción", en *Prosas y versos*. Primera edición. México: Cultura, 1942, págs. ix-xxxv; *Ibid.*, en *Prosas y versos*. Segunda edición. Madrid: Ediciones Iberoamericanas, 1960. págs. 7-42 (con los primeros dos párrafos omitidos); *Ibid.*, en *Estudios hispanoamericanos*. México: El Colegio de México, 1945. págs. 147-177 (Con el título "José Asunción Silva y su obra poética").

——."José Asunción Silva, poeta colombiano", *Hispania*, Vol VIII, Nº 2 (marzo, 1925), págs. 69-84; *Ibid.*, en *Santafé y Bogotá*, Bogotá, Vol. VI, Nº 31 (julio, 1925), págs. 1-17.

——."Notas", en *Prosas y versos*. Primera edición. México: Cultura, 1942. págs. 183-195; *Ibid.*, en *Prosas y versos*. Segunda edición. Madrid: Ediciones iberoamericanas, 1960. passim.

——."El paisaje en la poesía de José Eustasio Rivera y José Asunción Silva", *Hispania*, Vol. XXIII, Nº 1 (febrero, 1940), págs. 37-48; *Ibid.*, en *Atenea*, Concepción, Chile, Vol. LX, Nº 179 (mayo, 1940), págs. 254-268; *Ibid.*, en *Estudios hispanoamericanos*. México: El Colegio de México, 1945, págs. 33-48.

——."Silva contra Darío", *Hispania*, Vol. XLIII, Nº 2 (mayo, 1960), págs. 176-183.

García Ortiz, Laureano. "Quid est veritas (La muerte de José Asunción Silva)", *Universidad*, Bogotá, Nº 106 (noviembre 8, 1928), págs. 544-545; *Ibid.*, en *Conversando...* Bogotá: Ediciones Colombia, 1925. págs. 45-46.

Garganta, Juan de. "La política en la obra de José Asunción Silva", *Revista de América*, Bogotá, Vol. XII, Nº 34 (octubre, 1947), págs. 58-69.

——."La política en la poesía de José Asunción Silva", *Revista de América*, Bogotá, Vol. XIII, Nº 37 (enero, 1948), págs. 118-134.

Gicovate, Bernardo. "Estructura y significado en la poesía de José Asunción Silva", *Revista Iberoamericana*, Vol. XXIV, Nº 48 (julio-diciembre, 1959), págs. 327-332.

——."José Asunción Silva y la decadencia europea", en *Conceptos fundamentales de literatura comparada.* San Juan, Puerto Rico: Asomante, 1962, págs. 117-136.

Gil Sánchez, Alberto. "José Asunción Silva", *Universidad de Antioquia,* Medellín, Nº 86 (marzo-mayo, 1948), págs. 304-308.

Gimferrer, Pedro. "Recuerdo de José Asunción Silva", *Insula,* Madrid, Vol. XXI, Nº 232 (marzo, 1966), pág. 5.

Gómez, Laureano. "A propósito de un estudio sobre Silva", *Nosotros,* Buenos Aires, Vol. XLV, Nº 172 (noviembre, 1923), págs. 321-326.

Gómez Jaime, Alfredo. "José Asunción Silva", en "Plumas ajenas", *Poesías.* Primera edición. Barcelona: Imprenta de Pedro Ortega, 1908. págs. 157-159; *Ibid.,* en *Poesías.* Nueva edición. Barcelona: Casa Editorial Maucci [1910]. págs. 221-227; *Ibid.,* en *Poesías.* Nueva edición aumentada. Barcelona: Casa Editorial Maucci [1918]. págs. 221-227; *Ibid.,* en *Poesías.* Nueva edición corregida. Barcelona: Casa Edit. Maucci [1918?]. págs. 221-227.

González, José Ignacio. "Soledad, evasión e ironía en la poesía de Silva", *Universidad Católica Bolivariana,* Medellín, Vol. XII (mayo-julio, 1946), págs. 343-348.

González, Manuel Pedro. "*De sobremesa* de José Asunción Silva y *Silva* de Carlos Arturo Caparroso", en *Fichero.* Habana: Imprenta Molina y Cía., 1935. págs. 15, 19-20.

González Prada, Alfredo. "Clásicos de América: prosas y versos de José Asunción Silva", *Revista Iberoamericana,* Vol. VI, Nº 12 (mayo, 1943), págs. 297-301.

González-Rodas, Pablo. "Reseña de *5* [i. e., *Cinco*] *poetas colombianos, estudios sobre Silva, Valencia, Luis Carlos López, Rivera y Maya*", *Revista Iberoamericana,* Vol. XXXI, Nos. 59-60 (enero-diciembre, 1965), págs. 312-314.

Grillo, Maximiliano. "Recuerdo de José Asunción Silva", *El Tiempo,* Bogotá, mayo 23, 1946, pág. 16.

Guisti, Roberto Fernando. "Un corazón atormentado: José Asunción Silva", *Revista de América,* Bogotá, Vol. VII, Nº 21 (sep., 1946), págs. 341-353.

Hamilton, Carlos D. "Nota en el centenario de José Asunción Silva", *Cuadernos del congreso por la Libertad de la Cultura,* París, Nº 96 (1965), págs. 21-26.

——."Un proto-modernista: José Asunción Silva", en Nuevo lenguaje poético de Silva a Neruda, Bogotá: Instituto Caro y Cuervo, 1965, págs. 19-31.

Henry, Velma Lucille. "Study of Life and More Important Works of José Asunción Silva". Tesis inédita. La Universidad de Illinois, Urbana, 1929.

Hispano, Cornelio. "Un homenaje a Silva", *Repertorio Americano,* San José, Costa Rica, Vol. XL, Nº 15 (agosto 21, 1943), pág. 232.

——."La gloria del poeta, en el cincuentenario de Silva", *El Tiempo,* Bogotá, mayo 24, 1946, pág. 4.

Holguín, Andrés. "El sentido del misterio en Silva", *Revista de las Indias,* Bogotá, Vol. XXVIII, Nº 90 (junio, 1946), págs. 351-365; *Ibid.,* en *La poesía inconclusa y otros ensayos.* Bogotá: Editorial Centro Instituto Gráfico, 1947. págs. 119-130.

Holguín y Caro, Alvaro. "La muerte de José Asunción Silva", *Revista del Colegio Mayor de Nuestra Señora del Rosario,* Bogotá, Vol. XXXI, Nos. 306-307 (julio-agosto, 1936), págs. 390-403.

Jaramillo Zuleta, José. "José Asunción Silva, el hombre", *Universidad de Antioquia,* Medellín, Nº 77 (abril-mayo, 1946), págs. 83-93.

Jiménez, Juan Ramón. "José Asunción Silva", en "Españoles de tres mundos", *Sur,* Buenos Aires, Vol. X, Nº 79 (abril, 1941), págs. 12-14; *Ibid.,* en *El Tiempo,* Bogotá, junio 1, 1941, Suplemento literario, pág. 1; *Ibid.,* en *Ariel,*

San José, Costa Rica, Nº 94 (junio 15, 1941), pág. 2327; *Ibid.*, en *Españoles de tres mundos; viejo mundo, nuevo mundo, otro mundo.* Buenos Aires: Editorial Losada, 1942. págs. 53-55.

Jiménez Borja, José. "Elogio de José Asunción Silva", *Universidad de Antioquia*, Medellín (junio-agosto, 1946), págs. 181-190.

"José Asunción Silva" en *Diccionario de la literatura latinoamericana: Colombia.* Washington: Pan American Union, 1959. págs. 113-115.

"José Asunción Silva", en *La Revista de América*, París, Vol. I [i. e., VI] (enero, 1914), Suplemento, pág. 3.

Keller, Daniel Schneck. "Escapist Tendencies: Julián del Casal and José Asunción Silva", en "Early Modernist Literary Theories in Spanish America". Tesis doctoral inédita, Universidad de California, Berkeley, 1953. págs. 62-72.

King, Georgina Goddard. *A Citizen of the Twilight, José Asunción Silva*, Nueva York: Longmans, Green and Co. 1921.

Lee, Muna. "Brother of Poe", *Southwest Review*, Vol. XI (julio, 1926), págs. 305-312.

Liévano, Roberto. *En torno a Silva; selección de estudios e investigaciones sobre la obra y la vida íntima del poeta.* Bogotá: Editorial El Gráfico, 1946.

——."José Asunción Silva", *Revista Chilena*, Santiago, Chile, Vol. XIV (julio, 1922), págs. 294-311; *Ibid.*, en *En torno a Silva; selección de estudios e investigaciones sobre la obra y la vida íntima del poeta.* Bogotá: Editorial El Gráfico, 1946. págs. 13-36.

——."Silva y Darío", *Cromos*, Bogotá (mayo 24, 1924), págs. 362-363; *Ibid.*, en *En torno a Silva; selección de estudios e investigaciones sobre la obra y la vida íntima del poeta.* Bogotá: Editorial El Gráfico, 1946. págs. 45-50.

——."Un Silva inédito", *Repertorio Americano*, San José, Costa Rica, Vol. IV, Nº 14 (junio 26, 1922), págs. 191-192.

Liévano Aguirre, Indalecio. "Lo que Silva debe a Bogotá", *Revista de las Indias*, Bogotá (diciembre, 1944), págs. 365-371.

López de Mesa, Luis. "El legado espiritual de Silva", *Universidad*, Bogotá, Nº 110 (diciembre 1, 1928), págs. 645-650.

Loveluck, Juan. "*De sobremesa*, novela desconocida del modernismo", *Revista Iberoamericana*, Vol. XXXI, Nº 59 (enero-junio, 1965), págs. 17-32.

Mancini, Guido. "Notas marginales a las poesías líricas de José Asunción Silva", *Thesaurus, Boletín del Instituto Caro y Cuervo*, Bogotá, Vol. XVI, Nº 3 (septiembre-diciembre, 1961), págs. 614-638.

Manrique, Eduardo. Carta a Germán Arciniegas, *Universidad*, Bogotá, Nº 106 (noviembre 8, 1928), pág. 537.

Manrique, Juan Evangelista. "José Asunción Silva (Recuerdos íntimos)", *La Revista de América*, París, Vol. I [i e., VI], Nº 20 (enero, 1914), págs. 28-41.

Manrique Terán, Guillermo. "La semana de Silva", *El Tiempo*, Bogotá, mayo 27, 1946, pág. 3.

Martinengo, Alessandro. "Papeles inéditos de Miguel de Unamuno referentes a la edición de las poesías de Silva", *Thesaurus, Boletín del Instituto Caro y Cuervo*, Bogotá, Vol. XVI (1961), págs. 740-745.

Maya, Rafael. "José Asunción Silva, el prosista", *El Tiempo*, Bogotá (septiembre 24, 1961), págs. 1-2; *Ibid.*, en *Los orígenes del modernismo en Colombia.* Bogotá: Imprenta Nacional, 1961. págs. 55-93.

——."Mi José Asunción Silva", *El Tiempo*, Bogotá, mayo 26, 1946, Sección 2, págs. 1, 4; *Ibid.*, en *Obras completas.* Primera edición. Bogotá: Santafé, 1955. págs. 7-42; *Ibid.*, en *Obras completas.* Segunda edición. Bogotá: Ediciones de la Revista *Bolívar*, 1956. págs. 7-46.

——.*De Silva a Rivera (Elogios).* Bogotá: Publicaciones de la Revista *Uni-*

versidad, 1929; *Ibid.*, en *Alabanzas del hombre y de la tierra.* Vol. I. Bogotá: Casa Editorial Santafé, 1934. págs. 7-50.

McGrady, Donald. "Sobre una alusión literaria en la novela *Pax*", *Revista Iberoamericana*, Vol. XXIX, Nº 55 (enero-junio, 1963), págs. 147-156.

——."Two Unknown Poems by José Asunción Silva", *Modern Language Notes*, Vol. LXXXI, Nº 2 (marzo, 1966), págs. 233-237.

Mendoza Varela, Eduardo. "José Asunción Silva", *Universidad Nacional de Colombia.* Bogotá (abril-junio, 1946), págs. 173-178.

Meregalli, F. "Introduziene", en *Poesías*, Milano: Cisalpino, 1959, págs. 5-44.

Miramón, Alberto. "José Asunción Silva", *Mensaje*, Quito (octubre, 1938), págs. 102-109.

——.*José Asunción Silva*: *Ensayo biográfico con documentos inéditos.* Primera edición. Bogotá: Imprenta Nacional, 1937. Segunda edición. Bogotá: Litografía Villegas, 1957. (Con la adición de cuatro cartas escritas por Silva a Rufino J. Cuervo y un artículo intitulado "Silva visto desde España" de Luis de Zulueta.)

Moe, Myrtle Josephine. "José Asunción Silva". Tesis inédita. Universidad de Washington, Seattle, 1930.

Monner Sans, J. M. "José Asunción Silva", *La Prensa*, Buenos Aires, junio 16, 1940, Sección 2, pág. 1.

Montoya Canal, Aníbal. "El monumento a José Asunción Silva", *Lecturas Dominicales* de *El Tiempo*, Bogotá, Vol. III, Nº 62 (julio 13, 1924), pág. 190; *Ibid.*, en *Cromos*, Bogotá (mayo 23, 1925), pág. 16.

Morales Pradilla, Próspero. "Inútil ataque a José Asunción Silva", *El Tiempo*, Bogotá, agosto 29, 1956, Suplemento literario, pág. 1.

Nervo, Amado. "José Asunción Silva", *Revista Moderna de México*, Segunda serie, Vol. XII (mayo, 1909), págs. 155-157; *Ibid.*, en *Obras completas.* Vol. II. Madrid: Aguilar, 1952. págs. 384-386; *Ibid.*, en *Semblanzas y crítica literaria.* México: Imprenta Universitaria, 1952. págs. 160-165.

——*et al.* "Opiniones sobre Silva", *La Revista de América*, París, Vol I [i, e., VI] (enero, 1914), Suplemento, pág. 5.

Neruda, Pablo. "Silva en la sombra", *El Tiempo*, Bogotá, junio 9, 1946, pág. 9.

Nieto Caballero, Luis Eduardo. "José Asunción Silva", *Atenea*, Concepción, Chile, Vol. LI, Nº 152 (febrero, 1938), págs. 123-134.

——."José Asunción Silva", *Repertorio Americano*, San José, Costa Rica, Vol. XXIV, Nº 5 (febrero 6, 1932), pág. 80.

——."En torno a Silva", *El Tiempo*, Bogotá, mayo 10, 1946, pág. 5.

"Nota de la dirección", en "Páginas de José Asunción Silva", *El Mercurio de América*, Vol. I (septiembre-octubre, 1900), pág. 132.

Ortiz McCormick, Ricardo. "José Asunción Silva, transición dolorosa", *Nivel*, México, Segunda serie. Nº 34 (octubre 25, 1965), págs. 1, 5, 8, 12.

Ospina, Uriel. "El París de José Asunción Silva", *Nivel*, México, Segunda serie, Nº 34 (octubre 25, 1965), págs. 1, 2, 3, 8.

Paniagua Mayo, Bélgica. "José Asunción Silva y su poesía". Tesis inédita. Universidad Nacional Autónoma de México, 1957.

Pardo García, Germán. "Frecuencia de Silva en mi espíritu", *Revista de las Indias*, Bogotá, Vol. XXVIII, Nº 89 (mayo, 1946), págs. 179-188; *Ibid.*, en *El Tiempo*, Bogotá, junio 2, 1946, Sección 2, pág. 8.

Pellón Riveroll, María Cristina. "La obra poética de José Asunción Silva". Tesis inédita. Universidad Nacional Autónoma de México. 1957.

Pérez Villa, Joaquín. "Iniciación a la estilística de Silva", *Universidad de Antioquia*, Medellín, Vol. XX, Nº 77 (abril-mayo, 1946), págs. 59-73.

Piedrahita, Iván. "Contemporaneidad de Silva", *Universidad de Antioquia*, Medellín, Vol. XX, Nº 77 (abril-mayo, 1946), págs. 138-139.

"Poesías por José Asunción Silva", Reseña de la primera edición, *La Lectura*, Madrid, Vol. II (1909), pág. 259.

Ponce Aguilera, Salomón. "Poesías de José Asunción Silva", *La Revista Nueva*, Panamá, Vol. II, Nº 1 (enero, 1917), págs. 46-48.

Restrepo, Carlos E. "Reminiscencias de José Asunción Silva", *Colombia*, Medellín, Vol. IV (julio 2, 1919), págs. 61-62; *Ibid.*, en *Repertorio Americano*, San José, Costa Rica, Vol. I, Nº 2 (septiembre 11, 1919), págs. 24-25.

Restrepo Osorio, Luis. "Presentación" (Cuadernillos de poesía colombiana, 14), *Universidad Católica Bolivariana*, Medellín (mayo-julio, 1946), págs. 1-4.

Reyes, Alfonso. "El llanto de América", *La Nueva Democracia*, Nueva York, Vol. XXII, Nº 6 (junio, 1941), pág. 19.

Riaño Jauma, Ricardo. "José Asunción Silva", *Revista Bimestre Cubana*, La Habana, Vol. LI (marzo-abril, 1943), págs. 239-247.

Rico, Edmundo. *La depresión melancólica en la vida, en la obra y en la muerte de José Asunción Silva.* Tunja, Colombia: Imprenta Departamental, 1964. 87 págs.

Rincón y Serna, Jesús. "Por qué se mató José Asunción Silva", *Nivel*, México, Segunda serie, Nº 34 (octubre 25, 1965), págs. 1, 6.

Rivas, Raimundo. "Influencias literarias de José Asunción Silva", en *Mosquera y otros estudios.* (Biblioteca Aldeana de Colombia, 37) Bogotá: Minerva, 1936. págs. 190-206; *Ibid.*, *Revista Nacional*, Montevideo (septiembre, 1940), págs. 329-337.

Rocha Castillo, Caesáreo. "La muerte de José Asunción Silva", *Nivel*, México, Segunda serie, Nº 34 (octubre 25, 1965), págs. 1, 2.

Roggiano, Alfredo A. "José Asunción Silva: Aspectos de su vida y de su obra", *Cuadernos Hispanoamericanos*, Madrid, Nº 9 (mayo-junio, 1949), págs. 593-612.

——."José Asunción Silva: A un siglo de su nacimiento", *Letras Nacionales*, Montevideo, Nº 5 (noviembre-diciembre, 1965), págs. 21-32.

Rueda Vargas, Tomás. "El Silva que yo conocí", en *Pasando el rato.* Bogotá: Ediciones Colombia, 1925, págs. 94-100; *Ibid.*, *El Tiempo*, Bogotá, junio 8, 1941, Sección 2, págs. 1, 2; *Ibid.*, *Repertorio Americano*, San José, Costa Rica, Vol. XXXVIII, Nº 919 (agosto, 1941), págs. 232-239.

Samper, Emilio *et al.* "Opiniones sobre Silva", *La Revista de América*, París, Vol. I [i. e., VI] (enero, 1914), Suplemento, pág. 5.

Sánchez, Luis Alberto. "La idea de la muerte en José Asunción Silva", *Cuadernos Americanos*, México, Vol. LXXIX, Nº 1 (enero-febrero, 1955), págs. 275-283.

Sanín Cano, Baldomero. "El caso de Silva" (Réplica a Juan Ramón Jiménez), *Colombia*, San Salvador, Vol. II, Nº 10 (agosto, 1941), págs. 17-18; *Ibid.*, *Ariel*, San José, Costa Rica, Vol. XXXII, Nº 94 (junio 15, 1941), págs. 2327-2329.

——."En torno a la figura de José Asunción Silva", *La Vida Literaria*, Buenos Aires, Nº 11 (junio, 1929), pág. 7 (Fragmentos de "Las memorias de otros:..." y de "Una consagración").

——."José Asunción Silva", en *De mi vida y otras vidas.* Bogotá: Editorial ABC, 1949. págs. 41-47.

——."José Asunción Silva", *Revista de las Indias*, Bogotá, Vol. XXVIII, Nº 89 (mayo, 1946), págs. 161-178.

——."José Asunción Silva", en *Poesías.* Santiago, Chile: Editorial Cóndor, 1923.

——."Media hora de literatura comparada", *El Tiempo*, Bogotá, noviembre 6, 1949, Suplemento literario, pág. 1.

——."Las memorias de otros: las opiniones del profesor López de Mesa", *Reper-*

torio Americano, San José, Costa Rica, Vol. XVIII, Nº 12 (marzo 23, 1929), págs. 185-189.

——."Notas", en *El libro de versos*, Bogotá: Publicaciones del Ministerio de Educación de Colombia, 1946. págs. 161-184; *Ibid.*, en *Poesías*. París: Sociedad de Ediciones Louis Michaud [1923]. págs. 211-247; *Ibid.*, en *Poesías completas seguidas de prosas selectas*. Primera edición. Madrid: Aguilar, 1951. págs. 193-204; *Ibid.*, en *Poesías completas seguidas de prosas selectas*. Segunda edición. Madrid: Aguilar, 1952. págs. 191-202; *Ibid.*, en *Poesías completas seguidas de prosas selectas*. Tercera edición. Madrid: Aguilar, 1963. págs. 191-203; *Ibid.*, *El Tiempo*, Bogotá, mayo 19, 1946, Sección 2, págs. 1, 2, (con el título "José Asunción Silva, Notas sobre la vida y la obra del poeta".)

——*et al*, "Opiniones sobre Silva", *La Revista de América*, París, Vol. I. [i. e., VI] (enero, 1914), Suplemento, págs. 3-4.

——."Prólogo", en *José Asunción Silva* de Alberto Miramón. Bogotá: Imprenta Nacional, 1937. págs. vii-x; *Ibid.*, en *José Asunción Silva* de Alberto Miramón. Segunda edición. Bogotá: Litografía Villegas, 1957. págs. vii-x.

——."Recuerdo de Silva". *Repertorio Americano*, San José, Costa Rica, Vol. XL, Nº 15 (agosto 21, 1943), pág. 233; *Ibid.*, *Manizales*, Manizales, Colombia (diciembre, 1945), págs. 78-81.

——."Una consagración", *Universidad*, Bogotá, Nº 106 (noviembre 8, 1928), págs. 533-536.

Santa Cruz, Mario. [Mario Cruz Santos]. "José Asunción Silva, profesor de melancolía", *Repertorio Americano*, San José, Costa Rica, Vol. X, Nº 4 (marzo, 1925), págs. 59-60; *Ibid.*, *Lecturas Dominicales* de *El Tiempo*, Bogotá, Vol. IV, Nº 100 (abril 5, 1925), págs. 389-390.

Sarmiento, E. "Un aspecto de la obra de Silva", *Bulletin Hispanique*, Bordeaux, Vol. XXXV, Nº 3 (julio-septiembre, 1933), págs. 287-293.

Schade, George Dewey, Jr. "Pessimism in the poetry of José Asunción Silva". Tesis inédita. Universidad de Oregon, Eugene, Oregon, 1947.

Schulman, Ivan Albert. "Tiempo e imagen en la poesía de José Asunción Silva", en *Génesis del Modernismo*. México: El Colegio de México—Washington University Press, 1966. págs. 188-215.

Schwartz, Rosalinda J. "En busca de Silva", *Revista Iberoamericana*, Vol. XXIV, Nº 47 (enero-junio, 1959), págs. 65-77.

Selva, Salomón de la. "La ventura de América: El 'Nocturno' de Silva", *Repertorio Americano*, San José, Costa Rica, Vol. XXXVIII, Nº 12 (julio 19, 1941), pág. 184.

"Silva bolchevique", *Gil Blas*, Bogotá, Nº 2541 (mayo 24, 1920), págs. 1-2.

Solano, Armando. "José Asunción Silva", *Universidad*, Bogotá, Nº 106 (noviembre 8, 1928), págs. 529-531.

Soto Borda, Clímaco. "Silva humorista", *Lecturas Dominicales* de *El Tiempo*, Bogotá, Vol. II, Nº 38 (enero 27, 1924), págs. 198-199.

Suárez, Roberto. "Paréntesis", *Repertorio Colombiano*, Bogotá, Vol. XVII, Nº 5 (marzo, 1898), págs. 348-351 (una introducción que acompaña la selección de poesías de Silva.)

Tablada, José Juan. "Máscaras, [José] Asunción Silva", *Revista Moderna de México*, Segunda serie, Vol. I, Nº 3 (noviembre, 1903), págs. 143-144.

Tableau [Aurelio de Castro]. "El naufragio de Silva en el 'Amerique' y los 'Perfiles de antaño' ", *Cromos*, Bogotá, Vol. XII, Nº 276 (septiembre 24, 1921), pág. 180.

Torres Pinzón, Carlos Arturo. "José Asunción Silva", *Universidad*, Bogotá, Nº 106 (noviembre 8, 1928), pág. 542.

Torres-Ríoseco, Arturo. "José Asunción Silva", *Nosotros*, Buenos Aires, Vol.

XLIV, Nº 173 (octubre, 1923), págs. 179-198; *Ibid.*, *Cultura Venezolana*, Caracas, Vol. XXI (abril-junio, 1924), págs. 75-94; *Ibid.*, en *Precursores del modernismo*. Madrid: Calpe, 1925. págs. 95-124.

——."Las teorías poéticas de Poe y el caso de José Asunción Silva", *Hispanic Review*, Vol. XVIII, Nº 4 (octubre, 1950), págs. 319-329; *Ibid.*, en *Ensayos sobre literatura hispanoamericana*. México: Tezontle, 1953. págs. 65-74.

Toussaint, Manuel. "El poeta y su vida", en *Los mejores poemas*. Vol. V. Nº 5. México: Cultura, 1917. págs v-xx.

Umaña Bernal, José. "En busca de José Asunción Silva", *Revista Nacional de Cultura*, Caracas, Nº 125 (noviembre-diciembre, 1957), págs. 13-17.

Unamuno y Jugo, Miguel de. "Prólogo", en *Poesías*. Barcelona: Imprenta de Pedro Ortega, 1908. págs. v-xiv; *Ibid.*, en *Poesías*. Nueva edición. Barcelona: Maucci [1910]. págs. 5-22; *Ibid.*, *Poesías*. Nueva edición aumentada. Barcelona: Maucci [1918]. págs. 5-22; *Ibid.*, *Poesías*. Nueva edición corregida. Barcelona: Maucci [1918?]. págs. 5-22; *Ibid.*, en *Poesías completas seguidas de prosas selectas*. Primera edición. Madrid: Aguilar, 1951. págs. 15-29; *Ibid.*, en *Poesías completas seguidas de prosas selectas*. Segunda edición. Madrid: Aguilar, 1952. págs. 15-30; *Ibid.*, en *Poesías completas seguidas de prosas selectas*. Tercera edición. Madrid: Aguilar, 1963, págs. 17-30; *Ibid.*, en *El libro de versos*. Bogotá: Publicaciones del Ministerio de Educación de Colombia, 1946, págs. 7-20.

——."José Asunción Silva", *El Cojo Ilustrado*, Caracas, Vol. XVII, Nº 40 (agosto 15, 1908), págs. 483-485; *Ibid.*, en *Contra esto y aquello. Obras completas*. Vol. III. Madrid: Afrodisio Aguado, 1950, págs. 1149-1154.

Uribe Holguín, Guillermo. "El infortunio comercial de Silva" (réplica a Camilo de Brigard Silva), *El Tiempo*, Bogotá, marzo 28, 1946, pág. 3.

——."Sobre el infortunio de Silva, nueva réplica", *El Tiempo*, Bogotá, junio 14, 1946, págs. 3, 17.

Uribe Vergel, J. del C. "El destino despiadado de José Asunción Silva", *Genio Latino*, México, Vol. XVI, Nº 116 (1946), págs. 25-26.

Valencia, Guillermo. "José Asunción Silva", *El Cojo Ilustrado*, Caracas, Vol. XVIII, Nº 423 (agosto 1, 1909), págs. 418-422; *Ibid.*, *Revista Moderna de México*, Segunda serie, Vol. XVIII (septiembre, 1909), págs. 3-11 (con los párrafos finales omitidos.); *Ibid.*, *Cervantes*, Madrid, Nº 4 (1916), págs. 73-103; *Ibid.*, *Bolívar*, Bogotá, Nº 4 (octubre, 1951), págs. 613-626.

——*et al.* "Opiniones sobre Silva", *La Revista de América*, París, Vol I [i. e., VI] (enero, 1914), Suplemento, págs. 4-5.

Vallejo, Alejandro. *Homenaje a Silva*. Bogotá: Editorial Kelly, 1946.

Vian, Francesco. "José Asunción Silva", en *Il "Modernismo" nella poesia ispanica*. Milano: Goliardica, 1955. págs. 145-154.

Vieira, Maruja. "Silva visto por Carrasquilla", *Ilustración Nariñense*, Pasto, Colombia, Vol. IX, Nº 126 (febrero, 1957), págs. 22-24.

Villaespesa, Francisco. "Algunas palabras sobre el 'Nocturno' de José Asunción Silva y su influencia en la lírica española", *Santafé y Bogotá*, Bogotá, Vol. I, Nº 3 (marzo, 1923), págs. 165-171.

Villafañe, Carlos. "José Asunción Silva", *El Cojo Ilustrado*, Caracas, Vol. XII, Nº 273 (mayo 1, 1903), pág. 278; *Ibid.*, en *Revista Moderna de México*, Segunda serie, Vol. VI, Nº 10 (mayo, 1903), pág. 148.

Villamizar Berti, Arturo. "José Asunción Silva, su ascendencia nortesantandereana", *Gaceta Histórica*, San José de Cúcuta, Colombia (enero-marzo, 1939), págs. 160-166.

Walsh, Thomas. "Dos grandes poetas sudamericanos", *Colombia*, Medellín, Vol. VI, Nº 270 (noviembre 9, 1921), págs. 236-239.

Zamacois, Eduardo. "José Asunción Silva", en *Poesías*. Nueva edición. Barcelona: Maucci [1910], págs. 231-236; *Ibid.*, en *Poesías*. Nueva edición aumentada. Barcelona: Maucci [1918], págs. 231-236; *Ibid., Poesías*. Nueva edición corregida. Barcelona: Maucci [1918?], págs. 231-236 (con el título "Epílogo".)

Zarante Rhénals, Sergio. "Por la gloria de un poeta", *Colombia*, Medellín, Vol. I, Nº 26 (noviembre 15, 1916), págs. 251-253.

Zulueta, Luis de. "Silva visto desde España", en *José Asunción Silva*, de Alberto Miramón. Segunda edición. Bogotá: Villegas, 1957, págs. 311-316.

III. TRABAJOS EN GENERAL

1. ESTUDIOS SOBRE EL MODERNISMO

Aita, Antonio. "El significado del Modernismo", *Nosotros*, Buenos Aires, Vol. LXXI (abril, 1931), págs. 361-375.

Bellini, Giuseppe. *La poesía modernista, formazione e sviluppo*. Milano: La Goliardica, 1957.

Caparroso, Carlos Arturo. *Dos ciclos de lirismo colombiano*. Bogotá: Imprenta Patriótica del Instituto Caro y Cuervo, 1961.

Carden, Poe. "Parnassianism, Symbolism, Decadentism-and Spanish-American Modernism, *Hispania*, Vol. XLIII, Nº 4 (diciembre, 1960), págs. 545-551.

Davison, Ned J. *The Concept of Modernism in Hispanic Criticism*. Boulder, Colorado: Pruett, 1966.

Díaz-Plaja, Guillermo. "El modernismo, cuestión disputada", *Hispania*, Vol. XLVIII, Nº 3 (septiembre, 1964), págs. 407-412.

——.*Modernismo frente a noventa y ocho*. Madrid, Espasa Calpe, 1951.

Englekirk, John E. "El hispanoamericanismo y la generación del 98", *Revista Iberoamericana*, Vol. II, Nº 4 (noviembre, 1940), págs. 321-351.

Ferreres, Rafael. *Los límites del Modernismo*. Madrid: Taurus, 1964.

González, Manuel Pedro. "En torno a la génesis del Modernismo, *Cuadernos del Congreso por la Libertad de la Cultura*, París, Nº 75 (agosto, 1963), págs. 41-50.

——.*Notas en torno al Modernismo*. México: Universidad Nacional Autónoma de México, 1958.

Gullón, Ricardo. *Direcciones del Modernismo*. Madrid: Gredos, 1963.

Henríquez Ureña, Max. *Breve historia del Modernismo*. Segunda edición. México: Fondo de Cultura Económica, 1962.

Jiménez, Juan Ramón. *El Modernismo: Notas de un curso (1953)*, México: Aguilar, 1962.

Lozano, Carlos. "Parodia y sátira en el Modernismo", *Cuadernos Americanos*, México, Vol. CXLI, Nº 4 (julio-agosto, 1965), págs. 180-200.

Marinello, Juan. *Sobre el modernismo: polémica y definición*. Primera edición. México: Universidad Nacional Autónoma de México, 1959.

Monguío, Luis. "Sobre la caracterización del Modernismo", *Revista Iberoamericana*, Vol. VII, Nº 13 (noviembre, 1943), págs. 69-80.

——."De la problemática del modernismo: La crítica y el 'cosmopolitanismo' ", *Revista Iberoamericana*, Vol. XXVIII, Nº 53 (enero-junio, 1962), págs. 75-86.

Monterde, Francisco. "La poesía y la prosa en la renovación modernista", *Revista Iberoamericana*, Vol. I, Nº 1 (mayo, 1939), págs. 145-151.

Onís, Federico de. "Introducción", en *Antología de la poesía española e hispanoamericana (1882-1932)*. Madrid: Imprenta de la Librería y Casa Editorial Hernando, 1934. pág. xiii-xxiv; *Ibid.*, en *España en América*. Madrid: Villegas, 1955, págs. 191-279 (con el título "La poesía modernista").

Phillips, Allen W. "Rubén Darío y sus juicios sobre el modernismo", *Revista Iberoamericana*, Vol. XXIV, Nº 47 (enero-junio, 1959).

Sanín Cano, Baldomero. *Letras colombianas*. México: Fondo de Cultura Económica, 1944.

Schulman, Ivan Albert. "Reflexiones en torno a la definición del Modernismo", *Cuadernos Americanos*, México, Vol. XXV, Nº 4 (julio-agosto, 1966), págs. 211-240.

Silva Castro, Raúl. "Introducción" en *Antología crítica del Modernismo Hispano Americano*. Nueva York: Las Américas, 1963.

——."¿Es posible definir el modernismo?" *Cuadernos Americanos*, México, CXLI, Nº 4 (julio-agosto, 1965), págs. 172-179.

Torres-Ríoseco, Arturo. *Precursores del Modernismo: Estudios críticos y antología*. Nueva York: Las Américas, 1963.

——."Notas sobre el origen del estilo modernista", *Cuadernos del Congreso por la Libertad de la Cultura*, París, Nº 42 (mayo-junio, 1960), págs. 59-61.

Vela, Arqueles, *Teoría literaria del Modernismo: Su filosofía, su estética, su técnica*. México, Botas, 1949.

2. OTRAS OBRAS CONSULTADAS

Alonso, Amado. *Materia y forma en poesía*. Madrid: Gredos, 1955.

Alonso, Dámaso, Carlos Bousoño. *Seis calas en la expresión literaria*. Madrid: Gredos, 1951.

Anderson Imbert, Enrique. *Historia de la literatura hispanoamericana*. Vol. I. Cuarta edición. México: Fondo de Cultura Económica, 1962.

Arrieta, Diógenes A. *Poesías*. Bogotá: Gaitán, 1880.

Arroyave, Julio César. "Expresión de la filosofía en Colombia", *Universidad de Antioquia*, Medellín, Colombia, Nº 101 (1951), págs. 83-95.

Bally, Charles *et al.* ...*El impresionismo en el lenguaje*. Buenos Aires: Imprenta de la Universidad de Buenos Aires, 1936.

Bashkirtseff, Marie. *Journal*. 2 volúmenes. París: Charpentier, 1914.

Beardley, Wilfred A. "Use of Adjectives by the Spanish Mystics", *Hispania*, Vol. XI, Nº 1 (febrero, 1928), págs. 29-41.

Bécquer, Gustavo Adolfo. *Obras completas*. Quinta edición. México: Editorial Diana, 1961.

Béranger, Pierre Jean de. *Oeuvres complètes*. Vol. III. París: Perrotin, 1834.

Bousoño, Carlos. *Teoría de la expresión poética*. Tercera edición. Madrid: Gredos, 1962.

Caro, Miguel Antonio. "A la estatua del Libertador en la plaza mayor de Bogotá", *Pepel Periódico Ilustrado*. Vol. II, Nº 46-48 (julio 24, 1883), págs. 380-381; *Ibid.*, en *Obras completas*. Vol. VIII. Bogotá: Imprenta Nacional, 1933. págs. 77-83.

Clarke, Dorothy Clotelle. *A Chronological Sketch of Castilian Versification together with a List of its Metrical Terms*. Berkeley: University of California Press, 1952.

Cordovez Moure, José María. "El crimen de Hatogrande", en *Reminiscencias de Santafé y Bogotá*. Primera serie. Cuarta edición. Bogotá: Americana, 1907. págs. 236-259.

Crow, John A. "Some Aspects of Literary Style", *Hispania*, Vol. XXXVIII, Nº 4 (diciembre, 1955), págs. 393-403.

Darío, Rubén. *Azul...* Octava edición. Buenos Aires: Espasa Calpe, 1948.

——.*Poesías completas*. Madrid: Aguilar, 1961.

France, Anatole. *L'Etui de nacre*. París: Calmann-Lévy, Sin fecha.

——.*Balthasar*. París: Calmann-Lévy, Sin fecha.
Glickman, Robert Jay. "Guillermo Valencia and the Poetic World of Ritos: Interpretations Based on the Use of a Concordance". Tesis doctoral inédita. Universidad de California, Los Angeles, 1963.
Gómez Baños, Virginia. *Bibliografía de Manuel Gutiérrez Nájera y cuatro cuentos inéditos*. México: Imprenta Arana, 1958.
Guérin, Maurice de. *Oeuvres*. Vol. I. París: Le Divan, 1930.
Guiraud, Pierre. *Les caractères statistiques du vocabulaire, essai de méthodologie*. París: Presses Universitaires de France, 1954.
Henríquez Ureña, Max. "Los iniciadores", en *El retorno de los galeones y otros ensayos*. Segunda edición. México: Ediciones de Andrea, 1963. págs. 158-164.
——."El endecasílabo castellano", *Revista de Filología Española*, Vol. VI, Nº 2 (abril-junio, 1919), págs. 132-157; *Ibid*., en *Obra crítica*. México: Fondo de Cultura Económica. 1960. págs. 106-121.
Hugo, Víctor. *Chançons des rues et des bois. Oeuvres complètes de Victor Hugo*. Vol. VII. *Poésie*. París: Librairie Ollendorff, 1933.
Mapes, Erwin Kempton. *L'influence française dans l'oeuvre de Rubén Darío*. París: Honoré Champion, 1925.
Martí, José. *Obras completas*. Vol. I. Habana: Lex, 1946.
Navarro, Tomás. *Métrica española*. Syracuse, Nueva York: Syracuse University Press, 1956.
Nietzsche, Friedrich. Traductor, J. R. Hollingdale. *Thus Spoke Zarathustra*. Baltimore: Penguin Books, 1961.
Rivas Groot, José. Editor. *Parnaso colombiano*. Vol. I. Bogotá: Camacho Roldán y Tamayo, 1886.
Sainz de Robles, Francisco Carlos. "Estudio preliminar", en *Historia y antología de la poesía española (en lengua castellana)*. Madrid: Aguilar, 1964.
Schulman, Ivan Albert. *Génesis del modernismo*. México: El Colegio de México, Washington University Press, 1966.
——."Bécquer y Martí: coincidencias en su técnica literaria", *Duquesne Hispanic Review*, Vol. III, Nº 2 (Otoño, 1964), págs. 57-58.
Sobejano, Gonzalo. *El epíteto en la lírica española*. Madrid: Gredos, 1956.
Spitzer, Leo. *La enumeración caótica en la poesía moderna*. Buenos Aires: Coni, 1945.
Spoerri, Théophile. "Eleménts d'une critique constructive", *Trivium*, Vol. VIII, Nº 3 (1950), págs. 170-187.
Tennyson, Alfred Lord. *The Works of Alfred Lord Tennyson*. Nueva York: Grosset and Dunlap, 1906.
Vaz Ferreira, Carlos. *Sobre la percepción métrica*. Buenos Aires: Losada, 1956.
Yule, G. Udney. *The Statistical Study of Literary Vocabulary*. Cambridge, England: Cambridge University Press, 1944.

INDICE DE MATERIAS

Este libro se acabó de imprimir en la Sociedad Cooperativa "Impresos Anáhuac", S. C. L., México, D. F., el día 20 de enero de 1968. La edición estuvo a cargo de Ismael Viadiú y consta de 550 ejemplares numerados, más 50 fuera de comercio numerados a mano.

EJEMPLAR

Nº 369